파람한사 요가난다가 선포한

그리스도의 계시들

파람한사 요가난다가 선포한
그리스도의 계시들

2021년 1월 20일 초판 1쇄 펴냄

펴낸곳 도서출판 **삼인**

지은이 스와미 크리야난다
옮긴이 이현주
펴낸이 신길순
다듬은이 김수진

등록 1996.9.16 제25100-2012-000046호
주소 03716 서울시 서대문구 성산로 312 북산빌딩 1층

전화 (02) 322-1845
팩스 (02) 322-1846
전자우편 saminbooks@naver.com

디자인 디자인 지폴리
인쇄 수이북스
제책 은정제책

ⓒ 2007, 스와미 크리야난다
ISBN 978-89-6436-190-0 03230

값 18,000원

파람한사 요가난다가 선포한

그리스도의 계시들

스와미 크리야난다 지음

이현주 옮김

삼인

제2부 그리스도의 가르침 안에 있는 원석原石들
Gem-stones in Christ's Teachings

세계 각처의 수많은 친구와 영적 도반들에게

놀라운 일이 일어났다. 인류가 큰 선물을 받았다. 가슴 깊이 간직하
고 후세들에게 물려줄 영적 보물이다. 이 특별한 책, 『그리스도의 계시
들』을 두고 하는 말이다.

우리가 기억하는 것보다 훨씬 오래 전부터 위대한 스승 예수의 말
과 가르침이 지구별 사람들을 이끌어왔다. 그런데 그 말과 가르침의 본
디 의미가 너무 많이 왜곡되고 오해를 받았다. 예수의 메시지는 참으
로 깊고 소중한 것이었다. 어느 한 기관이나 종교 전통이 아니라 하느
님과 진리를 깊이 사랑하고 그분께 성심껏 헌신하는 사람들을 통해 전
승되어야 하는 것이 기본이다. 영적 진실이란 어느 한 기관이나 전통을
초월한 것이고 '신성神聖(Divinity)'을 알고자 갈망하는 영혼의 가슴에만
머물 수 있기 때문이다.

안타깝게도 한 기관과 종교 전통이, 비록 그 동기가 진지했더라도,

단순하고 참되고 타협할 수 없는 종교 체험과 영적 깨달음으로 가는 길을 내부의 정치적 책략과 기계적 공작工作으로 가로막는 경우가 자주 있었다. 바야흐로 스와미 크리야난다Swami Kriyananda의 주목할 만한 책이 과거의 정치적 책략과 공작을 넘어 더욱 깊고 풍요롭게 '영원한 진실(Eternal Truth)'의 현관으로 우리를 데려가준다. 수정처럼 맑고 놀라운 통찰이 담긴 이 책 덕분에 우리는 그 현관을 통과하여 예수와 하느님과 생명 자체에 대한 빛나고 폭넓은 깨달음 속으로 들어가게 되었다. 이것은 우리 대부분이 아직 받아보지 못한 축복이다.

이 책의 페이지를 넘기면서 내 가슴은 부드러운 흥분으로 충만하였고, 그것은 곧장 우리 영혼에 경이로운 선물을 안겨준 스와미에 대한 찬사와 감사로 바뀌었다. 이 책에 담긴 내용이야말로 사람들에게 전해지고 알려져야 했던 예수의 말과 가르침이라고 나는 확신한다.

무슨 말로 이 고마움을 표해야 할지 모르겠다.

닐 도널드 월시Neal Donald Walsch

『신과 나눈 이야기Conversations with God』 저자

'하느님의 기름 부은 사람'이라는 뜻인 '그리스도the Christ'로 불렸던 위대한 스승 예수의 삶과 가르침을, 사람이 어떻게 이해할 것인가? 전통은 우리에게 두 가지 방법을 제시한다. 하나는 교회의 권위를 통한 방법이고 다른 하나는 최근 발굴된 고대 문서를 두고 그리스도교 학자들이 시도한 역사적 분석을 통한 방법이다.

이와 다른 길이 하나 더 있다. 세상에는 덜 알려졌으나 다른 어느 것보다 믿음직한 방법이다. 깊은 황홀경에서 그리스도와 직접 소통하는 성자들의 글과 말을 공부하거나, 아예 그들과 함께 살면서 그들로부터 배우는 것이다. 그들은 모든 나라에 살면서 모든 종교, 모든 사회계층에 속해있고 자신의 깊은 깨달음으로 얻은 '진실(Truth)'을 가르친다. 그들이 자유롭게 말할 수 있다면 그 영향력이 넓고 깊다. 그러나 불행하게도 간혹 그들의 발언이 금지되는 경우가 있다. 하느님께 직접 권위를 물려받았다고 생각하는 종교의 고위층이 그들의 발언을 통제하는 것이다.

세상의 모든 참 스승들 – 다른 말로, 최고의 영적 깨달음을 성취한 사람들 – 이 같은 진실을 비슷하게 말하면서 예수의 가르침을 직간접으로 뒷받침한다. 그리스도교 성자들은 자신이 속한 교회를 지원하고, 분쟁과 다툼보다 조화의 씨앗을 심는 것이 자신의 임무라고 생각했다. 교회의 몇 가지 잘못을 바로잡는 데 헌신한 성자들도 있었다.

교회의 권위 아래 성자들이 겪어야 했던, 한편으로 이해는 되지만 불행한 시련들은 교회 조직을 운영하면서 스스로 성자가 되지 못했던 고위층 관리들로 인한 것이었다. 그들은 어떤 사람, 특히 뚜렷한 공적功績을 보인 사람이 영적 진실을 설파하려면 사전에 교회의 인가를 받아야 한다고 주장했다. 교회 당국이 하려는 것은 무엇보다도 자칭 '성자'라는 '어정뱅이'가 과연 진실을 말하는지, 이단異端을 말하는지 그것을 분명하게 가려내는 일이었다.

하느님께 바치는 참사랑과 그분과의 깊은 교제로 자신의 성스러움을 이루었던 아시시의 프란체스코St. Francis of Assisi는 말과 행동으로 교회의 권위에 복종하였기에 가톨릭 당국으로부터 교회의 진정한 아들로 인정받았다. 그러나 그리스도교 역사를 보면 교회가 인정하지 않는 진실을 말하거나 암시했다가 벌 받고 파문까지 당한 성자들이 여럿 있었다. 그중 하나가 독일의 마이스터 에크하르트Meister Eckhart였다. 그는 다행히도 교회의 파문 명령이 신상에 미치기 전에 마지막 숨을 거두었다.

유럽 왕실 사람들이 영감과 축복을 받으려고 몰려왔던 쿠페르티노의 성 요셉(Saint Joseph of Cupertino)은 말과 행동에서 완벽한 정통이었다. 하지만 기도하는 중에 거듭거듭 그 몸이 공중으로 떠올랐고, 그것은 교회 당국을 당혹스럽게 하는 기적이었다. 그리하여 십오 년 세월 아시시 어느 예배당 숙소에 사실상 감금되었다가, 그의 소재가 세상에 알려질 때마다 한밤중 마차에 실려 멀리 떨어진 자그마한 수도원으로 옮겨지곤 했다.

　내가 아는 로스앤젤레스Los Angeles의 어느 수도승은 같은 시간 다른 장소에 몸을 나타내는 이적異蹟으로 널리 알려졌는데, 멀리 스페인의 외딴 거처로 조용히 옮겨졌다. 가톨릭에서는 그런 이동을 가리켜 '감옥으로 보낸다'고 한다.

　몸에 성흔聖痕이 있는 독일 바바리아Bavaria의 가톨릭 신자 테레제 노이만Therese Neumann은 한동안 사람들 앞에 서는 것을 주교가 금지시켰다.

　남부 이탈리아의 파드레 피오Padre Pio 역시 한동안 신부 자격으로 미사에 참예하는 것이 금지되었다. 로마에 사는 내 이탈리아 친구 하나가 그를 방문해서 고해 도중에 자신이 크리야 요가Kriya yoga(나의 스승 파람한사 요가난다Paramhansa Yogananda가 서양에 소개한 인도의 명상 기법)를 수련한다고 말했다. 그러자 성자가 급히 주의를 주었다. "쉿, 그런 말 입에 담지 마시오." 그리고 말을 이었다. "하지만 잘하고 계신 겁니다."

　교회를 최고 권위로 두는 데는 불리한 점이 두 가지 있다. 첫째는 교회들이 그리스도의 대리자로 모든 우선권을 고위층에 위탁했기 때문에 고위층에서 위험하다고 판단한 무언가에 객관적인 자세를 취할 수 없다는 점이다. 둘째는 위의 불리한 점에서 파생된 것인데, 모든 종교적 가르침을 교회 당국이 선포하는 신성한 진실의 흐릿한 메아리 정도로 끌어내린다는 점이다. 물은 샘보다 높은 데로 흐를 수 없다. 진실을 흐르게 하는 역할에 불과한 종교 기관이 스스로를 진실의 원천으로 임명할 때, 진실의 흐름은 가로막힌다. 물론 그들은 자신들이 '샘'이라고 말하지 않는다. 저마다 자신이 그리스도의 대리자라고 주장한다. 하지만 그들이 공표하는 가르침은 힘찬 폭포에서 가늘게 흐르는 시냇물로, 갈

수록 쇠잔해지고 있다.

내가 이 책을 쓰는 목적은 우리 시대 영성의 큰 스승 중 한 분인 파람한사 요가난다Paramhansa Yogananda가 선포한 예수 그리스도의 가르침을 세상에 선물하려는 것이다. 그는 예수 그리스도의 가르침에 담긴 본래의 영광을 회복하라고 하느님이 서양 세계에 보내신 분이었다.

그밖에도 이 책을 집필하게 된 시급한 이유가 있다. 그리스도교 세계는 그동안 수많은 신학적 논쟁의 공격을 받아왔고 그 와중에 살아남았다. 그리스도교를 공격하는 것은 종교의 적敵으로 잘 알려진 과학적 유물론뿐만 아니라 새롭게 등장한, 영적으로는 미력하나 만만치 않아 보이는 자료들이다. 오랜 세월 땅속에 묻혀있던 고대 문서들, 그중에는 초대교회 이후로 전해 내려온 전통적 인식을 의심하게 만드는 것들도 있는데, 그런 문서들이 발견되자 많은 학자들이 그리스도교의 근본 바탕을 공격하기 시작했다. 최근에는 예수 그리스도의 언행에 관해 인간의 기본 상식마저 왜곡하는 공상 소설도 출간되었다.

그리스도의 가르침에 담긴 심오한 진실이 진정으로 깨달음을 이룬 영적 스승을 통해 재확인되면 비로소 사방에서 벌떼처럼 달려드는 이러한 공격들을 물리치고 본디 가르침의 권위를 되찾을 것이다. 그리스도교 내부의 성자들이 자신이 깨달은 진실을 자유롭게 말하지 못하도록 금지당하는 것은 엄연한 현실이다. 그래서 '그리스도교 밖에서' 깨달음을 얻은 영적 스승들이 다시 한 번 누구의 제지도 받지 않으며 분명하고 힘있게 그리스도의 계시들을 가장 높은 차원에서 선포하는 일이 긴요하다.

가톨릭교회 안에서 교회의 권위에 대한 충성은 언제나 충분한 보상을 받았다. 반면 교회에 대한 불복종, 이의異議, 불충성은 기회만 닿으면

엄한 처벌을 받았다. 종교에서나 사회에서나 충성하는 자에게는 칭찬과 승진이 보장되는 법이다. 그래서 사람들은 자신의 충성심을 열렬히 드러내 보이려 한다. 결과적으로 예수 그리스도는 일반 상식과는 차원이 다른 영적 스승으로, '하느님의 외아들'인 절대 스승(Absolute Master)으로 받아들여졌다.

이런 주장에 과감히 도전한 사람이 드물다. 진지한 그리스도인들의 항거조차 막강한 교회 권력에 억압받고, 끝내 교회 역사가들에 의해 지상에서 자취를 감추었다. 사실상 교조주의가 승리하리라는 것은 처음부터 예견된 결과였다.

내가 쓴 글이 너무 멀리 나아가서 예수 그리스도에 대한 나의 견해가 도무지 관심을 둘 만한 가치도 없다고 생각하는 사람들이 있을 듯해 분명히 밝혀두겠다. 나는 진심으로 예수의 신성神性(divinity)을 믿는다. 하지만 그가 하느님의 하나뿐인 외아들이고, 하느님의 '특별한 소생(unique offspring)'이라는 개념은 받아들일 수 없다. 이 문제에 대한 파람한사 요가난다의 가르침을 기록해 내가 뜻하는 바를 분명히 밝히겠다. 그의 미천한 제자가 된 것을 나는 큰 영광으로 생각한다.

이 책에서는 여러 주제를 다룰 것이다. 내가 세상에 내놓으려는 것은 파람한사 요가난다가 예수 그리스도의 본디 가르침에 담긴 다양하고 심오한 진실을 깊고 넓게 선포한 말씀이다.

제1부

바탕
The Basics

제1장
불리한 여건들

고위 성직자들로 구성된 계급 조직 안에서 영적 권위를 지키려면 크게 불리한 점이 있다. 제도적 계급 조직 자체가 적어도 몇 가지 결함들, 교만하고 질투하고 편견을 지니고 도량이 좁고 앙심을 품고 남 판단하고 용서하지 않으려는 성향 등의 존재론적 결함이 있는 사람들로 구성되었기 때문이다. 이런 결함 중 하나만 있어도 그 사람은 자기보다 높은 차원의 진실을 알기 힘들다. 예수 그리스도가 당신의 교회를 심각한 오류에 빠지지 않도록 지켜주신다는 주장은 있을 수 있고, 실제로도 있었다. 로마 가톨릭교회는 이 주장을 확대하여 교황의 말은 '엑스 카데드라ex cathedra', 그러니까 오류가 없다고 한다. 역사적으로 가톨릭을 앞서지는 못했지만 다른 교회들 또한 그리스도교 진리에 관해 자신들에게 권위가 있다고 주장한다.

모든 교회가 안고 있는 가장 큰 문제는 교회의 지도층 대부분이 하느님 안에서 자유로운 영혼이라기보다 '에고 중심주의(ego-centeredness)'에 갇힌 인간들이라는 점이다. 따라서 그들은 잘못을 저지르지 않을 수 없다. '오만'이야말로 인간 실존의 바탕이라 할 에고 의식의 발현 중 하나다. 그렇다면 무엇이 에고인가? 그것은 햇빛을 받아 반짝이는 유리 조각 같아서, 만물 안에 그 의식(consciousness)으로 유일하게 실존하는 하느님의 '해'를 비칠 수는 있으나 제 빛은 따로 없다. 피조물이 자기 안에서 무한 자아(infinite Self)의 빛과 의식이 비치고 있다는 사실을 스스로 분명히 알 수 있을 만큼 진화된 곳이면 어디나 에고는 존재한다.

살아있는 모든 것이 미세한 중심에서, 한 알의 씨앗 또는 정자와 난자가 만나 이루는 첫 번째 세포에서, 밖을 향해 자란다. 천지만물이 자신의 독자적인 중심에서 바깥으로 자라난다. 독립된 개체라는 의식은 인간에게서 가장 크게 발전했다. 에고에 대한 집착이 모든 인간적 미혹의 근본 원인이다. 그러기에 완전함에 대한 인간의 관념은 처음부터 제한될 수밖에 없었다.

교회 고위층은 아직 깨치지 못한 에고 중심적인 인간이 별안간 신성하고 신비로운 깨달음을 얻는다고 생각하지 않는다. 물론 하느님은 뭐든지 하실 수 있다. 그러나 깨달음은 오직 개인들에게만, 각자의 공로에 따른 결과로 주어진다는 사실을 역사가 보여준다. 개인은 먼저 하느님을 찾고 그 마음이 순결해야 한다. 깨달음은 대학 졸업생들이 받는 졸업증명서처럼 단체로 주어지는 것이 아니다. 또한 공정하게 보아서 그랬으면 좋겠다는 희망일 뿐인 '교황 무오설無謬說'을 믿는 것도 아니다. (이 교리는 가톨릭교회 안에서도 비교적 새로운 개념으로, 1869년 프로테스탄트protestant의 신학적 도전에 맞서려고 선포된 것이다.)

빈번한 일이지만, 교회 고위층이 하는 일은 스스로 '상급자'가 되는 것이다. 자기 자리의 중요성에 대한 과장된 감각으로, 세속적이든 영적이든 현실을 인식하는 능력 위에 자기 몰입이라는 두터운 장막을 드리운다. 그래서 '교만이 지옥을 앞장선다.'는 말이 있는 것이다.

인간의 완전함은 어떻게 규명될 것인가? 인간 존재의 불완전함은 에고 중심에 그 뿌리를 내리고 있다. 그것이 인간의 모든 인식을 제한한다. 잘난 척하는 자기 과시로, 남들한테서 존경받고 싶은 마음으로 그들은 자신의 야망을 바깥 세계에 투사하고 자동적으로 제도권 안에서의 위상位相이 자기가 중요한 존재임을 입증한다고 생각한다. 하지만 계급이 높아진다고 어떤 사람 내면에 변화가 일어나는 것은 아니다. 실제로 자주 보는 일이지만, 계급의 권위가 낳는 것은 교만이다. 교회의 계급 사회에서 교만의 뒤를 잇는 것은 자기를 의롭게 여기고, 매사에 심드렁하고, 엉뚱한 일에 분노를 폭발하고, 다른 사람들의 실책이나 잘못에 '내가 옳다'고 생각하며 성내는 모습이다.

예수 그리스도께서 말씀하셨다. **"하늘 아버지께서 온전하신 것처럼 그대들도 온전한 사람이 되시오."**(마태오복음 5, 48). 이 글을 옮긴 사람들은 인간의 '온전한 상태'를 상상할 수 없었다. 그래서 자기네가 이해할 수 있는 좀 더 일반적인 문장으로 이 말씀의 뜻을 희석시켰다. 결국 "하느님께서 선하신 것처럼 그대들도 선한 사람이 되시오."라는 신학적으로 묽어진 번역이 나타나게 되었다.

인간의 본성이 개선될 수 있다는 생각 자체가 그리스도께서 우리에게 '우리 자신 안에서(in ourselves)' 더 높이 오르라고, 그리하여 우리 안에 계신 하느님을 더 깊이 알라고 가르치셨음을 암시한다. 분명 모든 그리스도인이 동등하게 선한 것은 아니다. 누구는 조금 더 선하고 누구는 조금 더 악하다. 누군가의 행실은 아주 고약하다. 이것은 모두에게 '완벽히' 분명한 사실이다.

하지만 이 논리적 전개의 다음 단계는 그만큼 분명치 못하다. 그리고 거의 고려되지 않는다. 이를테면 내적인 기준들, 무엇보다도 마음의 겸손과 순결에 그 선함이 의존한다는 사실이다. 이런 품성을 결정하는 것은 밖으로 나타나는 행실보다 내면의 자세와 태도다. 그것들은 한 인간의 지위 고하에 상관이 없다. '하느님은 중심을 보신다.' 우리는 이 말을 항상 염두에 두어야 한다. 신성한 품성이란 사람이 교회에서 차지한 자리로 만들어지는 것이 아니다. 어떤 사람의 덕행이 알려져서 그 신분이 높아지는 건 얼마든지 가능하지만 높은 자리가 그의 덕성을 보장해주지는 않는다. 고위층도 인간이기에 잘못을 저지를 수 있다. 그가 무언가를 잘 선택해서 지혜를 보여준다 해도 그의 선택이 반드시 그의 지혜를 보장하는 것은 아니다.

사실 승진이 불행한 결과를 낳을 수도 있다. 교회 계급 사회에서는 유능한 행정가와 성스럽지만 실무 능력이 부족한 사람 사이에서 선택이 이루어질 경우, 보나마나 유능한 행정가 쪽으로 기울게 마련이다. 그 결과 거의 불가피하게, 능력은 있지만 별로 성스럽지 않은 성직자들로 가분수 고위층을 이루게 된다.

행정가 유형의 사람들은 자기네와 비슷한 사람들, 일 잘하고 실무에 밝고 일을 '왜' 하느냐보다 '어떻게' 하느냐에 관심 있는 사람들을 선호한다. '깃털이 같은 새들끼리' 모이는 것이다. 종교 행정가들은 일의 능률을 먼저 생각하고 높은 영성에 대한 지나친 관심에 눈살을 찌푸리는 경향이 있다. 그들은 자기보다 지위가 높은 사람들을 우러르고 그들처럼 되고 싶어 한다. 나아가 어느 성스러운 후보자가 행정가의 능력까지 두루 갖추었는데 임면권자들 입맛에 맞는 다른 후보자가 나섰을 경우 그에게 성스러움이 부족한 것은 문제 되지 않는다. 실은 성스러움이 결핍된 것이 오히려 유리하다. (자기 약점이 드러나는 것을 누가 좋아하겠는가?) 따라서 '깃털이 같은 새들'이 언제나 높은 자리를 차지하는 것이다.

누구나 알다시피 이는 사실이고, 그렇기 때문에 영적인 문제에 관한 결정이 고위 성직자들에게 위임되어서는 안된다. 또한 공부를 많이 한 신학자들에게 위임되어서도 안된다. 학문적 성취로 교만해지는 일이 흔한 까닭에 그런 결정을 유식한 학자들이 내려서는 안되는 것이다. 명석한 두뇌가 현실을 왜곡시킨다는 것은 널리 알려진 사실이다. (그래서 '악마도 성경을 인용한다.'는 말이 있다.) 내 구루Guru의 구루인 스와미 스리 유크테스와르Swami Sri Yukteswar께서 말씀하셨다. "예리한 지능은 양쪽으로 날이 선 칼과 같아서 창조적으로 쓰일 수도 있고 파괴적으로 쓰일 수도 있다. 무지의 부스럼을 도려낼 수도 있고 자아의 목을 자를 수도 있다는 말이다. 지능은 그 마음이 영적 법칙의 불가피성을 인식한 뒤에야 비로소 올바르게 쓰일 수 있다."

이런 사람들이야말로 참된 영적 깨침을 얻어 진리를 좇아 살고 '자기 자신 안에서 온전함을 이루려' 최선을 다하는 복된 사람들이다.

그리스도교의 최고 전통에 따르면 성경이 선포하는 진리를 실제로 깨친 사람들이 정말로 존재한다. 같은 진리의 대부분이 모든 위대한 경전에서 선포되었다. 이들은 내적으로 하느님과 소통하여 스스로 경건한 사람이 되었다. '신성神聖(Divinity)'에 대한 깊고 내밀한 경험이 그들을 위로 끌어올려 하느님을 세상에 존재하는 '유일한 진실'로 깨닫게 한 것이다.

교회 계급 사회가 매료되는 행정가 유형의 사람들에게 성스러운 실재란 거리가 먼 것이다. 그들의 긴밀하고 절실한 관심은 어떻게 하루하루 당면한 사태를 대처하느냐에 있다. '영원'에 대한 생각은, 말하자면

'뒷전으로 미루어둔 것'이다. 성스러운 진실들이 스스로 저희를 돌보게 하라!

종교의 참된 수호자는 성자들이다. 그들만이 알찬 영적 권위로 말할 수 있다. 겉으로 드러난 위상位相이 어떻든 성자들의 내적 의식은 높이 고양된 지평 위에 머문다. 그리고 거기에서만 모든 영적 문제의 진정한 대변자가 나올 수 있다. 인간 본성의 광대한 다양성에 상관없이 성자들은 그들 자체로 하나의 계급을 이룬다. 그들만이 과연 하느님을 '아는 사람들'이다.

여기서 한 가지 덧붙일 게 있다. 처음에도 말했지만 세상의 온갖 다양한 그리스도교회들 가운데 그래도 로마 가톨릭교회가 예수 그리스도의 정신을 오늘까지 물려받고 있다는 점이다. 내가 이렇게 말하는 것은 로마 가톨릭교회가 가장 오래된 교회여서도 아니고, 가톨릭이 주장하듯 교황이 베드로 성자의 후계자여서도 아니고, '교황은 오류가 없다.'는 순전히 인간이 만든 교리 때문도 아니다. 사람이 직접 하느님과 내적으로 통교할 수 있고, 그렇게 더없이 복된 하느님의 '기름 부은 자'가 될 수 있다는 가장 높은 영적 전통을 가톨릭교회가 계속 유지해오고 있기 때문이다.

프로테스탄트교회들은 이 가능성을 전적으로 부인한다. 그것을 인정하는 교회라 해도, 예수 그리스도를 믿는다고 고백하면 누구든 이미 성자라고 주장하며 그 의미를 격하시킨다.

모든 그리스도교회들이 사람의 온전함과 예수 그리스도의 온전함은 절대로 같을 수 없다고 주장한다. 우리는 너나없이 인류의 조상인 아담과 하와가 지은 원죄原罪 때문에 죽어서 지옥 불에 던져질 운명이다. 그런 우리가 구원받을 유일한 기회는 예수 그리스도를 '하나뿐인 구세주'

로 영접하는 데 있다.

성자들은 이 주제에 대하여 뭐라고 말하는가? 그들도 인간의 원죄를 말하는가? 사람이 자기를 구원하기 위해서 할 수 있는 일이 전혀 없다는 주장에 그들도 동의하는가? 우리는 이 점을 처음부터 분명하게 밝힐 필요가 있다. 성자들은 누구도 자신의 온전함을 희망해서는 안된다는, 사람 맥빠지게 하는 관념의 결과를 용납하지 않는다. 아빌라의 성인 테레사St. Teresa of Avila는 수녀들에게 '성자가 되려고 애쓰는 것이 그들에게 주어진 임무'라고 말했다. 모든 성자들이 '하느님의 은혜는 만인을 위한 것'이라고 말한다. 말하자면 건물 위로 비추는 햇빛 같은 것이 하느님 은혜다. 그 빛은 커튼을 열어젖힌 방에만 들어갈 수 있다.

그러면 성자들은 온전한 사람들인가? 이 문제는 뒤에 다시 다루겠다. 우선은 영적 온전함의 참 의미를 이해하는 데 필요한 기초 작업 정도로 넘어간다. 여기서 나는 다음과 같은 단순한 사실을 강조해야겠다. 참 성자는 보통 선한 그리스도인들보다 그 선함이 훨씬 높아서, 비교하자면 들판의 오두막 앞에 있는 마천루와 같다. 어떤 사람이 모두에게 상냥하고, 선한 일을 하고, 허영을 멀리하면 인간으로서 칭찬받을 자격이 있다. 하지만 그 중심이 자기가 동떨어진 존재라는 에고 의식에 머물러있으면 아직 성자라고 할 수 없다. 자기 스스로 사랑과 선행과 다른 모든 덕을 행한다고 생각하기 때문이다. 반면에 진정한 성자는 모든 덕이 '자기를 통해서 흐르게' 하는 사람이다. 그는 선행의 주인공이 자신이라고 생각하지 않는다. 스스로 무신론자임을 자처하는 사람들도 많은 덕행을 베푸는 것이 엄연한 현실이다. 그리스도의 메시지는 훨씬 정밀하다. 그는 우리에게 에고 의식을 넘어서라고, 그래서 자기 자신을 하느님의 도구로 보라고 말씀하셨다.

이 말씀이 진실임을 보여주는 사례가 있다. 한번은 어떤 사람이 요가난다의 겸손을 칭찬했을 때 그가 말허리를 자르며 대꾸했다. "가만, 에고라는 의식이 없는데 누가 어떻게 겸손할 수 있다는 것이오?"

요가난다가 '교회교(Churchianity)'라고 부르는 것으로 좋은 그리스도인의 기준이 밝혀졌다. 오늘날 좋은 그리스도인의 기준은 예수 그리스도를 믿고, 그분을 자기의 '개인적' 구주로 받아들이는 것이다. 한 사람이 주일마다 예배당에 출석하고, 남들에게 착한 이웃이 되어주고, 없는 사람 도와주고, 모두에게 친절하기는 충분히 가능한 일이다. 하지만 누가 과연, 너는 마땅히 하느님을 알아야 한다고 자기한테 말해줄 것인가? **"나를 보고 '주님, 주님.' 부른다 해서 모두 하늘나라에 들어가는 것이 아니고, 삶으로 하늘 아버지의 뜻을 이루어드리는 사람이라야 들어갈 수 있소."**(마태오복음 7, 21). 예수 그리스도께서 이렇게 말씀하셨을 때 그 말에 담겨있던 것이 바로 영적 냉담(half-heartedness)이었다. 이 말을 하기 전에 그분은 이렇게 말씀하셨다. **"좋은 열매를 맺지 않는 나무마다 찍혀서 불에 던져질 터인즉, 하는 짓을 보면 그들의 정체를 알 수 있을 것이오."**

과연 '믿음'이면 충분한가? 사람들은 한때 지구가 판판하다고 믿었다. 그렇게 믿었다 해서 지구가 판판해지는가? 인간의 믿음이 무언가의 진실성을 보장해주지 못한다는 사실은 과학이 확실하게 입증했다. 오늘날 대중 속에서 그리스도교가 삼류 세력으로 서서히 내려앉는 것은 '믿음'을 좋은 그리스도인의 기준으로 삼았기 때문이다.

믿음은 진실을 추구하는 일의 시작일 뿐이다. 믿음은 가설이다. 인간의 어떤 희망이나 기대를 입증하려면 그럴 동기가 필요하다. 가설이 먼저 있고 실험이 그 뒤를 따른다. 하지만 '입증'은 가설(이 경우에는 '믿음')을 정확하게 실험한 후에야 오는 것이다.

종교는 실제로 무엇을 입증하는가? 교회가 교인들에게 약속하는 것은 행복에 대한 막연한 기대와 죽어서 천당 간다는 보장이다. 이것이 '입증'인가? 그냥 하나의 경건한 기대일 따름이다. 그것이 가져다주는 건 오히려 이런 질문이다. '얼마나 많은 사람이 하늘에서 땅으로 돌아와 자기네가 정말 그곳에 갔다고 말해주는가?'

요가난다는 평소 책에서 읽었다는 미국 부흥사 빌리 선데이Billy Sunday 이야기를 즐겨 했다. 빌리가 죽어서 진주로 된 천당 문 앞에 섰다. 문을 두드리며 열어달라고 하자 성 베드로가 나타나 생명록을 뒤적거리다가 말했다. "미안하네. 자네 이름이 여기 없군."

빌리 선데이가 펄쩍 뛰며 말했다. "그럴 리 없습니다. 내가 이리로 올려 보낸 사람들이 얼마나 많은데요?" 성 베드로가 다시 생명록을 뒤져보고 나서 말했다. "자네가 그들을 이리로 보내긴 했겠지만, 아직 아무도 도착하지 않았네."

종교의 진실은 얼마든지 실험하고 입증될 수 있는 것이다. 입증은 경험이라는 잣대로 이루어진다. 이 말이 너무 단순하게 들리는가? 잠시 생각해보자. 무엇이 영적 진실을 실험한다는 것인가? 에고의 흔적을 자신의 삶에서 철저히 추방하여, 잠시만이라도 '세상에 존재하는 것은 오직 하느님 한 분이시고, 그분 홀로 모든 일을 하신다.'는 진실을 깨치려고 노력하는 것이다. 이런 시도를 진지하게 해본 사람이라면 자기가 당면한 도전이 자신에게 영웅적인 정신을 요구한다는 사실을 머잖아 발견할 것이다.

그리스도의 가르침이 진실이라는 것은 자신이 속한 종교가 무엇이든 에고 의식을 초월하여 모든 존재를 동등하게 사랑할 줄 아는 사람들이 입증해준다. 그들은 돌아오는 보상을 기대하지 않으며, 그렇게 해서 얻은 것이 전혀 없어도 자기가 희생당했다고 생각하지 않는다. '나'에 구애되지 않는 사랑은 순수하게 자기를 내어주는 사랑, 아무것도 움켜잡으려 하지 않는 사랑이다.

이렇게 경험으로 입증하는 방법이 아닌 다른 방법도 있다. 논리의 연역으로 이루어지는, 분석적이고 학문적인 방법이다. 하지만 진실은 논리로 접근할 수 있는 게 아니다. 많이 배워 유식한 현대인은 과학적 유물론을 더욱 객관적인 것, 따라서 교리주의보다 타당한 것으로 신뢰한다. 최근에 초기 그리스도교 시절의 고대 문서들이 발굴되면서 대단한 야단법석이 펼쳐지고 있다. 학자들은 그 문서들이 예수 그리스도의 가르침과 그리스도교의 기원에 새로운 빛을 비춘다고 주장한다. 그중에는 고대 문서들을 근거로 예수가 십자가에 달려 죽지 않고 처형장에서 살아남아 막달라 마리아와 결혼했고, 둘 사이에 태어난 '혈통'이 지금까지 존속된다고 말하는 사람들도 나타났다.

하지만 예수 그리스도는 스스로 성경에서 이렇게 말한다. **"아예 고자로 태어난 사람이 있고, 남의 손에 그리 된 사람이 있고, 하늘나라를 위하여 스스로 그리 한 사람이 있소."**(마태오복음 19, 12). 이 말뿐 아니라 그의 짧은 생애를 보아도 예수는 자기가 독신임을 분명하게 밝혔다. (요가난다는 여기서 예수가 모든 사람에게 '하늘나라를 위하여' 스스로 거세하라고 말한 게 아니었음을 강조한다. 그는 제자들에게 말했다. "그런 짓은 그대들이 하느님을 찾는 데 필요한 에너지를 빼앗아 갈 것이오.")

복음서의 권위가 이와 같은 근본적 도전을 감당하지 못하면, 그리스도교는 쓰레기통에 던져지고 성경책은 먼지를 뒤집어 쓴 골동품으로 박물관에 전시될 것이다. 그렇게 되면 우리 선조들의 종교는, 거기에 담긴 예수의 가르침에도 불구하고 더 이상 모든 사람이 동경할 만한 이상理想을 제시하지 못해 신성한 메시지를 상실한 폐기물로 남을 것이다. 그리스도의 메시지가 몇 가지 진부한 교훈 말고는 아무것도 없는 것으로 여겨질 것이기 때문이다.

인간의 본성은 '쉬운 출구'를 찾으려 한다. '이웃을 사랑하라.'는 예수의 계명 앞에서 이웃의 이웃은 미워할 자유가 있다는 생각에 안도감을 느끼기도 한다. 또한, 죽은 뒤에 천당이냐 지옥이냐를 판가름할, 양쪽으로 날이 선 칼 앞에서 그는 이렇게 생각할 수 있다. '선하신 하느님이 어떻게, 완벽하진 못해도 최소 '적당히는 선한' 나를 지옥에 던지시겠는가?' 이런 식으로 합리화 작업을 계속하면 점차 이런 질문을 하게 될 것이다. '어떻게 내가 나쁠 수 있어서 지옥으로 내쳐진단 말인가?' (실제로 많은 사람이 이렇게 한다.)

예수 그리스도는 '다만 사람'이었고, 그러므로 영적 갈망 따위 없이도 괜찮은 그리스도인이 될 수 있다는 새로운 그리스도교 학자들의 주장이 요즘 일반 그리스도인들에게도 받아들여지는 것 같다. 한편 다른 주장도 가능하다. 굳이 그리스도인이 되지 않아도, 종교적인 소질 같은 것 없이도, 분수에 맞고 남부끄럽지 않게 선한 의도를 품고 살아갈 수 있다는 거다. 그런 사람이 만약 제 잇속이 인생에 우선순위라면? 사실 그것은 모두 다 마찬가지 아닌가? (어떻게 그 많은 사람이 전부 그러겠느냐 생각할 수도 있지만, 반복되는 경험에 따르면 '다중多衆은 언제나 옳지 않다. 그나마 소수少數에게 옳을 가능성이 있다.')

언젠가 나는 스승에게 착하고 친절하고 정직하고 성실하지만 하느님을 찾는 데는 관심이 없는 사람에 대해 질문한 적이 있다. 그의 대답은 놀라운 것이었다. "지옥으로 가는 길은 선한 의도로 포장되어있다."

종교를 다루는 지식인 학자들의 위험은 단지 이론에만 있는 것이 아니다. 현대 그리스도인 가운데 상당수가 복음서의 진정성에 도전하는 학자들의 주장 때문에 신앙이 흔들리는 느낌을 받았다는 사실이 설문 조사 결과로 밝혀졌다. 그들의 주장이 정확한 근거도 없이 대중 소설로 발표되어 세간에 풍파를 일으키기도 한다. 그중에는 나름 진지하지만 영적 통찰이 결여되었다는 것을 스스로 보여주는 학자들의 주장도 있다. 둘 다, 이성理性을 잘못 사용해 고대 문서 자료들을 임의로 해석하면서, 그것을 토대로 복음의 진정성에 도전하는 것이다.

인간이 지닌 최고의 기능은 지능이 아니다. 모든 사람한테 초감각적 인식능력이 있다. 적어도 잠재되어있다. 사람은 앞으로 일어날 일, 또는 지금 일어나고 있는 일을 설명할 수 없는 방식으로 알 수 있다. 자기 신상에 예측하지 못한 위협이 일어나도 적절히 반응하는 법을 정확하게 알 수 있다. 또한 다른 사람한테 일어날 일을 미리 알고 있다가 막상 그 일이 일어나면 놀라지 않을 수도 있다. 그런가 하면, 아무 증거도 보이지 않지만 누군가의 존경스러운 겉모습 뒤에 숨어있는 부정직한 의도를 간파할 수도 있는 것이 사람이다.

이건 상식적으로 우리 모두 알고 있는 사실이다. 평범한 사람들로부터 물질보다 미묘한(subtler-than-material) 실재를 떨어뜨려 놓는 장막 너머에 이런 통찰력이 숨어있는 것 같다. 요가난다는 사람의 직관直觀을 궁극적으로, '하느님을 아는 힘'이라고 설명한다.

인간의 의식은 세 가지 수준으로 표출된다. 잠재의식(subconscious), 의식(conscious), 초超의식(superconscious)이 그것이다. 첫 번째 수준인 잠재의식은 외부의 영향에 본능적으로 반응하게 되는 데 의존한다. 동물들이 이 수준에서 움직인다.

고전적인 정의定義에 따르면 인간은 '이성적 동물'이다. 하지만 실제로 사람은 완전 이성적이지도, 완전 동물적이지도 않다. 이런 정의는 누구든 그것을 하나의 전제로 사용할 경우 이성 작용의 수많은 갈래를 추적하는 데 도움이 된다는 점에서 매우 놀랍다. 그러나 그것은 인간의 비非이성적인 기분, 예측할 수 없는 변덕, 깊이 잠재된 선입견을 고려하지 않는다. 무엇보다도 자신의 영적 통찰을 발전시키고 자기를 동물 수준 위로 끌어올릴 수 있는 인간의 능력을 인식하지 못한다. 의식적인 마음은 직관을 통해 작용한다. 그것은 사물을 비교하고 좀 더 완전한 이해에 도달하려고 그것을 분석한다. 지능을 통해 이루어지는 이해는 보통 감각에 따른 인식에 의존한다. 이 의존이 더 높은 진실에 관한 인간의 지능을 다소 쓸모없는 것으로 만들어버린다.

초의식은 보편적으로 최고 수준의 의식이다. 이 수준에서 인간은 제한된 인간 본성을 초월하여 하느님의 자녀가 되고, 자기 영혼 안에서 영원히 자유롭다.

인간이 현대 과학에서 얻어낸 혜택 중 하나는, 실재가 사람의 오감으로 인지되는 무엇이 아니라는 사실을 발견한 것이다. 실제로 물질은 그 어떤 본체本體(substance)도 지니지 않으며, 헤아릴 수 없는 에너지 파동의 산물임이 밝혀졌다. 과학은 광대무변한 공간과 초정밀 세계로 들어가 그것들을 탐색하면서, 동시에 인간의 물리적이고 정신적인 지평을 크게 확장시켰다.

이 확장의 결실로 우리는 아주 먼 데까지 빠른 속도로 갈 수 있게 되었다. 이제 우리는 지구 저 편에서 벌어지는 사건을 텔레비전 화면으로 동시에 본다. 아주 먼 나라에 사는 사람들이 우리나 우리 이웃들과 본질적으로 다르지 않다는 사실도 알게 되었다.

지금 우리는 다른 종교들의 가르침이 우리가 속한 종교의 가르침과 비슷하거나 같다는 사실을 훨씬 잘 알고 있다. 그런데 그리스도교 신학자 거의 대부분은 예수 그리스도가 다른 누구보다 탁월하다는 교리를 단단히 붙들고 일반 종교들과 그리스도교의 '이질성'을 강조한다. 하지만 그 '이질성'이라는 것은 누가 봐도 피상적이다. 그런 학자들의 시도 뒤에 숨은 동기를 요가난다는 '잘못된 심술'이라고 말한다. 그들은 '적대자'라고 판단한 상대를 불완전하게 표현하고 있기 때문이다. 그런 판단이 없다면 사람이란 어디에 살든 분명히 음식, 옷, 집과 사랑, 친절, 정서적 안정, 행복이 공통적으로 필요한 존재다.

　세계 모든 곳, 모든 사람에게 뿌리깊은 영적 차원이 있는데 위대한 종교들은 모두 주체적으로 그것에 주목한다. 사람들에게 서로 미워하고, 거짓말하고, 아프게 하고, 상처를 주라고 가르치는 참 종교는 세상에 없다. 모든 종교가 사람들에게 다른 사람의 존재를 받아들여 자신의 에고 정체성(ego-identity)을 확장하라고 가르친다. 나아가 모든 종교가 서로 사랑하면서 친절, 자비, 용서, 화해 같은 덕목을 키우라고 한다. 그 어떤 종교도 물질주의자들의 신조, '자기 우선주의'를 세상에 권하지는 않는다.

　최근 인간의 영적 차원에 대한 각성이 커지면서 자신의 능력과 신념을 토대로 영적으로 성숙하려는 다른 사람의 노력을 깎아내리는 천박한 영성의 소유자들이 보인다. 친절과 이타적 사랑 등, 인간의 의식 수준을 끌어올리는 것이라면 무엇이든 그 가르침은 훌륭하다. 그런데 어째서 누군가를 개종시키겠다며 그가 어떻게 틀렸고, 그에게 참된 가르침이 얼마나 부족한지를 떠들고 다닌단 말인가? 다행히도 요즘은 자신과 다른 방식에 호의를 보이는 경향이 늘고 있다. 사람들은 누가 어떻게 먹고 어떻게 입는지, 그가 어떻게 품위 있는 삶을 살아가는지에 관심이 많다. 이렇게 보편적인 관심이 자연스러운 것이라면, 다른 사람들이 무슨 생각을 하고 어떻게 행복을 누리며 어떻게 하느님께로 다가가는지를 알고 싶은 것 또한 당연하지 않은가?

내가 인도에 방문했을 때 부통령이던 라다크리슈난Radhakrishnan 박사가 이렇게 말했다. "한 나라가 어떤 나라인지는 그 백성이 우러르는 인물이 누군지를 보면 알 수 있지요." 이 기준에 따르면 인도야말로 지구에서 가장 영적인 나라로 알려질 자격이 있다. 다른 나라에서는 대개 사람들이 '스포츠 영웅'이나 '연예인'을 우러르고 있기 때문이다. 반면 인도에서 대중이 우러르는 대상은 언제나 영적 거인들과 성자들이었고, 지금도 그렇다.

한번은 인도에 거주하는 그리스도교 선교사로부터 이런 질문을 받았다. "당신이 '성자聖者(saint)'라고 말할 때, 그 말이 뜻하는 바가 무엇이오?"

내가 답했다. "글쎄요, 저는 '산트sant'라는 산스크리트어에서 '세인트saint'라는 말이 나온 것으로 알고 있습니다만…" (이렇게 해서 움트려는 신학적 논쟁의 싹을 잘라버렸다.)

인도의 위대한 인물들은 언제나 '자기 깨달음(Self-realization)'을 성취한 남자들과 여자들이었다. 황제, 전사, 정치지도자 들과 역사에 공이 많은 사람들은 대중의 존경을 받았지만 늘 두 번째 자리였다. 인도에서는 지혜를 높은 학위나 풍부한 지식과 혼동하지 않는다. 참된 지혜는 내적으로 하느님을 체험하여 인생의 진정한 의미와 가치를 깨친 사람들의 것이다. 신학자나 철학자, 다시 말해 학문에 매달리고 인생의 의미에 대한 이론에 밝은 사람들이 나라의 큰 스승으로 추앙되는 일은 거의 없다. 초의식적 깨달음을 얻은 인도의 현자들에겐 뛰어난 지능도 있지만 그들을 다른 사람과 구별 짓는 것은 정신적 명료함이다. 그들은 자신이 말하는 내용을 그대로 '산다.' 초의식적 경험이 그들에게 진짜와 가짜를 분별하는 힘을 준다. 직접적인 체험에 바탕을 둔 그들의 심오한 깨달음은 머리만 영민한 사람들에게는 결코 주어지지 않는 것이다.

모든 종교에서 위대한 스승들의 가르침이 다 똑같지는 않아도, 위없이 높은 진실을 향해서는 주목할 만한 이구동성을 보여준다. 이 종교의 성자가 가르친 것이 저 종교의 성자가 가르친 것과 다르다면 그것은 그들이 속한 문화와 환경이 다르고 그때그때 사람들에게 필요한 것이 달랐기 때문이다.

반면 영적 진실에 관해서는 그들 모두 같은 말을 했다. 그래서 처음 그리스도교 선교사들이 인도에 왔을 때 그리스도의 가르침과 인도의 『바가바드기타Bhagavad gita』에서 크리슈나Krishna가 가르친 내용이 너무나 같은지라 크리슈나가 예수 그리스도의 가르침을 빌려왔다고 말했던 것이다. 그러나 인도 전승에 따르면 기타Gita가 성경보다 훨씬 먼저 기록된 경전이다.

맨 밑바닥으로 내려가면 그리스도교와 불교의 차이점이란 다름 아닌 교조敎祖의 이름이 서로 다른 것일 뿐이라고 할 수 있다. 두 종교의 차이는 두 위대한 스승이 살았던 장소와 시대의 차이로 쉽게 해명될 수 있다. 두 스승한테서 배운 사람들이 '특별한 구원의 은총'이라고 강조하는 것을 제외하면 가르침의 내용 자체는 근본적으로 동일하다.

이제부터 우리는 그리스도교의 영원하고 보편적인 진실을 새로운 관점으로 성찰하게 될 것이다. 이 책은 그리스도교를 지지한다는 점에서 틀림없는 정통이지만, 그리스도교의 여러 교단이 가르치는 것과는 일치하지 않을 수도 있다. 다시 말하지만, 이 책은 언제나 '그리스도교'에 부응할 것이다.

앞서도 말했듯이, 세계의 위대한 종교들 가운데 ('유일하게' 위대한 종교는 아니지만) 높은 자리에 서있는 그리스도교를 원상으로 회복시키려는 겸허한 노력의 산물이 바로 이 책이다.

내 스승 파람한사 요가난다로부터 배운 것들이 우주 보편적인 진실임을 확신하면서 지금 나는 진지하게 이 글을 쓰고 있다. 진실은 하나이고 유일한 것이기 때문이다. 이 책의 목적은 독자들에게 파람한사 요가난다의 그리스도교 해설을 충실히 전하는 것이다. 그는 예수 그리스도의 가르침을 세상에 열어 놓은 사람이었다. 나는 인간이 새로운 '사실들'을 찾아낼 수는 있지만 새로운 '진실'을 창조할 수는 없다고 믿는다. 나뭇잎이 언제나 같은 모양으로 생겨나면서도 잎마다 독특하게 다르듯이 진실 또한 언제나 새로운 모습으로 표현될 수 있다. 그래도 그 영원한 진실의 서로 다른 표현들은 하나면서 유일하고 영원토록 변치 않는 진실, 온 세상에 스며있는 진실의 외피일 뿐이다.

제2장

진실을 가리키는 이름

'사나아탄 다르마Sanaatan Dharma.' '영원한 종교'를 뜻하는 산스크리
트어. 사나아탄 다르마는 오랜 세월 인도에서 우주 보편적 진실을 가리
키는 이름으로 통했다. 하느님, 창조주, 우주를 지탱하는 이의 의식적
투영投影(conscious projection)인 모든 원자(atom)가 마침내 '위없이
높은 영靈(Supreme Spirit)'으로 흡수될 운명이다.

인도의 고대 종교를 가리키는 '힌두이즘Hinduism'은 비교적 최근에
외국인들이 붙여준 이름인데 사실 잘못된 호칭이다. 사나아탄 다르마
는 인도에만 속한 것이 아니고 밖으로 나타난 모든 것들의 바탕에 깔려
있는 영원한 진실이기 때문이다. 종교는 스스로 보편성을 주장한다. 그
러므로 이 지구별에서와 마찬가지로 멀리 떨어진 은하계의 어떤 행성
에서도 통하는 진실이어야 한다. 사나아탄 다르마는 모든 참 종교의 바
탕이다.

따라서 '신성한 진실'은 어느 한 종교, 종파, 종단에 속하지 않는다.
사나아탄 다르마는 사람이 만든 종교가 아니다. 그러나 하느님이 어떻

게 만물을 나타나게 하셨으며 어떻게 모든 영혼이, '방탕한 아들'이 돌아와서 그분 안으로 흡수될 수 있는지, 그 길을 설명한다.

사나아탄 다르마는 계시가 아니다. 계시는 사람의 말로 표현된 것인데 '말'이라는 것이 사람을 잘못 인도할 수도 있기 때문이다. 그보다는 '영원한 종교'가 계시의 '열매'다. 그것이 사람들에게 가장 높은 진실의 계시에 스스로 닿는 길을 보여주기 때문이다. 사나아탄 다르마의 근본 진실들은 깊은 겸손과 헌신으로 자기를 하느님께 기꺼이 바치는 사람이면 누구나 알 수 있는 것들이다.

사나아탄 다르마는 모든 성자들이 말하는 신성한 계시인 무한한 빛과 음성, 사랑, 지복, 힘, 고요, 지혜와 관련 있다. 그들은 성 바울로가 **"사람의 머리로 이해할 수 없는 하느님의 평화가 그리스도 안에서 그대들의 마음과 생각을 지켜주실 것입니다."**(필립비서 4, 7)라고 했던 말과 비슷한 의미의 말을 한다.

아빌라의 성 테레사가 고해 사제에게 '꼴 없는 그리스도(formless Christ)'를 보았다고 말했을 때, 평소 그녀의 든든한 방패막이였던 신부도 의심이 들기 시작했다. 하지만 그녀의 깊은 영성을 신뢰하던 그는 관련된 문서들을 열람하다가 토머스 아퀴나스Thomas Aquinas의 글에서, 꼴 없는 그리스도에 대한 환상(vision)이 꼴 있는 그리스도에 대한 환상보다 높다는 것을 알게 되었다는 놀라운 진술을 발견하였다. 파람한사 요가난다는 자주 이 이야기를 인용한다. 아빌라의 성 테레사와 요가난다가 말하는 '꼴 없는 그리스도'란 무엇을 의미하는 것일까?

과학이 말하듯이 수억만 은하계로 물질 우주가 구성되었다면, 아무리 정통 그리스도교 신자라 해도 이런 질문이 들 것이다. '어떻게 하느님이 흰 수염 길게 늘어뜨린 노인의 모양을 할 수 있단 말인가?' 이어서 다른 질문이 꼬리를 물고 따라올 것이다. '어떻게 예수 그리스도가 진짜 하느님의 하나뿐인 아들일 수 있는가?' 이런 개념들은 분명히 고리타분한 옛말일 수밖에 없다. 그 어떤 꼴도 우리가 지금 알고 있는 우주를 반영할 수 없다.

물론 신인동형설神人同形說의 하느님은 예수 당시 사람들이 알고 있던 우주로도 반영될 수 없다. 그들이 알던 지구는 상대적으로 작지만 그래도 수없이 많은 동물과 식물, 사람들로 가득한 나라, 넓은 경계, 설명할 수 없는 하늘의 별들, 봄여름가을겨울로 돌아가는 계절, 바람, 언제나 바뀌면서 되풀이되는 기후, 끊임없이 순환하는 별자리 같은 것들로 구성된 복합체였다. 그 목록을 열거하려면 끝이 없을 것이다. 하지만 존재하는 모든 것들 뒤에 보이지 않는, 그러나 신성한 두뇌腦(brain)가 있음을 보여주는 데는 이 정도로 충분하다. 이것을 가리켜 '꼴 없는 의식(formless consciousness)'이라고 말하는 사람도 있다.

가족과 함께 배로 대서양을 건너던 일이 생각난다. 내가 어렸을 때 우리 가족은 아홉 차례나 대서양을 오갔다. 그때 내 눈에 들어오는 광경을 아버지가 설명해주곤 하셨다. 광경을 보기 전이었는지 보고 난 뒤였는지는 잘 모르겠다. 하지만 수평선 너머로 다가오는 배들이 처음부터 배의 형체를 갖춘 작은 점들이 아니었던 것은 선명하게 기억난다. 그것들은 먼저 돛의 꼭대기만 보이다가 천천히 바다 위로 그 모습을 드러내었다. 그렇게 배가 제 모습을 위에서 아래로 조금씩 보이는 현상에 대한 설명은 물론 지구가 둥글기 때문이라는 것이었다. 틀림없이 사람들은 지구가 둥글다는 사실을 알기 전에도 아주 오랜 세월 그런 현상을 목격했을 것이다. 그런데 어째서 예수 당시의 사람들은, 아니 그 뒤로도 수백 년 세월이 흐르는 동안 사람들은 먼 바다에서 배가 그렇게 모습을 드러내는 까닭을 묻지 않았던 걸까?

하늘에서 찼다가 이우는 달도 수천 년 동안 사람들이 볼 수 있는 무엇이었다. 그런데 어째서 근대에 이르기까지 아무도 그 현상을 햇빛의 반사에 연관시켜 보지 못했을까? 어째서 태양이 계절에 따라 다른 지평선에서 떠오르는지, 어째서 계절이 한 방향으로만 돌고 한 해 동안 같은 순서로 진행되는지 사람들은 왜 그 이유를 질문하지 않았을까? 물론 그때도 명석한 머리를 가진 사람들은 있었을 것이다. 요즘 사람들만 총명한 지능을 지녔다고 할 수는 없다.

옛날 사람들이 오늘 우리에게는 명백한 사실을 인식할 준비조차 되어 있지 않았다는 것은 어떻게 가능한 일인가? 빵에 피어나는 곰팡이를 사람들은 아주 오래 전부터 보았다. 하지만 그 곰팡이에서 페니실린이 발견된 것은 1920년대였고, 1940년대에 와서야 비로소 널리 활용되었다.

수많은 다른 발견에서도 같은 말을 할 수 있다. 어떤 현상을 모든 사람이 대면하고 있지만 아직 그것을 성찰할 준비가 되어있지 않은 것이다. 당대 사람들은 제대로 된 질문을 할 만큼 지능이 성숙하지 않았던 것일까? 아니면 사실 자체가 괄목할 만큼 가득 축적되어서, 그러니까 그런 질문을 하지 않을 수 없어서 새로운 발견이 가능해지는 것일까?

흥미로운 현상이 하나 더 있다. 이따금 멀리 떨어진 두세 사람이 어떤 과학적 발견을 동시에 해내는 일이 많다는 사실이다. 찰스 다윈이 『종種의 기원On the Origin of Species by Means of Natural Selection』을 한 주 뒤에만 발표했어도 비슷한 이론을 앨프레드 러셀 월리스 Alfred Russel Wallace가 먼저 발표했을 거라는 글을 읽었다. 종교의 견지에서 보면 다윈의 '아슬아슬한 승리'에 오히려 불행한 면이 있다. 월리스의 이론에 좀 더 영적인 부분이 있기 때문이다. 그는 심령학적 현상을 포함해 사물들이 순전한 물질로만 이루어졌다고는 믿지 않았다.

로바체프스키Lobachevsky와 보여이Bolyai는 러시아와 헝가리에서 구체기하학을 비슷한 시기에 발표했는데, 얼마 뒤에 그것을 알고 서로 놀랐다.

우리는 적어도 같은 영감靈感이 저 뇌腦에서 이 뇌로 옮겨가거나 신성한 존재, 어쩌면 천상의 존재들(angelic beings)이 받아들일 준비가 된 사람에게 영감을 떨궈준다고 생각할 자유가 있다.

인간의 이해 수준이, 비록 리듬은 달라도 끝없이 순환하는 계절처럼 진화하고 쇠퇴하기도 한다는 사실은 생각할수록 매력 있는 현상이다. 하지만 여기서는 최근에 이르러서야 비로소 우주가 얼마나 어마무시하게 광활한지, 따라서 백발노인 모습의 하느님이 천지를 창조했다는 생각이 불가능한 것임을 사람들이 알게 되었다는 사실을 말해두는 것으로 그치겠다.

하느님이 어떻게 모든 것을 창조하시는지에 대해서는 뒤에 다시 말하게 될 것이다. 그러자면 의식(consciousness)이란 단지 인간의 두뇌 활동에서 발생하므로 의식이란 게 어디 따로 있는 것이 아니라는, 따라서 불활성不活性 물질이 존재하는 모든 것의 바탕이라는, 우리 시대 과학의 근본주의 도그마dogma를 대면하게 될 것이다.

마지막 질문을 먼저 해보자. 과연 '의식'이 우리가 '생산해내는' 것인가? 과학자들이 말하는 '신경 조직의 순환을 통하여 이루어지는 전자電子들의 움직임'이 그것인가?

인간 본성이 지닌 어떤 앎은 보편적이고, 따라서 어느 개인의 창조물일 수 없다는 점은 분명한 사실이다. 행복한 젖먹이에게는 웃는 법을 가르쳐줄 필요가 없다. 아이가 무슨 일로 불편할 때 울음을 터뜨리는 것도 누구한테 배워서 아는 것이 아니다. 간단한 예倒지만 인간의 어떤 성향이나 기질이 타고난 것임을 보여주기에는 이 정도로 충분하다. 개들조차 꼬리를 흔들 때는 웃는 것처럼 보이고 화가 나서 으르렁거릴 때는 사나운 모습을 보여준다. 개가 꼬리를 흔들면 친구하자는 것임을 아이들도 안다.

인간의 의식이 어떻게 모든 곳에서 동일하게 표출되는지를 보여주는 예는 더 들지 않아도 될 것이다. 사람이 무슨 일로 기분이 좋아서 긍정적인 감정이 느껴지면 몸과 척추에서 그에 상응하는 에너지가 방출되어 자세가 곧아지고, 눈길은 위를 향하고, 입술은 끝이 올라간다.

반면에 안 좋은 일로 부정적인 감정을 느끼는 사람은 그에 상응하는 에너지를 몸과 척추에서 경험한다. 그와 같은 '가라앉는 느낌'에 수반되는 것은 평소 앞으로 잘 넘어지고, 아래를 내려다보고, 처진 어깨로 무겁게 걸어가는 자세다.

인간의 몸은 너나없이 같은 기질과 요소로 구성되었다. 사람마다 조금씩 정도의 차이는 있어도 입맛은 모두 같다. 신맛을 보면 누구나 찌푸려지고 단맛을 보면 어른 아이 할 것 없이 기분이 좋아진다.

장 폴 사르트르Jean-Paul Sartre는 말했다. "인간은 뿌리깊게 자유로운 존재다." 이 말은 다음 질문을 유발한다. '무엇'으로부터의 자유인가? 인간은 모두가 동일한 신경 조직을 갖추고 태어난다. 그래서 무엇에 반응하는 방식이 기본적으로 통일돼있다. 같은 물건이 그들의 신경을 진정시키거나 짜증나게 만든다.

전깃줄이 자극에 반응하는 방식이 인간의 신경 조직이 자극에 반응하는 방식과 거의 비슷하다는 사실을 최근 과학자들의 실험이 입증해냈다. 나는 오래 전에 쓴 책 『미궁迷宮 밖으로Out of the Labyrinth』에서 인간의 도덕성조차 우주 보편적인 인간 본성에 그 뿌리가 박혀있다고 말했다. 성 바울로가 인용한 예수 그리스도의 말씀이 어째서 보편적 진실로 받아들여지는 것인가? 그는 말한다. **"주 예수께서 친히 들려주신 '주는 것이 받는 것보다 복되다.'는 말씀을 명심하시기 바랍니다."**

이것은 실제로 사람들의 경험에서 나온 말인가? 아니면 그럴 거라고 생각하는 마음의 표현인가? 그것이 과연 진실임을 보여주는 건 우리 모두의 경험이다. 사람은 실제로 자신의 의식과 느낌이 확장되어 다른 사람을 자기 삶 속으로 받아들일 수 있을 때, 그때 참된 행복을 느낀다. 반면에 다른 누구를 배척할 때의 느낌은 저 자신 속으로 움츠러들고 객관적 현실에 대한 감수성도 무뎌진다.

의식은 추상 명사 '의식'으로만 제한되는 것이 아니다. 그 안에는 '느낌'도 포함된다. 실제로 우리 대부분에게는 이성보다 느낌이 더 중요하게 작용한다. 언제고 컴퓨터가 충분히 발전되면 살아있는 것처럼 의식할 수 있을 거라는 주장이 있다. 지렁이는 아무데서나 발견되는 미천한 생물이지만 의식이 분명하다. 그 안에도 자의식自意識(self-conscious)이 있어 붙잡히지 않으려고 굼틀거리며 달아난다. 반면에 느낌은 자아의 감각에 긴밀하게 연결돼있고 이성의 작용이 다소 기계적인 까닭에 단순한 컴퓨터로는 실연할 수 없다.

의식은 두뇌 활동의 '산물'이 아니다. 생각하고 추리하는 이성의 능력을 앞선다. 의식에 동반되는 것은 이성의 작용을 초월한 두 가지, '느낌'과 '자기 알아차림(self-awareness)'이다.

'사나아탄 다르마'는 위없이 높은 영靈의 본질을 '사트치다난다satchidananda'라는 말로 설명하는데, 파람한사 요가난다는 그것을 '늘 존재하고 늘 의식하며 늘 새로운 지복至福'이라 번역한다. "하느님은 '왜'

천지를 창조하셨는가?" 이 고전적 질문에 사나아탄 다르마는 답한다. "그분은 많은 것으로 당신 자신을 즐겁게 하기 위해 천지를 만드셨다."

무엇이 지극히 복된 즐거움인가? 자기 존재의 본질에 대한 고요하고 제한이 없으며 움직이지 않으면서 언제나 짜릿한 즐거움, 늘 새롭고 영원토록 변하지 않으며 스스로 존재하여 다른 무엇에도 의존하지 않는 즐거움, 나타난 모든 것의 가장 깊은 원천과 절대적 완전함과 '예상치 못한 완벽한 즐거움'의 성취가 그것이다. 무한한 자아를 위하여 자기를 비운 사랑의 충족이 곧 지복이다. 하느님은 '의식'만이 아닌, 존재하는 모든 것에서 무한 행복을 실현하기 위한 '사랑'으로도 우주를 창조하셨다.

이런 생각들은 과학에 기대조차 할 수 없는 것들로, '제발 사실을 말하라.'는 요구보다 더한 무엇이 인간에게 필요함을 보여준다. 그렇다, 우리에게는 종교가 필요하다. 그것이 수많은 지식의 단편들 위로 사랑을 퍼부어주기만 한다면.

누군가는 우리와 철두철미 다르다고 생각해야 할 이유가 있는가? 사랑과 완전한 행복에 대한 욕망은 모든 인간 존재에 내재돼있다. 그럴 수밖에 없는 것은 우리 모두가 지복의 하느님을 멀리 떠나 낯선 땅을 헤매는 '방탕한 둘째아들'과 같기 때문이다. 하느님은 우리를 '어떻게' 창조하셨는가? 이 중요한 질문은 다음 장에서 다시 언급하겠지만, 그분이 하신 근본적인 일은 무한 의식에서 파생된 당신의 초의식적 '꿈(Dream)'에 우리를 등장시키신 것이다.

예수 그리스도가 지구별에 오신 것은 우리 모두에게 베푸시는 하느님의 사랑을 선포하고 그분께 드리는 우리 가슴 속 사랑을 일깨우기 위한 것이었다. 과학은 우주가 인간 아버지의 모습을 한 누군가가 창조했다고 하기엔 너무나 광대하다는 것을 우리에게 보여주었다. 하지만 과학의 시야視野에도 한계가 있다. 만물을 존재하게 한 것이 누구든 무엇이든 그에게서 인간 존재들, 저마다 부모와의 사랑과 형제와의 사랑과 연인과의 사랑과 우정을 경험하며 살아가는 인간 존재들도 분명히 나왔다. '무한 한님(Infinite One)'이 전지전능이라면 아무리 과학이 건조하고 냉엄한 눈길로 자기들보다 무한히 높고, 자기네 두뇌게임을 훨씬 뛰어넘고, 만물을 향한 부드러운 사랑으로 은은히 빛나고, 끝없이 용서하고, 다만 우리가 당신에게로 돌아오기만 기다리는 어떤 '존재(Being)'가 있다는 견해를 비웃더라도, 그분은 분명 우리의 내밀한 느낌들을 아실 것이다.

한번은 어느 과학자가 파람한사 요가난다에게 말했다. "우주는 양자와 전자들의 집합체일 뿐이오." 위대한 현자가 대꾸했다. "가령 당신이 말하는 양자와 전자들이 집 짓는 데 쓰는 벽돌이라 합시다. 우리가 벽돌 한 트럭을 공터에 부려 놓으면 그것들이 그냥 집이 되겠소? 자재가 무엇이든 집이 되려면 누군가 머리 써서 설계를 해야 합니다. 광대한 우주의 한없이 복잡한 구조가 있으려면 우주 지능(Cosmic Intelligence)이 있어야 하지 않겠소?"

이보다 더 놀라운 것은 자비와 보편적 사랑의 파동이 '무한 지복'에 뿌리를 내리고 있다는 사실이다. 그렇다. 우리 '방탕한 둘째아들들'에게는 고통도 있고 괴로움도 있다. 그 까닭은 우리가 이런저런 이유로 자기 자신과의 완벽한 조화가 싫어서 그것을 등졌기 때문이다. 고통에 대한 인간의 첫 번째 반응은, 이를테면 '두 번 다시 사랑하지 않을 거야.'라고 하면서 자기 가슴을 더욱 단단하게 응고시키는 것이다. 그러면 쓰라린 아픔이 뒤따르고, 타고난 느낌이 일그러지게 마련이다. 그게 아니면 어떤 감정도 느껴지지 않도록 아예 가슴을 마비시키는 것이다. 이럴 경우 그는 산송장이나 다름없이 살아간다. 그런데, 느낌이 없다면 그것도 의식인가? 그렇게 되면 기계 같은 인생을 살 따름이다. 그런 사람들을 두고 예수는 말씀하셨다. **"제자 가운데 하나가 말했다. '주님, 먼저 집에 가서 아버지 장례를 치르도록 허락해주십시오.' 예수께서 그에게 이르시기를, '죽은 사람 장례는 죽은 자들한테 맡기고 그대는 나를 따르시게.' 하셨다."**(마태오복음 8, 21-22).

이보다 더 실감나는 것은 '이번 일은 실패로 끝나는군. 다른 길을 찾아보자.'라고 말하면서 온 세상을 헤매고 다니는 방랑자의 존재다. 그는 끝없이 답을 찾아 헤매다가 실망에 실망을 거듭한 끝에 마침내 자기를 '재편성(regroup)'하기에 이른다. 그때 문득 이런 생각이 떠오른다. '내가 찾는 답이 바깥 어딘가가 아니라 내 안에 있는 것 아닐까?' 결국 그는 '아버지 집'을 향해 돌아서고 아버지의 사랑과 영원한 환영 속에서 기쁨을 만끽한다.

그렇다. 인간은 분명 아무 생명도 사랑도 없는 마른 사막과 불모지를 헤매고 다닐 가치가 있다. 더 깊은 깨달음을 얻으려면 온갖 잡초가 땅에서 뽑히고, 해체되고, 옆으로 밀쳐져야 하는 것이다.

최근 여러 학교에서 '지능적 설계(intelligent design)'가 주요 과제로 떠오르는 모양이다. 이 문제는 용어를 어떻게 정의하느냐에 있는 것 같다. 우주에 의식적 지능이 있느냐 없느냐는 토론의 주제로 삼을 것이 못 된다. 우주에 의식이 없다는 주장조차도 인간의 의식으로 가능한 것이라는 엄연한 사실이 토론을 원천 무효로 만들기 때문이다.

언젠가 한 여인이 내게 와서 은근 뽐내는 투로 말했다. "여자들이 남자들보다 더 지능적이에요." 그러고는 그 주제에 대하여 더 이상 말하려 하지 않았다. 나로서는 그녀와 토론하지 않아도 되어서 다행이었다.

하지만 여기서는 그때 하고 싶었던 말을 해야겠다. "그건 당신이 지능을 어떻게 규정하느냐에 달렸지요." 오래 살다보니 어떤 점에서는 여자들이 남자들보다 지능적이라는 것을 알겠다. 하지만 다른 점에서는 남자들이 여자들보다 지능적이다. 두 가지 형태의 지능이 모두 필요하다. 그렇기 때문에 남자도 여자도 아닌 '그냥 사람'이 실재에 대하여 좀 더 옹근 그림을 그릴 수 있다.

한 남자와 한 여자가 거리를 걸어간다. 여자가 묻는다. "방금 그 구두 어때요?"

남자가 대꾸한다. "무슨 구두?"

여자가 말한다. "지금 막 지나친 가게 진열장 두 번째 선반 왼쪽 구석에 있는 구두요."

남자가 다시 묻는다. "무슨 가게?"

우리는 깐깐하고 개별적일 필요가 있다. 우리는 대범하고 전체적일 필요도 있다. 우리는 느낌에 호소하는 것을 관찰할 필요가 있다. 또 우리는 그 느낌의 '무엇'과 '왜'를 이해할 필요도 있다. 달리 말해서 우리는 이성과 감성이 함께 필요하다. 즐기기도 하고 이해도 해야 한다. 둘 다 반드시 있어야 한다. 요가난다가 말했듯이 "감성은 이성의 틀 안에 두어야 한다. 그렇지 않으면 판타지가 될 수도 있다." 이쪽 없는 저쪽만으로는 완전한 인간일 수 없다.

'지능적 설계'는 먼저 우리가 쓰는 '지능적'이란 말이 무슨 뜻인지를 규명한 다음에 결정할 수 있는 문제다. 저명한 생물학자 조지 게일로드 심프슨George Gaylord Simpson은 지능적 진화에 관련된 토론에서 어떤 생물체의 변종은 기계공학적 관점에서 분명 '잘못된' 것이라는 내용으로 글을 썼다. '그런 실수를 조물주가 저질렀다고 말하는 것은 불경不

敬 아닌가?' 좋다. 그에 대한 나의 답은 '지능적 설계'에 대한 그의 정의가 너무 단순하다는 것이다. (사실 이것은 많은 종교 '근본주의자들'이 하는 전형적인 말이기도 하다.)

인간의 오만함이 제가 다룰 수 있는 영역 너머에 있는 '인간보다 지혜로운 무한 지능'의 존재를 거부하는 것 아닐까? 하느님은 무한대면서 무한소다. 전지전능(omniscience)이 광대한 우주를 포용한다는 사실은 아울러 모든 개체 원자를 포용한다는 사실을 분명히 내포하고 있다. 전지전능이 개체 원자를 포용한다면 어째서 느낌은, 그 느낌이란 것이 원자처럼 눈으로 볼 수 있는 게 아니라서 그렇다면, 최소한 인간 존재의 느낌은 왜 포용하지 않는단 말인가? 예수 그리스도는 당신의 내적 의식(inner consciousness)이 무한하다는 것을 이렇게 말씀하셨다. **"그대들 가운데 두세 사람이 한 마음으로 구하면 하늘 아버지께서 무엇이든지 다 들어주실 것이오. 두세 사람이 내 이름으로 모이는 그 자리에 내가 있기 때문이오."**(마태오복음 18, 19-20). 그분은 '특정 시간에' 그들과 함께 있을 거라고 하지 않으셨다. '그 자리에 내가 있다.'고 하셨다. 그리스도인들은 이런 분을 과소평가하여 그분이 자기들만 구원하셨다고 믿는다. 예수는 있었다(was). 그리고 있다(is). 그가 그리스도다. 이런 말은 깊은 물과도 같다는 것을 인정한다. 앞으로 더 깊이 천착하게 될 것이다. 여기서는 요가난다의 말을 소개하는 것으로 그치고 넘어가겠다. 예수는 분명 사람이었다. 또한 그는 하느님이었다. 하느님인 그가 모든 인간의 중심에 영원토록 거하신다.

다른 문제 하나가, 정직하게 다루지 않으면 의심이라는 독毒으로 우리를 해칠 준비를 갖추고 뱀처럼 다가온다. 과학이 역사를 뒤로 당길수록 그만큼 문제는 심각해진다. 정말 하느님은 예수 그리스도를 통하여 가장 높은 계시를 인류에게 주실 때까지 수백만 년 세월을 기다리셨던 가? 그런 하느님을 공정하신 분이라고 말할 수 있나? 그렇다면 인간이 하늘에 이르게 해주는 진정한 가르침을 받기까지 수많은 세대가 아무 것도 모른 채 살았다는 얘긴데, 이것이 과연 참된 교리인가? 이것이야 말로 신성한 자비를 말하는 교리와 반대되는 것 아닌가?

그리스도의 계시는 다른 무엇보다도 하느님께서 당신 자녀인 우리를 사랑하신다는 것이다. 하느님이 정말 우리를 사랑하신다면 왜 그토록 오래 기다리셨던 것일까? 인류 역사가 겨우 수십 세기 전, 그리스도교 원년 얼마 전에 비롯된 게 아니라는 사실이 밝혀졌으니 말이다. 고고학은 인류 역사를 까마득한 옛날로 거슬러 올려놓았다. 실제로 20세기에 이르러 사암砂巖에서 수백만 년 전 것으로 추정되는 샌들이 발견되었다. 놀랍게도 불과 얼마 전 미국에서는 석탄 덩어리에 묻힌 인간의 손톱 하나가 발견되었는데 수백만 년 전 것으로 판명되었다. 이 모든 것이 어떤 근본주의 그리스도인들 주장대로 우리를 혼란에 빠뜨리기 위한 '사탄의 책략'인가? 우리가 하느님의 길에 대해 통찰을 얻으려면 적어도 그분이 우리에게 주신 지능을 활용하려 노력하는 것이 당연하다.

타종교 신자들이 하느님께 몸을 바친다거나 인간에 대한 하느님의 사랑을 말할 때, 그것은 경건한 그리스도인들이 하는 말과 전혀 다른 내용이라고 확신하는 그리스도인이 많다. 우리는 그들에게서 이교도는 '그리스도인의 사랑'을 경험할 수 없다는 말을 듣는다. 그들은 '진정한' 그리스도인이 마리아나 예수께 헌신하는 것과 우리가 칼리Kali나 크리슈나Krishna에게 헌신하는 것이 다르다고 생각하는 건가?

테레제 노이만Therese Neumann을 방문하고 나서 요가난다는 그녀가

'수난의 그리스도'께 받은 환상幻像(vision)을 그녀의 눈에서 보았다고 기록했다. 수년 뒤 한 가톨릭 잡지에 그를 조롱하는 글이 실렸다. '글쎄, 힌두교 요기yogi가 진정한 가톨릭 환상을 보았다고?'

진실은, 깊은 요가 수련으로 겪는 체험이 세계 도처의 사람들이 경험하는 것들과 정확하게 일치한다는 사실이다. 요기가 깊은 명상으로 경험하는 수준 높은 의식의 경지는 아시시의 성 프란체스코나 아빌라의 성 테레사가 경험한 신비경과 같은 것이다. 어느 시대나 진지한 구도자들은 하느님을 사랑했고 그분과 통교했다. 예수 그리스도가 전혀 새롭고 특별한 계시를 인류에게 전했다고는 할 수 없다. 정말 그렇다면 그의 가르침 자체를 의심할 수밖에 없다. 진실은 '사나아탄', 곧 영원한 것이기 때문이다.

어떤 그리스도교 신학자들은 강하게 주장한다. '우리 그리스도교'는 하느님의 신령한 은총의 열매가 아닌 기타 '이방 종교들'과 전혀 다른 특별한 종교라고. 이렇게 타종교를 업신여기고 능멸하는 행위를 요가난다는 '잘못된 심술'이라고 부른다.

독일, 미국, 중국, 인도 등에서 과학자들이 연구하는 물리 법칙은 우주 보편적인 것이다. 따라서 이 나라 저 나라, 이 행성 저 행성 가리지 않고 두루 통한다. 마찬가지로 예수 그리스도, 크리슈나, 붓다 등이 가르친 진실 또한 모든 곳에서 똑같이 신뢰받고 학습해야 하는 것이다. 상점 주인이 자기 물건 팔겠다고 다른 가게 상품을 헐뜯는 것처럼 진실에 대하여 자기가 아는 것과 달라 보이는 가르침을 깎아내리는 것은 볼썽사나운 짓이다.

어떤 사람이 새로운 영적 가르침을 접했을 경우, 먼저 '이 가르침이 내 삶의 경험에 비추어 진실한 것인가?'를 묻는 것은 당연한 일이다. 그리고 영민한 사람이라면 다음 질문을 할 것이다. '이것이 오랜 세월 진정한 현자들이 가르쳐온 더 높은 진실에 부합되는가?' 위의 두 질문에 모두 '아니'라는 답이 나오면 당장 쓰레기통에 던져버릴 일이다.

비록 영원한 진실에는 못 미치더라도 최소한 자기 경험에 비추어 타당하게 여겨진다면, 그 가르침이 자신의 생활에 얼마나 유용할 것인지 헤아려볼 필요는 있다. 하지만 참된 지혜를 추구하는 사람이라면 그것이 자신의 경험이나 자기보다 지혜로운 사람들의 경험에 비추어 그리 타당해 보이지 않을 경우, 신중히 고려해야 한다. 어쩌면 사람들이 그냥 제멋대로 지어낸 것일 수 있기 때문이다.

물질 구성의 궁극적인 '벽돌'인 전자電子가 어디서나 동일하듯 생명, 사랑, 열망 그리고 충족은 모든 생명체, 특히 인간 존재에게는 더더욱 동일한 것이다. 그러므로 의식에 관한 진실들(truths of consciousness)은 보편적으로 어디서나 동일하며, 우리가 생명이라 알고 있는 모든 것이 영원불멸하다.

제3장

참 종교 대對 거짓 종교 (1)

수년 전에 진짜 계시를 받아썼다는 책이 출간되어 화제를 모은 적이 있다. 많은 사람이 나에게 그 책에 대한 소견을 물었다. 나는 진정한 문서가 되려면 필요한 세 가지 요소가 그 책에 결여돼있음을 보았다. 첫째, 그 책의 언어에 신성한 파동이 담겨있지 않았다. 둘째, 내가 살면서 경험한 것들에 일치하는 바가 거의 없었다. 셋째, 오랜 세월 전해져 내려온 세계의 위대한 가르침에 기본적으로 부합하지 않았다. 그래서 사람들이 그 책을 어떻게 보느냐고 물을 때마다 진정한 내용을 담은 책으로 보이지 않는다는 것이 나의 대답이었다.

간혹 항의하는 사람들도 있었다. "하지만 그 책이 얼마나 아름답게 하느님의 사랑과 자비를 말하고 있는데요!"

그러면 나는 이렇게 대꾸했다. "훌륭한 시인도 얼마든지 근사한 내용을 아름답게 노래할 수 있지 않은가요? 다만 어떤 책에 동원된 언어가 개인의 체험에서 나오는 '확신'을 담고 있느냐가 문제인데, 제가 보기에 그 책은 그렇지 않다는 겁니다."

신성한 진실에 대한 선언은 단호하고 거의 무심한 자기희생과 무無
집착, 완전한 내적 자유에 대한 암시를 담고 있어야 한다. 그래서 이렇
게 말할 수 있어야 한다. "이것은 사람들이 가지고 놀 수 있는 무엇이
아니다." 하느님은 우리 모두를 사랑하고 무한 자비를 베푸는 분이시다.
하지만 그분에게서 나오는 은총은 소심한 겁쟁이를 위한 것이 아니다.
오히려 그것은, 성경이 말하듯이 '용광로의 불'이다. 깊은 중심으로 하
느님 사랑을 원하는 사람은 무엇보다도, 원천적으로 그리고 영원히 하
느님께만 속한 것 외에 자신의 모든 이기적 욕망을 불태워 순결해져야
한다.

더없이 높은 진실에 비추어 결함이 있는, 예컨대 평범한 보통 사람들
입맛에 맞도록 적당히 묽게 만든 책은 사람들의 에고를 북돋아주거나,
아니면 명백하게 진실을 부인한다. 예를 들어, 인간이 선천적으로 악하
다는 말은 명백한 거짓이다. 인간은 그 영혼 안에서 선천적으로 선하다.
'신성한 의식'의 표현이 곧 인간이기 때문이다. 물론 인간이 악을 '표현'
할 수 있는 것 또한 사실이다. 그러나 그것은 '악'을 어떻게 규정하느냐
에 딸린 문제다.

어떤 가르침이 사람들을 에고의 감옥으로부터 자유로 가는 길을 힘
차게 걷도록 인도하는 대신 오히려 에고를 인간 실존의 중심으로 받아
들이면 그 가르침은 묽어지기 시작한다. 이른바 '신성한 문서'라는 것이
'악'은 존재하지 않는다거나 '하느님은 악을 모른다.'는 식으로 비非진
실을 선언하면 그것은 진실을 명백하게 부인하는 것이다. 악惡 또는 사
탄은 하나의 우주적 실재다. 하지만 최후의 구원은 모두를 위한 것이다.
사탄도 '위없이 높은 영靈'에 녹아들어 더 이상 사악하지 않고 신성해질
것이다.

영적 진실에 대한 또 다른 명백한 부인은, 인간의 영혼에게 구원받을 기회가 한정적인데 그 기회를 놓치면 영원히 소멸된다는 주장이다. 이런 주장의 치명적인 결함은 하느님의 한 부분인 영혼이 결코 소멸될 수 없다는 데 있다. 이 문제를 질문한 나에게 구루가 말씀하셨다. "어떻게 자네가 하느님을 소멸시킨단 말인가?"

하느님과의 내적 통교를 위한 사람의 노력이 자기기만에 불과한 위험한 시도라고 주장한다면 진짜 큰 잘못일 수 있다. 이런 잘못을 밑받침하는 것은 신성한 통교가 전적으로 하느님의 은총이므로 인간의 노력으로는 절대 이루어질 수 없다는 믿음이다. 정말 그렇다면 구태여 경전이 기록될 이유가 없다. 아무도 햇빛을 방 안으로 끌어들일 수는 없지만, 문제는 방마다 커튼이 드리워있다는 것이다. 분명 하느님은 우리와 통교하기를 원하신다. 자신의 불안, 물질적 욕망, 둔한 무관심 따위로 그분을 바깥에 세워두는 건 우리들이다. 이 모든 장애물을 치우는 최선의 수단이 바로 명상이다.

여기서 가장 근본적인 잘못은 명상이 일종의 자기 최면이라는 착각이다. 그러나 기도와 명상의 차이는 아주 간단하다. 기도는 하느님께 말씀드리는 것이고, 명상은 그분의 대답을 듣는 것이다.

실제로는 머리로 상상하면서 하느님의 대답을 듣고 있다고 자신을 속이는 일이 가능한가? 물론 가능하다! 인간의 마음 곳간에는 잠재의식의 작업장에서 만들어지는 온갖 판타지가 있다. 과연 그가 진정한 영감과 안내를 받는지 아니면 스스로 속고 있는지 식별할 방법들이 있다. 그리스도교 전통, 특히 그리스정교회 전통에는 훌륭한 지침이 많다. 진지한 구도자들이 그것들을 공부하고 적용했으면 좋겠다. 여기서 그 문제를 깊이 다루지는 않겠지만, 사람을 미망에서 빠져나오게 해줄 몇 가지 테스트를 소개하겠다. 하느님께서 진지하게 당신을 찾는 이들을 친히 '손잡아' 인도해주실 것이기 때문이다.

예수께서 이르셨다. **"찾으시오, 찾으면 보일 것이오."**(루가복음 11, 9). 겁내지 마시라. 명상이 자기기만일지도 모른다는 두려움 자체가 사탄이 심어준 마음이다. 그것은 공식적이고 정교하게 다듬어진 교리의 보호와 그 날개 아래 모두를 머물게 하려던 초기 그리스도교 지도자들한테서 볼 수 있다.

중요한 테스트 가운데 하나를 소개하겠다. 명상 체험이 당신에게 정신적 명료함을 안겨주는지, 아니면 더 명한 상태로 들어가게 하는지를 잘 살펴보는 것이다. 파람한사 요가난다의 탁월한 제자 하나는 이렇게 말했다. "당신의 종교가 한낮의 냉엄한 빛으로 테스트 받는 것입니다." 만일 명상이 책임감도 없이 당신의 일상을 혼탁하게 만든다면, 그것은 당신이 명상을 통해 초超의식의 투명한 하늘로 올라가지 않고 잠재의식의 어두운 구름 속을 헤매고 있다는 표시다. 만일 어두운 환상을 보았다면, 특히 그것을 통해 더 높은 알아차림을 얻지 못했다면 당신의 머릿속 상상이 당신을 피동적인 상태로 끌어내린 것임을 알아야 한다. 그렇다고 무슨 피해를 입는 건 아니지만, 의지를 활용해 좀 더 내적으로 고요해지기를 노력할 필요가 있다. 사람들이 초의식으로 올라가는 길을 헛갈리게 하는 것이 바로 머릿속 상상이다. 생각들이 이리저리 헤매고 다닐 때마다 허둥대지 말고, 그것들을 조용히 불러들이면서 허리를 동여매고 내면 깊은 평화의 바다로 깊이 더 깊이 잠수하라.

우리 구루가 지은 송가頌歌에 이런 말로 시작되는 것이 있다.

명상 없는 마음이

이리저리로

당신을 헤매게 합니다.

　명상 체험에는 진정한 것들도 있지만 거짓된 것들도 있다. 그러나 거
짓된 체험이 두려워 명상을 포기하는 것은 차에 칠까 겁나서 외출하지
않는 것과 같다. 명상할 때 에고를 하느님께 굴복시키려는 노력이 공허
한 마음에서 오는 가짜 체험이 아니라 '더 높은 깨어남'으로 자신을 열
어 놓도록 유념해야 한다. 무엇보다도 헛된 생각과 판타지에 피동적으
로 굴복하는 일이 없어야 한다. 내면의 굴복은 아래로 잠재의식을 향한
것이 아니라 위로 초의식을 향한 것이어야 한다.

　신성한 은총이 참된 내적 통교에 반드시 필요한 조건임은 분명하다.
사람이 무슨 짓을 해도 하느님의 응답을 강요할 수는 없다. 그렇다고
인간이 자기 의지만으로 신성한 통교를 하겠다는 것은 머리와 가슴을
그분께 열어드리는 데서 오는 겸손이 아니라 에고 중심의 무모한 억측
일 뿐이다. 명상, 특히 '요가 명상'에 대한 서양의 경계심은 주로 명상이
억측을 내비친다는 데 있다. 이런 경계들은 대개 '잘못된 심술' 아니면
단순한 무지에서 오는 것들이다.

　명상 체험의 효과에 중독성이 있어 명상을 일종의 정신적 마약으로
볼 수 있다는 글을 읽었다. 과연 사람이 지혜에 '중독'될 수 있을까? 마
약에 취해 명상을 체험한다면, 그래서 얻은 것은 결코 지혜가 아니다.
또한 그것은 위없이 높은 질서로부터 오는 지복도 아니다.

　코카인cocaine이나 엘에스디LSD 같은 환각제는 실제로 중독성이 있
어 사람 마음을 멍하게 만들고 일상의 현실에서 겸허하게 대처할 능력
을 떨어뜨린다. 그보다 고약한 것은 그것들이 인간의 의지력을 약화시

킨다는 점이다. 마약이 가짜 환각을 불러일으키는 건 사실이다. 하지만 나는 그런 환각 상태에서 같은 환각에 사로잡힌 다른 사람들과 어울리지 못하는 이들을 많이 보았다. 약기운에 환각을 경험하는 사람들이 주장하는 '보편적 사랑'은 보통 사람들의 느낌과 전혀 상통하지 않는다. 그들은 방금 칼에 찔린 사람 몸에서 나오는 '아름다운' 붉은 피를 보며 '영감靈感'을 얻는다고 생각할 수도 있다.

초의식에서 오는 지복은 전체에서 떨어진 에고의 삼재의식이 불러일으키는 환각과는 무관하다. 명상 수련을 하지 않는 마음은 늘 불안하고, 그러기에 하느님께로부터 오는 참된 영감을 받을 수 없다.

그러므로 명상이 사람을 자기기만으로 인도한다는 주장은 '절대 오류'다. 명상이야말로 종교를 시험해보는 최선의 방법이다. 실제 경험으로 시험하기 때문에 과학적이다.

물론 상상 자체가 나쁜 것은 아니다. 무엇을 머리로 분명하게 그려볼 수 있는 능력은 마음을 더 높은 지각知覺으로 끌어올리는 데 유용하다. 그러나 그것이 공상으로 날아가지 않으려면 지각들을 객관적 경험과 일반 상식에 맞추어볼 필요가 있다.

요가난다가 미국에 온 지 얼마 안 되었을 때, 한 남자가 찾아와서 말했다. "나는 자주 우주 의식으로 들어갑니다."

우리 모두 '척 보면 안다'는 말을 알고 있다. 요가난다는 그가 자신의 상상에 빠져있는 것임을 한눈에 알았다. 그러나 그것이 환각 상태라고 말해주어도 그에게 별 도움이 안 되리라 생각했다. 그래서 그를 자신의 호텔방으로 초대했다.

방에 들어서자 요가난다가 남자에게 자리를 권하며 말했다. "자, 그러면 어디 나를 위해서 우주 의식에 한번 들어가 보시겠소?" 남자가 자리에 앉아 눈을 깜박거렸다. 어딘지 불안한 기색이었다. 그가 눈을 감고 마음에 떠오르는 것을 그려보기 시작했다. 하지만 누가 봐도 고양된 상태로 올라가있는 게 아님을 알 수 있었다.

이윽고 남자가 같은 상태로 더 있지 못하겠다는 듯, 이렇게 말했다. "내가 지금 어디에 있는지를 왜 묻지 않는 거요?"

요가난다가 말했다. "좋소. 당신은 지금 어디에 있소?"

그가 아주 먼 데서 말하는 것처럼 소리를 죽여 말했다. "타지마할 돔 Taj Mahal dome 위에 있습니다."

스승이 그에게 말했다. "당신의 돔에 문제가 있나보군요. 지금 나는 내 앞에 있는 당신이 보이니 말이오."

"좋아요, 좋아." 그가 양보하고 말했다. "다시 한 번 나를 시험해보시오."

"당신이 그 먼 인도의 타지마할에도 갈 수 있다면 우리가 쉽게 갈 수 있는 데를 한번 가보면 어떻겠소? 자, 계단 아래 호텔 식당으로 내려가보시오. 거기 뭐가 있지요?"

남자가 다시 눈을 감았다. 잠시 후에 그가 말했다. "출입문 왼쪽에 피아노가 있고 식당은 텅 비었는데 방금 손님 둘이 거리에서 식당으로 들어왔어요."

스승이 말했다. "아니, 식당에는 피아노가 없어요. 손님 셋이 출입문 가까이 앉아있고 거리에서 들어온 사람은 없습니다. 식당 중앙 두 테이블에도 사람들이 앉아있군요."

두 사람이 함께 아래로 내려갔다. 남자가 보았다는 식당 풍경은 전혀 아니었고 요가난다의 말이 정확하게 맞았다. 구루가 우리에게 말씀하셨다. "그 사람은 자기가 상상한 것이 현실인 줄로 믿었지만, 사실은 머리로 생각한 그림에 불과함을 알게 되었네."

남자는 눈앞에서 벌어지는 현상을 그대로 받아들였다. 그렇게 진실을 확인하는 방법은 바로 본인의 경험이라는 것을 깨달았다.

'진실'을 잘못 표현하는 방법은 많다. 언제나 마음에 간직할 가장 중요한 것은, 창조된 만물이 하느님께로부터 왔으며 세상에 존재하는 모든 것이, 얼마가 걸리든 반드시 그분께로 돌아가게 되어있다는 사실이다. 인간의 궁극적인 목적은 하느님의 지복과 자신의 본성을 깨달아 아는 것이다. 그분은 당신의 '지극한 행복'을 우리 모두 안에 감춰두셨다. 그래서 우리가 방탕한 아들처럼 스스로 만족을 찾아 미망迷妄의 낯선 땅을 헤매다 마침내 더 갈 곳이 없어 하느님 안에 있는 자신의 본향으로 돌아갈 결심을 하는 것이다.

가르침의 진위를 확인하는 다른 방법이 더 있다. 예컨대 누가 '하느님이 우리에게 육신을 주신 것은 그것으로 쾌락을 누리게 하려는 것'이라고 말한다면 그것이 거짓임을 금방 알 수 있다. 우리가 세상에서 즐기기를 하느님이 원치 않아서가 아니라 에고 의식 없이, 자신의 즐거움을 남들과 나누면서 '옳은 방식으로' 즐기기를 원하시기 때문이다. 세련된 영적 즐거움은 자신의 주님에게 완전 굴복할 때 비로소 가능한 것이다.

자기 육신을 미워해야 한다는 반대 가르침도 똑같은 거짓이다. 둘의 문제는 지나치게 한쪽으로 단순화되었다는 점이다. 답은 모든 삶을 집착하지 않고 즐기는 데 있다. 반면에 증오는 자기 몸 안에 있는 에너지를 더 낮은 본성으로 끌어내리는 부정적 감정이다. 이 진실을 더 자세히 밝히기 전에 여기서 다져야 할 기반이 있다.

분명 하느님은 당신이 창조하신 것들로 우리가 즐기기를 원하신다. 하지만 그것들에 우리를 일치시켜 그 가운데 하나를 집착하거나 싫어하는 것은 원치 않으신다. 긍정적이든 부정적이든 모든 감정의 반응이

중립적으로 하느님 안에서 누리는 영혼의 내적 자유에 속해야 한다. 영적 질병이기에 반드시 피해야 하는 '악'조차도 원칙적으로 거절할 대상이지 미워할 대상은 아니다.

하느님은 우리가 옳은 방식으로, 에고의 만족이 아니라 당신의 기쁨과 더불어 즐겁게 살기를 원하신다. 이렇게 묻고 싶은 사람도 있을 것이다. '하느님이 무엇이 부족해서 그것을 원하신다는 말인가?' 그러나 이것은 하나의 싱거운 궤변일 뿐이다.

욕망에는 두 종류가 있다. 하나는 자기 안으로 수축하는 욕망이고 다른 하나는 존재하는 모든 것과 더불어 나누는 욕망이다. 후자를 가리켜 '욕망 없는 욕망(desireless desire)'이라고 부른다. 순수한 기쁨에서 생겨나 자기를 해방시키고, 존재하는 모든 것에서 더 높은 자아의 그림자를 찾기 때문이다. 이렇게 신성한 기쁨은 자기를 확장시킨다. 우리 즐거움을 하느님께 바쳐야 하는 이유가 여기에 있다. 그렇지 않으면 에고의 방종이 기쁨과 정반대인 싫증, 지겨움, 지루함 그리고 끝내 고통으로 우리를 몰고 갈 것이다. 에고에 속한 모든 것을 다스리는 건 이원성(duality)이다. 그래서 고통 없이는 즐거움을 맛볼 수 없다.

『파람한사 요가난다 해설, 바가바드기타의 핵심 The Essense of The Bhagavad Gita Explained by Paramhansa Yogananda』에는 자신의 책이 다른 사람들에게 하나의 경전으로 받아들여지기를 바라는 사람을 만난 요가난다의 이야기가 있다. 그 사람은 자기 책이 세월이 흘러 고색창연한 모습으로 바뀌기를 바라며 나무 밑에 묻어두었다. 수년 뒤에 그가 천사의 안내를 받았다며 사람들을 데리고 가서 나무 밑을 파자 '신성하게 계시된 경전'이 발견되었고 모두가 감탄했다.

그 문서의 중요한 문제는, 오랜 세월 하느님이 인류에게 계시하신 진실에 부합되지 않는 내용들이 그 안에 여러 모양으로 담겨있다는 것이었다. 신자들에게 참된 계시가 들어있다고 믿게 만든 그 문서의 '진귀함'이 실은 중요한 결함이었다.

사람들은 진귀한 물건에 매력을 느낀다. 우리가 사는 이 시대는 흥분을 자아내는 새로운 것들로 가득 차있다. 사람들은 계속해서 최신 '뉴스'를 알고 싶어 한다. 하지만 신성한 진실이 연관된 곳에서는 하루살이 자극들이 차지할 자리가 없다. 진실은 영원한 것이다. 그것은 물리 법칙보다 근본적이고 더 오래간다. 어떻게 하느님이 당신의 진실을 단 한 번, 위대한 스승 한 사람을 통해서만 나타내신단 말인가? 어떻게 하느님이 당신의 말씀을 나중에 다른 스승을 통해서 몸소 뒤집으신단 말인가?

나무 밑에서 기적처럼 발견된 문서가 과연 순수한 것이었을까? 어쨌거나 사람들이 보고 싶어 하는 진귀한 물건일 수는 있다. 게다가 하느님은 전에 없던 일을 얼마든지 하실 수 있는 분이다. 하지만 그 문서가 수상했던 건 그것이 발견된 사건의 진귀함이 아니라 그 속에 담긴 '기적 같은' 가르침들이었다.

무엇보다도 나는 '천사의 안내'라는 것이 하느님께서 이 땅에 보내신 위대한 스승들의 가르침에 비해 훨씬 믿기지 않는 것임을 여기서 짚고 넘어가야겠다. 구원은 천사들이 아니라 성스러운 '사람들'이라는 통로로 오는 것이다.

그렇게 기적처럼 발견되었다는 책의 진위를 테스트하는 방법은 그 내용이 오랜 세월 위대한 스승들이 인류에 전해준 진실들에 부합하는지를 검토하는 것이다. 진정한 가르침의 가치는 그대로 수련하는 세계 도처의 사람들에게 미치는 선한 영향으로 입증된다. 앞에 언급한 책의 경우, 영적 테스트를 통과하지 못했음이 명백하다. 그 속에 담긴 온갖 좋은 것들, 이를테면 '다른 사람을 사랑하고 너그럽게 대하라.'는 말이 모두에게 알려져 있고 사람들이 그대로 받아들일 만한 것임은 의심할 이유가 없다. 그러나 그 문서가 주장하는 많은 내용이 실제로는 '사나아탄 다르마'에 맞지 않는 것들이었다.

진실은 알 수 있거나 알 수 없는 것이다. 오랜 세월 인류의 위대한 존재로 인정받아온 믿음직한 성자들과 스승들이 경험에 비추어, 어떤 가르침이 하느님의 방식과 우주가 창조된 방식에 부합된다고 말했으면, 무엇보다도 그 가르침과 그에 어울리는 무엇을 전 세계 진정한 성자들이 표현했으면, 그에 부합되지 않는 것을 가르친 사람은 옳지 않다고 보아야 한다. 어떤 문서를 언제 어떻게 누가 나무 밑에서 발견했는지는 심각하게 따져볼 문제가 아니다.

물론 하나의 진실이 다이아몬드의 단면들처럼 여러 모양으로 표현될 수 있다. 어느 한 문서가 특별한 사회의 필요에 걸맞은 방식으로 나타날 수 있지만 다른 사회의 다른 필요에 따라서 다르게 나타날 수도 있는 것이다. 예컨대, 어느 특별한 문서가 신성한 법의 존엄성을 특히 강조하는가 하면, 한 종교의 법에 의존하는 다른 사회에서 기록된 문서는 신성한 법과 은총의 다른 면을 강조할 수 있다는 얘기다. 그래도 진정한 가르침들은 모든 위대한 종교들이 말하는 '사나아탄 다르마(영원한 가르침)'에 부합해야 한다. 만일 누가 하느님은 어느 민족을 사랑하지만 다른 민족을 미워하신다고 말한다면 그것은 하느님이 모든 사람을 동등하게 사랑하신다는 영원한 진실에 어긋나는 가르침이다. 하지만 참된 헌신의 자력磁力이 하느님의 사랑을 더욱 힘차게 끌어당길 수 있음은 부인 못할 진실이다.

하느님의 사랑은 사람을 차별하지 않고 한쪽에 치우치지도 않는다.

자기네가 '하느님의 선택받은 민족'이라고 믿는 유대인들의 확신을 요 가난다는 '하느님은 당신을 선택하는 자들을 선택하신다.'는 말로 풀어 읽는다.

참 종교의 어떤 가르침은 거의 모든 사람이 받아들인다. 누가 그것을 부인하겠는가? **"내가 진정으로 말하는데, 그대들이 돌이켜 어린아이처럼 되지 않으면 결단코 하늘나라에 들어가지 못할 것이오."**(마태오복음 18, 3). 예수의 이 말씀을, 우리 모두 해변에서 아이들 놀이 복장으로 모래성을 쌓으며 놀아야 한다는 뜻으로 읽는다면 웃음거리가 되고 말 것이다. 어린아이처럼 되라는 것은 유치하게 처신하라는 뜻이 아니다.

모든 종교의 신자들 거의 대부분이 교조教祖의 가르침을 제대로 이해 못하는 것이 현실이다. 예를 들어, 붓다가 인생의 목표를 '니르바나 nirvana'에 두었기 때문에 신神의 존재를 부인했다고 주장하는 불자佛子들이 많다. 대부분 불교 신자에게는 그것이 인간의 의식을 비롯해 존재하는 모든 것의 영구적인 소멸, 달리 말해서 영원한 무無(nothingness)를 의미한다. 하지만 어떤 뜻으로도 붓다가 제자들에게 받아들이라고 한 것이 '무無'는 아니라는 게 우리 구루의 설명이다. 무無의식을 가장 높은 진실로 믿는 것은 명백한 오류다. 어떻게 무언가가 '무'에서 나온단 말인가? 붓다의 자비와 연민이 어떻게 무감각에서 나온단 말인가? 본질적인 무의식의 표출과는 거리가 먼 '의식'이 전체 우주를 떠받드는 실재다. 의식은 사람의 말로 표현할 수 있는 무엇이 아니다. 그것이 스스로 저를 나타낼 따름이다. 다시 말하지만, 잘 알려진 붓다의 자비는 결코 무감각에서 생겨나는 게 아니다. 불교 신자들이 말하는 무신론은 교조의 가르침에 대한 오해일 뿐이다.

이 오해가 모든 종교에서 일련의 잘못으로 예시되는 것은 오류를 범하게 마련인 인간들이 진실에 '발톱을 박고서' 그것을 마구잡이로 비틀어대기 때문이다. 그리하여 종교가 세월과 더불어 무지의 영향을 받아 부패하게 되는 것이다.

불교의 경우, 붓다가 신神을 말하지 않은 것은 사람들이 형식적인 베다Veda의 제의祭儀에 참석해 소극적으로 신의 축복을 기다리는 대신 당장 필요한 영적 노력을 기울이게 하려는 것이었다.

언젠가 나는 요가난다가 한 제자에게 속에 품고 있는 성향을 극복하라고 강하게 말하는 것을 들었다. 그러자 제자가 말했다. "저도 그러고 싶습니다. 하지만 선생님이 저를 축복해주시지 않으면 제가 어떻게 그럴 수 있겠어요?" 구루가 그에게 말씀하셨다. "내 축복은 벌써 받지 않았나? 신의 축복도 받았지. 모자라는 건 바로 '자네'의 축복일세!"

'니르바나'는 의식의 절멸絶滅이 아니다. 그것은 사람을 속이는 욕망과 자기를 구속하는 에고이즘egoism의 최후를 의미한다. 한 영혼이 에고의 족쇄에서 풀려나 비로소 마련된 공空(emptiness)에서 완벽하고 영원한 깨달음을 얻어 '절대 지복'으로 흡수되는 것이다.

붓다 입멸入滅 뒤 수백 년 세월이 흐르고, 하느님은 이 오해를 바로잡으라는 사명과 함께 스와미 샹카라Swami Sankara를 세상에 보내셨다. 샹카라는 위에서 말한 신성한 흡수를 가리켜 '사트치다난다satchidananda'라고 불렀는데, 이는 늘 존재하고, 늘 의식하며, 늘 새로운 지복을 뜻하는 말이다.

제4장
참 종교 대對 거짓 종교 (2)

하느님은 인간의 오해를 바로잡으려고 영적 스승들을 거듭 세상에 보내신다. 진실을 가려 흐리게 만드는 것은 성자들이 아니라 인간들이기 때문이다. 어떤 스승도 자기보다 먼저 살았던 다른 스승이 밝혀 놓은 깊은 진실을 부정하지 않는다. 신성한 깨달음은 머리를 써서 쟁취하는 무엇이 아니다. 신성한 깨달음은 뛰어난 신학자들의 지식보다, 비교해서 말하자면 히말라야Himalaya 산봉우리가 갠지스Ganges 강변보다 높은 만큼이나 높은 것이다. 선명한 영적 통찰로만, 신성한 직관으로만 파악할 수 있는 것이 '진실'이다.

물질을 연구하는 과학은 기본 주제에 연관된 학설을 수년마다 새롭게 바꾸고 있다. 이는 인간 지능에 한계가 있어서 어느 한 가지 결론에 영영 고착될 수 없으며, 그 무엇에 대해서도 단언할 수 없음을 보여준다. 반면 하느님을 알아서 자신이 위대하고 지혜로운 사람임을 스스로 입증한 성자들은 어떤 기본 주제에 관해서도 다른 성자들을 배척하거나 그들의 가르침을 부정하지 않는다.

그래서 몸에 거룩한 상처가 있는 독일의 가톨릭 수녀 테레제 노이만을 파람한사 요가난다가 방문하려 했을 때, 그의 영적 위상位相을 금방 알아본 그녀가 이런 메시지를 보냈던 것이다. "비록 주교님이 당신 허락을 받지 않고서는 아무도 만나지 말라고 하셨지만, 저는 인도에서 온 이 하느님의 사람을 영접하겠습니다."

하느님의 시선으로 보면 동의할 수 없는 것은 없다. 하지만 자기가 하느님의 눈으로 본다고 말할 수 있는 사람은 없다. 스스로 하느님을 보았다고 주장하는 사람이 있다면 그것은 착각일 뿐이다. 참된 성자들은 서로 존경하고 존중한다. 자기가 새로운 진실을 찾았다고 우기는 아이들처럼 앞으로 나서려 하지 않고 겸손히 진실 앞에 엎드릴 따름이다. 존재하는 건 오직 진실뿐임을 알고 있기 때문이다. 예수 그리스도는 산상설교에서 이렇게 말씀하셨다. **"내가 율법과 예언을 없애러 왔다고 생각하지 마시오. 없애러 온 게 아니라 완성하러 왔소."**(마태오복음 5, 17).

'사나아탄 다르마'는 인간이 발견하기 전에도 존재했던 은하계처럼, 인간이 발견하지 않았어도 거기 있는 '진실'이다. 하지만 사나아탄 다르마는 과학에서 진실로 알려진 사실들과는 크게 다르다. 사나아탄 다르마가 설명하는 것은 크든 작든 모든 현상 '뒤에' 있는 진실이다. 그렇기 때문에 사람이 영원한 진실을 깊이 묵상하는 것만으로도 기쁨을 맛보는 것이다. 물질세계의 신비를 푸는 일에만 전념한 사람들은 에고가 충족되는 데서 오는 희열을 맛보거나 에고가 좌절하는 데서 오는 절망을 맛보거나 둘 중 하나다.

모든 찾는 행위의 궁극적 목표는 존재하는 사물의 고요하고 움직이지 않는 중심에서 '지복 의식'을 찾는 데 있다. 이 실재(Reality)는 늘 의식하고, 모든 것을 알며, 스스로 깨어있다. 그것은 인격적이면서 비인격적인 방식으로 사랑하는데, 자기 자신을 위해서 구하는 것이 없기 때문에 비인격적이고 살아있는 모든 것에 위로부터 축복이 내리기를 바라기에 인격적이다.

신성한 진실의 근본은 온갖 중생이 의식적으로든 무의식적으로든 내적인 동기로, 완전하며 '스스로 깨어있음'의 본질인, 변함없고 영원한 지복을 찾고 있다는 것이다. 지복 자체가 스스로 깨어있음이다. 이것이 신성한 자아(divine Self)를 말할 때 습관적으로 대문자 'S'를 쓰는 이유다. 감각을 통한 자기만족을 찾는 사람들도, 비록 잘못된 방법이지만 결국은 신성한 지복을 찾고 있는 것이다.

그 지복이, 스스로 깨어있음이, 인간 존재로 스며드는데 그 과정에서 에고 의식 때문에 제한을 받는다. 사람들에게 긴박한 필요가 발생할 경우에는 '우주 지복'이 구세주로 세상에 태어날 때도 있다. 실제로 하느님은 영겁의 세월 동안 당신의 자녀들을 고통과 슬픔에서 구원해 영원히 안전한 곳으로 데려가려고 여러 번 땅으로 내려와 사람들 가운데 한 사람으로 사셨다. 하지만 당신의 위엄이 인류를 압도할 만큼 '엄청난 능력과 영광'으로 내려오시지는 않는다. 오히려 겸허하게 내려오시어 신성한 사랑과 지복의 자력磁力으로 사람들을 끌어당기신다. 그분은 에고의 한계를 스스로 뛰어넘어 하느님 안에서 완전해진 인간 스승들의 옷을 입고 오신다. 그 영혼들은 자신의 기억을 통해서 에고로 산다는 게 어떤 것인지 알고 있다. 스스로 미망 가운데 살아봤기 때문이다. 그러므로 그들은 자기 경험을 바탕으로 깨달음을 얻는 데 필요한 노력의 가치를 인정해준다.

영원히 자유로워진 영혼들은 지난날 자신이 저지른 잘못과 그 때문에 받아야 했던 괴로움을 기억한다. 그들을 땅으로 내려오게 하는 것은 사람들을 위로 끌어올리려는 '욕망 없는 욕망'이다. 그들의 신성한 임무는 자신의 위대함을 선포하는 게 아니라 사람들이 자기 안에 잠재돼있는 영적 위대함을 깨치게 하는 것이다. 비록 지금은 자신의 신성神性을 거의 인식하지 못하지만, 모든 인간이 똑같은 하느님의 자녀들이고 위없이 높은 의식의 자기표현이다.

그래서 예수 그리스도, 크리슈나, 붓다 같은 해방된 존재들이 인류를 구원해 끌어올리려 이 땅으로 거듭거듭 돌아오는데, 환생의 고리에서 벗어나 참되고 신성한 나타남을 알아볼 만큼 영적으로 성숙한 사람들이 그의 확장된 의식을 중심에서 받아들여 구원을 얻게 되는 것이다. 하느님은 당신의 신성한 메신저들을 통해 도움을 갈망하는 모든 사람을 스스로 만든 에고의 감옥에서 해방시킬 수 있는 분이다.

하늘 메시지는 언제 어디서나 동일하다. '진실'은 변치 않기 때문이다. 다만 그 외투는 시대에 따라서, 당대 사람들의 절박한 요구에 따라서, 새 옷으로 갈아입어야 한다.

그들 위대한 하늘의 메신저들 가운데 어느 누구도 하느님의 특별한 창조물이 아니다. 그리스도교 교리는 예수 그리스도를 '하느님의 외아들'로 규정한다. 하지만 하느님의 아들은 '그리스도'다. 인간 '예수'는 아니다. 요한묵시록에 예수의 말씀이 인용되어있다. **"이기는 자에게는, 내가 이기고 나서 아버지 보좌에 아버지와 함께 앉은 것처럼, 나와 함께 내 보좌에 앉도록 할 것이다."**(요한묵시록 3, 21). 이 선언에서 중요한 질문이 제기된다. 그가 무엇을 어떻게 이긴단 말인가? 이 중요한 질문에 대한 파람한사 요가난다의 답을 뒤에 따로 언급할 기회가 있을 것이다.

문제가 하나 더 있다. 경전에 대한 그릇된 해석이 자주 일어난다는 사실이다. 사람은 일상생활의 경험 너머 익숙하지 않은 추상(abstraction)을 만날 때 쉽게 당황한다. 이 당황스러움이 세계 도처의 종교에서 발견된다. 요가난다가 말했듯이 "무지는 동양과 서양에서 오십 대 오십"이다.

신약성경에서 몇 가지 예를 찾아보자. 앞에서도 말했지만, 그리스도교 교리에서는 예수를 '하느님의 외아들'로 믿는다. 이것을 요가난다는 하나의 진실(a truth)로 본다. 하지만, 베들레헴에서 태어난 신성한 인간 존재와 마찬가지로 우주의 바탕에도 적용되는 대단히 심오한 밀교적密敎的(esoteric) 진실이다.

물론 하느님은 본질상 신인동형일 수 없는 분이다. 본디 인간의 꼴을 할 수 없는 분이라는 얘기다. 수억만 은하계와 그것들의 헤아릴 수 없이 많은 별들을 만드신 창조주가 어떻게 당신의 고유한 꼴을 가질 수 있겠는가? 게다가 그런 하느님이 당신의 '일'을 땅에서 이루려고 누군가의 도움이 필요하고, 그래서 '외아들'을 창조하셨다는 건 더더욱 동감되지 않는 얘기다. 그리스도가 하느님의 외아들이라는 교리는 그것을 '사나아탄 다르마(영원한 진실)'에서 통하는 의미로 이해할 때만 진실이라고, 파람한사 요가난다는 말한다.

'베들레헴의 별'은 심오한 진실에 대한 사람들의 오해를 보여주는 또 다른 예다. 하늘의 어느 별이 특별한 건물 지붕에만 빛을 비춘다는 게 과연 있을 수 있는 일인가? 우리가 그 건물 뒤에 서있다면 다른 건물이나 나무나 언덕에도 같은 빛을 비추는 같은 별을 보게 될 것이다. 이 또한 그 안에 심오한 가르침이 담긴 하나의 전설이다. 다만 사람들이 영적 진실에 익숙하지 못해서 크게 오해하는 것이다.

영감靈感으로 이루어진 크리스마스 이야기는 예수가 실제로 하느님의 신성한 사명을 부여받고 위없이 높은 의식의 경계에서 땅으로 내려오신 분이라는 미묘한 메시지를 세상에 전한다. '베들레헴의 별'은 혜성도 아니고 천계의 무슨 현상도 아니었다. 이 문제는 후반에서 다시 다룰 것이다.

마지막으로 예를 하나 더 들어보겠다. 예수 그리스도께서 말씀하셨다. **"광야에서 모세가 들어 올린 뱀처럼 사람 아들도 높이 들어 올리어야 하는데, 자기를 믿는 사람마다 영원한 생명을 얻게 하려는 것이오."**(요한복음 3, 14-15). 신학자들은 여기 '들어 올린다'는 말을 예수께서 장차 들어 올리어 십자가에 달릴 것을 암시하신 것으로 해석한다. 하지만 이 말에는 훨씬 깊고 풍부한 의미가 담겨있다. 이 또한 그동안 교회 전통이 잘못 이해해온 수많은 구절 가운데 하나다.

오늘의 그리스도인들은 예수 그리스도의 거룩한 사명과 가르침을 신선한 관점으로 새로이 보라는 절박한 요구 앞에 서있다. 너무나 오랜 세월 그를 대리한다는 사람들 — 교회의 지도층과 신학자들 — 이 빛바래고 상투적인 말을 '진실'의 대용품으로 내놓았다. 심오한 영적 깨달음 아닌 평범한 인간적 이해에 뿌리를 둔 개념들로 그리스도교 신앙의 중심을 설명하려 했던 것이다. 바야흐로 그리스도의 메시지가 소름 돋는 깊이와 눈부신 아름다움의 '영원한 진실' 안에서 새롭게 선포될 절박한 시점에 이르렀다.

이는 하느님의 명에 따라 파람한사 요가난다가 위대한 구루들의 맥을 이어받아 이곳에 온 목적 가운데 하나이기도 하다. 구루들이 그에게 『바가바드기타』에 나타난 크리슈나의 본디 가르침과 성경에 나타난 예수 그리스도의 본디 가르침을 되살려내라고 했던 것이다.

요가난다는 이따금 쓸쓸하게 말했다. "예수 그리스도는 단 한 번 십자가에 달리셨다. 그러나 그의 가르침은 영적 이해가 부족한 자들 때문에 지난 이천 년간 날마다 십자가에 달렸다."

최근 영지주의 가르침을 말하는 학자들이 많아졌다. 실제로 그에 대한 요가난다의 말을 들어보면, 영지주의자들이 당시 교회들보다 예수 그리스도의 본래 가르침에 훨씬 가까웠음을 알 수 있다. 요가난다가 '오리지널original 그리스도교'라고 말하는 내용이 그들이 말하는 진실에 담겨있다는 얘기다.

예수가 죽고 얼마 안 되어 교회는 이런저런 신학적 논쟁들을 만장일치 방식으로 해결할 수밖에 없었는데, 당시 영지주의자들은 하느님과의 직접적이고 내적인 통교를 추구하고 있었다. 그들 가운데는 사도시대로부터 이어져 내려온 법맥法脈을 좇아서 자기가 진실을 전수받았다고 주장하는 영지주의자도 있었다. 무엇보다도 그들은 직접적이고 내적인 하느님 체험으로 저마다 자기 신앙을 검증할 것을 예수 그리스도께서 강조하셨다고 주장한다.

하지만 여기에도 언제 어디서나 제기되는 문제가 있다. 여러 주장 가운데 어느 것을 믿느냐에 관한 문제다. 영지주의자들 사이에서도 서로 일치하지 않거나 대치되는 주장이 있기 때문이다. 그 주장 가운데는 비록 이치로는 맞는 것처럼 보이지만 본질상 자기를 속이는 것들도 있다. 그 주장들에 과연 보통보다 높은 수준의 인식에 대한 본인의 경험이 담겨있는지를 시험해볼 필요가 있다. 그 방법 가운데 으뜸은 과연 그 주장이 얼마나 에고에 뿌리를 '덜' 내렸는지를 알아보는 것이다.

물론 보통 사람이 어리석은 짓을 하는 것은 얼마든지 가능한 일이다. 아무 의식이 없어 보이는 상태로 길바닥에 누워있는 사람은 그냥 잠든 사람일 수도, 술에 취한 사람일 수도, 아니면 신성한 황홀경에 빠진 성자일 수도 있다. 그를 어떻게 알아볼 것인가? 이른바 교회의 검증위원회는 어떤 사람의 정신 상태가 어떠한지를 판단하는 데 필요한 자격이 대체로 결여되었다. 누가 어떤 기적을 얼마나 일으켰는지 알아보고 그것으로 성자인지 아닌지를 입증할 수 있다고 생각하기 때문이다. 그러나 누가 일으켰다는 기적만으로는 그의 진위를 평가할 수 없다.

나중에 나는 수 세기 전 인도에서 많은 기적을 일으켜 사람들로부터 성자로 추앙받았던 사두Sadhu 하리다스Hari Das 얘기를 할 터인데, 그는 우리가 배울 만한 교훈을 남겨주었다.

양심적인 검증위원회는 필요할 경우 모든 것을 의심해야 한다. 그러나 회의주의(skepticism)는 거죽으로 보이는 현상으로 모든 것을 판단하려는 사고방식이다. 예컨대 지식인들은 길바닥에 누워있는 사람을 일종의 정신병자로 보기 쉽다.

어떤 사람이 진정한 성자인지 아닌지를 가려주는 가장 권위 있는 존재는 다른 성자일 수 있다. 그런데 교회는 누가 과연 성스러운 사람인지 아닌지를 일차적으로 검증위원회에 맡겨서 판단하게 한다. 하지만 그 모든 과정에 많은 수고와 경비를 들이고서도 여전히 분명한 결론을 내리지 못한 채 스스로 '이럴 만한 가치가 있는 일인가?'를 자문한다. 어쩌면 그들의 유일한 출구는 맡겨진 일에서 손을 떼고 평범한 일상으로 돌아가는 것인지도 모른다.

인도에서 발전된 해결책은 이 마지막 결론을 암시한다. 거기서는 종교의 검증위원회가 첫 번째 자리를 차지하지 않는다. 사실 검증위원회라는 것이 따로 있지도 않다. 그런 일을 감당할 고위 성직자 그룹이 존재하지 않기 때문이다.

초기 그리스도교 선교사들은 인도에 조직된 종교 단체가 별로 없다는 사실에 놀랐다. 유명한 미국인 선교사 스탠리 존스Stanley Jones는 베나레스Benares(현재의 바라나시Varanasi)에 운집한 사람들에게 예수 그리스도를 전하다가 경험했던 일을 기록으로 남겼다. 어느 푼딧pundit(사제이자 학자)이 군중에 섞여 앉아있었는데 무슨 일로 한동안 안절부절 못하더니 이윽고 자리에서 일어나 존스에게 다가와서는 그의 이마에 '틸라크tilak(영적 표시)'를 남기고 제자리로 돌아오며 흡족한 어조로 말하더란다. "이제 당신도 힌두요. 우리가 맘 놓고 당신 말을 들을 수 있겠소."

영적 돌팔이들이 제법 근사해 보이지만 실은 엉터리없는 가짜 가르침을 사람들 앞에서 떠벌리는 일은 그동안 늘 있었고 지금도 있다. 하지만 오랜 세월을 통하여 집적된 사나아탄 다르마의 검증 방법들이 거짓 가르침과 거짓 성자들을 참 종교의 정원에서 결국은 시들어 사라지게 할 것이다. 진정한 성자의 말없는 웃음 한 자락이 모든 것을 명료하게 만들어 다른 말이 필요 없게 하는 경우가 자주 있다.

탄트라Tantra 요가를 깨달음의 길로 가르치는 교사가 온갖 쾌락으로부터 내적으로 초연한 고요 대신에 말초 신경의 쾌락만 탐닉한다면 이내 사람들의 의심을 사고 머잖아 잊힐 것이다. 사람들은 그의 눈에서 영적 에너지의 고갈을 읽게 되고, 결국 아무도 그의 가르침에 관심을 두지 않을 것이다. 덧붙여 말할 것은, 감각의 쾌락에 집착하지 말고 그것을 신중하게 즐기라고 가르치는 탄트라 교사들도 위험할 뿐 아니라 거짓된 길을 암시한다는 사실이다. 쾌락의 순간에 집착하지 말라는 것이 잘못된 가르침은 아니다. 사실이기 때문이다. (어쨌거나 사람들은 감각의 쾌락을 추구할 것이다. 그러나 여기서 생각해볼 점은 어째서 사람들에게 최소한 심신을 다치지 않을 만큼이라도, 도취된 쾌감의 마수魔手에서 벗어나는 길을 가르치지 않느냐는 것이다.) 설령 그렇다 해도 이것은 사람을 오해하게 만들고, 그렇기 때문에 참 현자들한테서 찾아볼 수 없는 저급한 가르침이다. 그들의 가르침을 하느님께 가는 길로 받아들이는 사람들은 대부분 영적 추락을 경험할 따름이다.

그리스도교 교회는 신자들이 그릇됨에서 참됨으로 바뀌는 것을 신뢰하지 않는다. (그들의 가르침이 그토록 훌륭한데도!) 그들의 문제는 어른이 아이처럼 대접받으면 영적으로 성숙하기 어렵다는 점이다. 신앙 때문에 공산주의 루마니아에서 옥살이를 한 프로테스탄트 목사 리처드 범브란트Richard Wurmbrand는 독재 통치를 받는 사람들이 자신을 영적으로 지도할 성직자가 없을 때 성경의 진리를 얼마나 더 잘 이해할 수 있는지에 관해 감동적인 예를 들어 기록했다. 어려서 '안 돼! 아니야!'라는 말만 들은 아이는 마침내 통제 불능 반항아로 자랄 수도 있다.

자연의 방식은 다산多産이다. 무슨 위원회가 구성되어서 자연이 하는 일을 엄격히 규제한다면 우스꽝스러운 일이다. 참나무 한 그루가 수많은 도토리를 떨어뜨리는데 그 많은 도토리 가운데 겨우 몇 알이 싹을 틔워 나무로 자란다. 그런데 만일 '자연 위원회'라는 기구가 씨알 몇 개를 골라 그것들로 싹을 틔우겠다고 한다면 결국 숲이 죽어버릴 것이다. 그 위원회에서 고른 씨알들이 모두 싹을 틔우지 못할 수도 있기 때문이다.

인도에서 순수 종교가 번창하는 까닭은, 그곳에서는 인간의 본성(자연)이 제 길을 따라 흘러가게 놔두기 때문이다. 인도에서는 어떤 권위 있는 사제단이 대중의 영적 생활을 통제하거나 간섭하지 않는다. 어쩌면 엄정한 선정選定 과정이 **"남한테서 비판받고 싶지 않거든 남을 비판하지 마시오."**(마태오복음 7, 1)라는 예수의 말씀에 부분적으로 암시된 것인지도 모르겠다.

영지주의로 돌아가자. 지구에 사는 모든 사람들 – 소수의 지혜로운 사람들과 다수의 어리석은 사람들 – 이 그렇듯이, 영지주의자 가운데도 지혜로운 소수와 어리석은 다수가 있게 마련이다. 붓을 잡았다고 모두 위대한 화가가 되는 건 아니다. 스스로 영적 깨달음을 얻었다는 사람들 모두가 초趣의식의 지혜에서 나오는 말을 하는 건 아니다.

그러나 소수의 영지주의자들이 말하는 깨달음에는 분명 가치가 있다. 예수께서 말씀하셨다. **"찾으시오, 찾으면 보일 것이오. 두드리시오, 두 드리면 열릴 것이오. 달라고 하는 이마다 얻고 찾는 이마다 보고 두드리 는 이마다 그에게 열릴 것이오."**(루가복음 11, 9). 수년 동안 정성들여 진 지하게 하느님을 찾았는데 아무것도 찾지 못한 사람은 있을 수 없다.

하지만 내가 볼 때 많은 영지주의자들이 영적으로 별 쓸모가 없는 것 같다. 뜻은 괜찮아 보이지만 여전히 미망의 안개 속을 헤맨다. 무엇 보다도 어떤 영지주의자들이 스스로 깨달았다고 말하는 진실은 그냥 머릿속으로 상상한 것일 뿐이라는 의심을 떨쳐버릴 수 없다. 당시의 불 안한 그리스도인들을 위해서라도 누가 어떤 사람인지 가려낼 최소한의 준거가 있어야 했다. 인도의 종교들은 인도만큼이나 역사가 오래되었 다. 그 오래된 토양에 뿌리를 깊이 묻고서 여러 종교 전통이 긴 세월을 거치며 전해 내려온 것이다.

그리스도교는 인도의 '사나아탄 다르마'와 달리 많은 사람들에게 새 로운 가르침이었다. 물론 가르침 자체가 새로운 건 아니었다. 예수께서 가르치신 내용이 시공時空을 뛰어넘는 영원한 진실이었으니까. 그래도 예수의 뒤를 따르는 추종자들에게는 새로운 가르침으로 보였다. 특히 정통 유대교가 그리스도교를 배척하여 자기네 회당에서 추방한 뒤로 그랬다. 결과적으로 그리스도인들은 자기들 나름의 조직을 갖추게 되 었다.

서서히 그리스도교 안에 중앙집권적 지도부가 나타나기 시작했다. 교회 일을 교회 당국이 담당하면서 외부의 수많은 공격들로부터 그리스도의 가르침을 수호하려고 고착된 정의定義, 이른바 도그마dogma들이 만들어졌다. 교회 지도부로서는 도그마가 확실한 해결책이었다. 그것이 공격의 오류들을 반박할 안전하고 쉬운 길을 제공했기 때문이다.

하지만 이 모든 것에도 불구하고 참된 성자들의 지혜를 알아보는 가장 슬기롭고 훌륭한 선택은 언제나 존재했다. 자신들의 관점에서 불편한 계시를 말할까봐 늘 불안했던 (지금도 불안한) 교회 안에서 어떻게 성자들을 찾아낼 것인가? 교회가 성자로 인정한 모든 사람이 과연 성스러운 사람이라는 이름에 부합되지는 않더라도, 그들 모두가 영적으로 진실하게 자기를 하느님께 바친 경건한 사람들이라고는 말할 수 있다. 어쨌든 높은 계급의 사제단, 목사, 선교사 들보다 낮은 수준의 성자들이 그리스도의 계시를 제대로 이해했다고 말하는 게 옳을 것이다. 내적으로 깊이 자기를 하느님께 바치며 사는 사람들은 최소한 고정된 교회의 정책이 아니라 자신의 살아있는 체험에 근거하여 말하고, 따라서 책을 읽거나 제도화된 전례典例들을 통해 지식을 습득한 신학자들이나 교회 행정가들은 결코 얻을 수 없는 지혜를 전해줄 수 있기 때문이다.

파람한사 요가난다는 가톨릭 성인들과 전혀 다른 범주에 속한 인물이었다. 우선 그는 가톨릭 신자가 아니었고 그리스도교 울타리 바깥에 있었다. 하지만 요가난다는 예수 그리스도를 깊이 존경하고 사랑했다. 무엇보다도 위대한 그리스도교 성인들이 얻은 것과 같은 지혜에 속한 사람으로서 그들과 동등한 수준으로 신성한 내적 통교를 하고 있었다. 그리스도교 울타리 바깥의 요가난다에게는 교회에 속했던 성인들이 누리지 못한 자유, 스스로 깨친 진실을 마음껏 말할 자유가 있었다. 무엇보다도 자기의 가르침을 인가해달라고 교회 당국에 청원하지 않아도 됐다. 그는 자신의 '하느님 의식(God-Consciousness)' 안에 살았고 그것으로 말할 수 있었다.

요가난다가 머무는 곳마다 예수 그리스도의 참 메시지를 진지하게 이해하려는 그리스도인들이 모여들었다. 그들 중에는 당신한테 가보라는 초의식의 환상을 보고 왔다는 사람도 있었고, 그의 삶이 보여주는 기이한 모습에 매료된 사람들도 있었다. 그들은 요가난다의 모든 말이 신성한 진실에 어울린다는 것을 알았다. 그리스도의 가르침을 깊이 꿰뚫어 보는 요가난다의 통찰은 그때까지 두터운 회의에 빠져있던 많은 사람을 참된 그리스도인으로 개종시켰다.

그가 미국에 처음 오던 해 어느 날, 익명으로 된 편지를 한 통 받았다. 그가 예수 그리스도를 서양에 '선전하려고' 왔다는 내용이었다. "당신은 예수 그리스도가 실존 인물이 아니었다는 걸 모릅니까? 그는 어떤 종교가 사람들을 장악하기 위해서 만든 신화적 인물입니다." 나는 그 편지에 보낸 사람 이름이 적혀있지 않았다는 말을 요가난다로부터 직접 들었다. 인도에서 온 그 선교사 – 그리스도교 국가에 온 진정한 그리스도교 선교사 – 가 편지 보낸 사람을 만나게 해달라고 하느님께 기도드렸다.

며칠 뒤에 요가난다는 몇 가지 자료를 찾아보려고 보스턴Boston 공립도서관에 들어갔다가 한쪽 창가 벤치에 앉아있는 사람을 보고 그에게로 걸어가 곁에 앉았다.

그리고 그에게 물었다. "왜 나에게 그 편지를 보낸 거요?"

그가 놀란 얼굴로 되물었다. "무, 무슨 편지요?"

"예수 그리스도가 실존 인물이 아니라고 하지 않았던가요?"

"그런데 그 편지를 내가 보냈다는 걸 어떻게 알았소?"

인도에서 온 요기가 웃으며 말을 이었다. "다 아는 수가 있지요. 내가 지금 당신한테 온 것은 당신을 알아보게 해주신 같은 하느님이 예수 그리스도가 실존 인물이었고 그분에 관한 성경의 기록이 사실인 것을 나에게 보여주셨기 때문이오."

구루는 자기가 본 놀라운 환상들을 여러 번 우리에게 말해주었다. "나는 성경을 해석하다가 자주 예수께 확인을 요청하였네. 제가 지금 쓰는 것이 당신의 본디 뜻하신 바에 들어맞습니까? 그러면 예수 그리스도께서 성배聖杯(Holy Grail)를 들고 나타나 당신 입술에 대었던 손을 내 입술에 대시며 '내가 마신 잔으로 네가 마신다.'고 말씀하셨지."

주일 아침 예배 도중에 요가난다는 먼저 성경에 기록된 심오한 진실을 선포하고 그것을 『바가바드기타』에 기록된 크리슈나의 말과 비교했다. 또한 그는 「그리스도의 재림The Second Coming of Christ」이라는 제목의 긴 논문을 시리즈로 썼는데, 몇 년 뒤 그것을 본인의 가르침을 세상에 알리려 설립한 '자기 깨달음 협회(Self-Realization Fellowship, SRF)'의 기관지에 실었다. 그렇게 예배 시간에 설명한 성경의 진실과 잡지에 발표한 논문들이, 불행하게도 너무 번잡하게 편집되긴 했지만, 『그리스도의 재림The Second Coming of Christ』이란 제목으로 출판되었다. 나도 성경과 『바가바드기타』에서 뽑은 구절들을 비교하여 『영원불멸의 약속The Promise of Immortality』이라는 제목으로 책을 썼다.

그 방대한 내용을 이 책에서 다시 풀지는 않겠다. 여기서 나는 요가난다가 가르친 내용의 정수만 옮길 작정이다. 하지만 오늘날 이 주제에 관한 구루의 가르침을 간결하고 분명하게 다시 펼쳐 놓을 필요가 갈수록 커지는 것을 느낀다.

앞에서 말했지만 그리스도의 가르침에 대한 신선하고 권위 있는 해설서가 절실한 시점에 이르렀다. 나는 여기에서 구루의 통찰들을, 당신이 몸소 그러셨듯이 간결하고 분명하게 전달할 생각이다. 이 책이 많은 그리스도인, 특히 예수 그리스도의 가르침을 좀 더 깊이 이해할 준비가 되어있는 이들에게 도움이 되기를 희망한다.

나는 파람한사 요가난다의 제자다. 근 육십 년 전인 1948년에 처음 만나, 1952년 그가 육신을 벗을 때까지 함께 지냈고, 그 뒤로 지금까지 그의 가르침을 좆아 살고 있다. 우리가 함께 있을 때 그는 내가 장차 당신의 글과 책들을 해설하고 편집하는 일을 하게 될 것이라고 말했다. 나보고 당신 이름으로 강의도 하라고 하셨다.

1950년 그가 사막에서 피정할 때 나는 그와 함께 있으면서 두 권의 해설서를 편집하는 일을 도왔다. 하나는 『바가바드기타』 해설이고 다른 하나는 그가 '이것이야말로 진짜 문서'라고 말한 『오마르 카얌의 루바이야트 *The Rubaiyat of Omar Khayyam*』 해설이다.

그는 나에게 당신의 또 다른 해설서 하나를 써달라고 부탁했다. 예수 그리스도의 가르침에 대한 해설이다. 아쉽게도 우리가 함께 사는 동안에는 그리스도교 성경에 대한 토론의 기회가 생각만큼 많지 않았다. 하지만 사막 피정을 하면서 우리는 성경에 기록된 예수 그리스도의 가르침에 대해 상당히 긴 이야기를 나눌 수 있었다. 그는 나를 당신이 설립한 조직의 관리인으로 임명하였고, 덕분에 나는 그의 가르침을 세상에 전하는 영예로운 일을 감당하게 되었다.

그러므로 이것은 어디까지나 내가 서술한 그의 성경 해설이다. 지금 나는 그가 위임한 일을 충실히 하겠다는 마음 하나로 이 작업을 하는 중이다. 그가 나에게 맡긴 일이란 당신의 가르침을 세상에 멀리, 널리 전해달라는 것이었다.

제5장
종교의 목적

세계 전역의 거의 모든 종교인, 자기가 속한 종교를 진지하게 믿는 사람들도 종교를 영적 행위보다 사회적 행위로 받아들인다. 그들 모두 하느님을 믿고 예배한다. 하지만 그들의 믿음은 언제나 평범한 일상의 범주에 속해있다. 정규적으로 교회, 사찰, 회당, 모스크mosque, 비하라vihara에서 기도하고 찬미하고 예물도 바치지만 그들의 눈길은 언제나 개인적인 생활에 쏠려있다. 형식적인 예배 절차를 떠나 하느님을 이인칭으로 대할 때도, 그분의 은총을 빌 때도 그들이 생각하는 하느님은 삼인칭이다.

그리스도인들의 '특별한 신앙'을 다른 종교들에서도 찾아볼 수 있다. 종교를 멀리서 바라보면 여러 종교 사이에서 별로 다른 점을 볼 수 없다. 세상의 모든 종교가 사람들에게 정직하고 성실하고 친절하라고, 이웃을 섬기라고 가르친다. 이기적으로 살라고, 덧없는 것들을 움켜잡으라고 가르치는 종교는 없다. 세상의 어떤 종교도 장터에서 흥정할 때는 하느님을 무시하라고 가르치지 않는다.

종교들의 기본 덕목들은 대체로 동일하다. 사실상 모두 같다고 할 수 있다. 서양에서는 '그리스도인의 겸손'이라는 말을 자주 듣는다. 왜 하필 그리스도인인가? 겸손은 모든 종교가 기리는 덕목이다. 서양 종교 문헌에서 자주 보이는 또 다른 말이 '그리스도인의 은총'이다. 다시 묻는다, 왜 하필 그리스도인인가? 은총이라는 개념은 예수 그리스도가 이 땅에 오시기 훨씬 전부터 인류가 아는 말이었다. 그분이 '은총'이라는 말을 처음 하신 게 아니다. 그렇다고 주장하는 것은 자신의 무지를 보여주는 것일 따름이다. 인도의 고대 문서에도 은총을 가리키는 훌륭한 단어가, 그리스도교에서 말하는 것과 같은 의미로 자주 등장한다. (비록 힌두교에는 '은총'이라는 개념이 없다고 주장하는 신학자의 글을 읽은 적 있지만) '크리파kripa'가 그것이다.

모든 종교에서 사람들 대부분이 광신狂信에 혐오감을 지닌다. 어떤 열심당원이 사람들 이목을 끌려고 공공장소에서 큰소리로 찬송을 부르거나, 만나는 사람한테마다 당신이 지은 죄 때문에 지옥에 갈 거라고 겁을 주거나, 자기가 얼마나 거룩한 사람인지 보여주려고 남들의 죄악에 탄식하는 것에 대다수 그리스도인은 질색한다. 허풍쟁이를 좋아하는 사람은 없다. 예수 그리스도께서도 말씀하셨다. **"기도할 때에 겉모양 꾸미는 자들처럼 하지 마시오. 남한테 보여주려고 회당이나 큰길 모퉁이에서 기도하기를 좋아하지만, 내가 진정으로 말하는데, 그들은 받을 상을 다 받았소."**(마태오복음 6, 5).

말이 나온 김에 한 마디 덧붙인다면 나는 이 마지막 말씀의 유머가 참 재미있다. 그리스도교 전통에 따르면 예수는 **"멸시를 받아서 사람들이 싫어하는 대상이 되었고 많은 고생을 한 사람"**(이사야 53, 3)이다. 하지만 나는 그의 유머 감각이 복음서 여기저기에서 익살스러운 풍자로 빛나는 것을 본다.

광신자의 어떤 품성은 일고一顧의 가치도 없다. 유머 감각이 있는 광신자를 보았는가? 나는 보지 못했다. 그에게는 친절한 표정조차 없다. 그 사람의 몸, 특히 턱은 항상 긴장돼있다. 자기가 안다고 생각하는 것 말고 다른 주제에 관해서는 어떤 말도 할 줄 모른다. 남들의 느낌이나 그들에게 무엇이 필요한지는 알 바 아니다. 자기 견해에 동의하지 않는 생각은 아예 들어보려고도 하지 않는다.

균형 잡힌 사람들은 자기 일에 충실하고 아무도 해치려 하지 않고 다른 사람들을 선의로 대하고 사회에 쓸모 있고 책임감 있는 사람을, 그가 그리스도인이든 유대인이든 불교 신자든 무슬림이든 힌두든 '좋은 사람'으로 본다. 보통 사람들은 이런 모범적인 삶보다 더한 무엇을 하느님이 자신에게 바라신다고 생각하지 않는다. 그들에게는 오랜 세월 하느님을 찾고 더 높은 수준의 의식으로 올라가려 영웅적인 노력을 기울인 남자와 여자들이 이상해 보이고, 어쩌면 지나치게 경건하여 광신주의에 가깝다고 여길지도 모르겠다. 그러나 그들을 자세히 관찰한 사람이라면 '너무 많이 달성한' 것처럼 보이는 그 사람들이 실은 누구를 공격할 줄도 모르고 겸손하며 자애롭고 남들을 심판하지 않으며 오히려 그들을 동정하고, 무엇보다도 지혜롭다는 사실을 알게 것이다. 지금 우리는 모든 종교들이 '성자'라고 부르는 사람들 얘기를 하고 있다.

대부분 사람들이 성자와 거의 연관이 없거나 아예 없다. 어쩌다가 그들에 관한 말을 들어도 그런 사람들이 실존했는지를 의심하는 정도다.

성자들의 전통이 빈약한 프로테스탄트 그리스도인들은 "그래서? 우리 모두 성자 아닌가?"라고 말한다. 널리 알려진 프로테스탄트 찬송에 이런 가사가 있다. '오, 성자들이 행진해 들어갈 때…' 말하자면 하느님을 진지하게 믿는 그리스도인은 모두 성자라는 얘기다.

하지만 눈먼 상태로 아이가 태어나고, 젊은 엄마가 해산하다 죽고, 가장家長이 부당하게 해고당하거나 불치병에 걸리고, 믿었던 사람에게 된통 배신당하는 비참한 일들이 인간의 삶을 후려치는 때가 오게 마련이다. 고통에도 여러 종류가 있지만 이런 모양이든 저런 모양이든 조만간 반드시 모든 사람이 고통을 겪게 될 것이다.

붓다가 살았을 때, 방금 외아들을 여읜 어느 어머니가 찾아와서 죽은 아들을 살려달라 간청했다. 과연 대단한 영적 능력의 소유자인 붓다가 그녀의 아들을 살려주었던가?

붓다는 먼저 깊은 애도를 표하고 나서 그녀에게 말했다. "내가 당신 아들을 살려내려면 특별한 기름 한 방울이 있어야 하오." 그러면서 무슨 기름인지를 일러주었다. 여인이 희망에 차서 기름을 구하려고 자리를 뜨는 순간 붓다가 그녀를 불러 세우고 말했다. "그런데 죽은 사람이 없는 집에서 그 기름을 가져와야 하오."

여인은 생각했다. '그거야 쉽지요.' 그러나 일주일 뒤에 여인이 여전히 슬픈 얼굴로 돌아와서 말했다. "죽은 사람이 없는 집을 찾을 수 없었어요."

붓다가 측은한 눈길로 여인을 바라보며 말했다. "딸아, 이제 알겠느냐? 죽음은 모든 중생의 피할 수 없는 운명이다. 일찍 오든 늦게 오든 반드시 오게 돼있어. 내가 사람들에게 전해주는 '다르마Dharma(신성한 법)'도 사람을 죽음에서 구해낼 수는 없다. 다만 살면서 겪게 되는 온갖 일에 미리 준비할 수 있도록, 죽음을 비롯해 다가오는 모든 상실을 침착하게 받아들일 수 있도록 도와줄 따름이지."

얼마나 많은 사람이 세상에서 고통스럽게 살고 있는가? 누가 행복한 가정을 이루어 좋은 집에서 건강하고 풍요롭게 살면서 사람들의 존경을 받는다면 그 사람은 다른 사람들에 비해 드물게 복된 사람이다. 하지만 불행은 그 또한 예외 없이 기다리고 있다가 은밀하게 다가온다. 다음 모퉁이를 돌거나 다음 언덕을 넘으면 무엇이 나타나서 덮칠지 알 수 없는 일이다. 얼마나 이상한가? 불과 얼마 전까지만 해도 불행의 파도에 휩쓸릴 거라고는 생각지도 않았던 사람이 갑자기 고통의 바다에 빠져든다. 그 순간에는 그 슬픔이 영원할 것만 같다. 하지만 그의 가슴이 다시 행복에 젖게 되면 언제고 자기가 다시 울게 될 거라는 생각을 하지 못한다. 그렇다. 사람이 살면서 겪는 만족과 실망은 바다의 파도처럼 끊임없이 반복해서 올라갔다가 내려온다.

모든 사람이 행복과 불행 사이를 번갈아 오가며 눈물과 웃음 가운데 살아간다. 모든 기쁨이 양쪽의 두 슬픔 사이에 있고, 모든 슬픔이 양쪽의 두 기쁨 사이에 있다. 온갖 슬픔을 뚫고 쾌락으로 치솟았다가 다음 순간 다시 슬픔의 나락으로 곤두박질한다. 이렇게 인생의 끊임없는 오르막내리막을 경험하면서 그의 잠재의식에 고통스러운 기억들이 쌓이는 것이다.

그리스도교는 공식적으로 '환생 교리'를 부인한다. 하지만 많은 그리스도인이 개인적으로 환생을 하나의 진실로 인식하고, 실제로 환생을 암시하는 것처럼 보이는 문장들을 복음서 여기저기에서 발견한다. 예수 그리스도는 예외로 치고, 당시의 많은 유대인들이 환생 교리를 받아들였던 것 같다. 앞에서 나는 요한묵시록의 한 구절을 인용했다. **"이기는 자에게는, 내가 이기고 나서 아버지 보좌에 아버지와 함께 앉은 것처럼, 나와 함께 내 보좌에 앉도록 할 것이다."**(요한묵시록 3, 21). 이 구절에 암시하는 바가 있지 않은가? 이보다 조금 앞에는 이런 구절도 있다.

"이기는 자는 내가 하느님 성전의 기둥으로 삼으리니 저가 그곳에서 나오지 못하리라."(3, 12).

또 마태오복음에는 예수께서 제자들에게 질문하시는 대목이 있다. **"가이사리아 필립보 지방에 이르렀을 때, 예수께서 제자들에게 물으셨다. '세상이 사람아들을 가리켜 누구라고 말합디까?' 제자들이 대답하기를, '세례자 요한이라 하는 사람도 있고 엘리야라 하는 사람도 있고 예레미야나 다른 예언자들 중 하나라 하는 사람도 있더군요.'"**(16, 13-14).

당시에 예수를 가리켜 과거의 예언자들 가운데 하나라고 말한 사람들이 있었다는 건, 그들이 그분을 환생한 예언자로 보았다는 것 아닌가?

성경의 다른 구절이다. **"예수께서 길을 가시다가 태어나면서부터 눈이 먼 사람을 만나셨다. 제자들이 묻기를, '랍비, 저 사람이 눈멀어 태어난 것은 누구 죄 탓입니까? 자기 죄입니까? 부모 죄입니까?' 하였다."**(요한복음 9, 1-2).

철학적이든 신학적이든 제자가 스승에게 물을 수 있는 매우 중요한 질문이었다. 그와 비슷한 다른 불행에도 적용될 수 있는 답을 요청한 것이었다. 예수께서 이 특별한 경우에만 답을 주신 것으로 요한복음에 기록되었다는 사실이 당황스럽다. 그의 대답은 말하자면 '이 사람이 맹인으로 태어난 것은 내가 기적을 베풀어 그 눈을 띄워주기 위한 것이다.'가 된다. 나는 이 대답에 만족하기 어렵다. 이 대목에 관한 현대 신학자들의 설명이 오히려 타당해 보인다. 성경을 기록, 편집한 사람들이 나중에 자기네 생각에 맞추어 본문을 손질했다는 것이 그들의 주장이다. 나도 자문해본다. 과연 그 가련한 친구는 어느 날 예수를 만나 기적적으로 눈을 뜨려고 태어날 때부터 맹인으로 살아야 했던 것일까? (그가 얼마나 더 오래 살았는지 누가 아는가? 말은 바로 하랬다고, 한 몇 년 기적적으로 눈을 떠서 살려고 그 오랜 세월을 맹인으로 살았더란 말인가?)

이 구절이 그날 있었던 사건을 그대로 기록한 것으로는 믿기 어렵다. 비슷한 예가 또 있다. 마르코복음에 기록된 예수의 말씀이다. **"누구든지 나를 따르려면 자기를 비우고 자기 십자가를 지고 나를 따라야 하오."**(8, 34) 그날 예수의 말씀을 들은 사람들은 '자기 십자가를 지고'가 무슨 뜻인지 어리둥절했을 것이다. 예수가 십자가에 처형당하신 것은 그들에게 아직 '지평선 너머'의 사건이었다. 예수께서 '다가오는 온갖 어려움을 감수하고'라는 뜻으로 말씀하셨을 터인데 뒤에 성경을 기록, 편집한 누군가가 이 말을 '자기 십자가를 지고'로 바꾸었으리라는 건 단순한 하나의 가설이 아닐 수 있다. 결국 같은 메시지를 담고 있지만 성경을 기록, 편집한 사람에게는 후자가 더 강하고 적절한 말로 여겨졌을 것이다.

태어나면서 눈먼 사람에 관하여 심각한 질문이 하나 더 있다. 나는 어떤 사람이 뒤에 있을 변화를 미리 알리려고 복음서에 있지도 않은 내용을 첨부했다고는 상상할 수 없다. 오히려 교회가 배척하기로 결의한 무엇을 기록에서 지워버린 사람이 있을 것이라고 생각할 수 있다. 환생 교리가 그것이다. 뒤에 우리는 성경에서 한 대목이 통째로 누락된 사실에 대하여, 열두 살 소년 예수와 공생애를 시작한 삼십대 예수 사이의 '잃어버린 세월'에 대하여 따로 말할 기회가 있을 것이다.

예수께서 과연 제자들의 질문을 가볍게 들어 넘기셨을까? 복음서에는 그분이 이렇게 답하셨다고 기록돼있다. **"그의 죄 탓도 아니고 부모의 죄 탓도 아니고 다만 그를 통하여 일하시는 하느님을 나타내기 위한 것이오."**(요한복음 9, 3). 나는 그분이 정말 이렇게 답하셨을 거라고 생각한다. 복음서를 기록한 어떤 사람이 아무리 담대했더라도 감히 '이도 아니고 저도 아니라(neither)'는 말을 여기에 삽입했다고는 상상할 수 없기 때문이다. 위대한 영적 스승과 직접 동거한 적 있는 나는 그분의 이 대답에 실재하지도 않고(unrealistic) 믿기지도 않는(unbelievable) 영기靈氣(aura)가 서려있었음을 알 것 같다. 그날 제자들이 스승에게 한 질문은 분명 '환생'이라는 주제에 연관된 것이었다. 예수께서는 환생에 대하여 아무런 이의가 없었으므로 새삼 따로 언급하시지 않으셨을 거다. 그들의 질문이 영적 오해에서 온 것이었다면, 환생에 대한 언급이 따로 없었다는 사실에 주목할 가치가 있다. 예수의 대답에 환생에 관한 언급이 없다는 사실은 여전히 중요한 의미를 담고 있다.

어쨌거나 기적적으로 눈을 뜨게 되리라는 아무런 예고도 없이 수많은 아이들이 눈먼 상태로 태어난다. 어째서 이런 일이 일어나는가? 쉽게 답할 수 없는 이 질문에 보통 사람들은 한 개인에 연관된 답을 생각하겠지만, 지혜로운 스승은 같은 질문을 우주 보편적인 진실에 이어진 문門으로 본다. 제자들을 보편적 진실로 인도해야 하는 영적 교사라면 이렇게 좋은 기회를 놓칠 수 없는 일이다. 그 사람이 태어나기 전에 죄를 지었다는 잘못된 생각으로 제자들이 그렇게 질문한 것이었으면 예수께서 곧장 그 오류를 바로잡으셨을 것이다.

모든 증거로 미루어 당시 유대인들 사이에서 환생은 토론의 주제였고, 누구는 그것을 시인하고 누구는 부인했음을 알 수 있다. 성경 다른 곳을 보면 높은 산에 오르신 예수께서 변모된 모습을 보여주셨을 때도 제자들이 그분께 여쭈었다. **"어째서 율법학자들은 엘리야가 먼저 와야 한다고 말하는 걸까요?"** 예수께서 대답하셨다. **"과연 엘리야가 미리 와서 모든 일을 정돈해놓을 것이오. 아니, 엘리야는 벌써 왔소. 그런데 사람들이 그를 몰라보고 자기네 맘대로 대하였소. …그제야 제자들**

은 예수께서 말씀하신 사람이 세례자 요한임을 깨달았다."(마태오복음 17, 10-13). 그리고 다른 데서는 이렇게 말씀하셨다. **"지난날의 율법과 예언이 모두 요한한테로 귀결되었소. 그대들이 이를 받아들이면 오기로 되어있는 엘리야가 바로 요한인 줄을 알게 될 것이오. 귀 있는 사람은 들으시오."**(마태오복음 11, 13-15).

여기에서 환생을 길게 논할 의도는 없다. 그것은 따로 분리해서 다룸 직한 주제다. 내가 쓴 책 『길*The Path*』에서 이 주제를 다루고 있는데, 여기서 제시한 것들보다 많은 예가 담겨있다. 관심 있는 독자는 한 번 읽어보시기 바란다. 여기서는 복음서에 기록된 예수의 말씀에 대한 요가난다의 통찰을 보여주는 구절 하나만 더 언급하고 넘어가겠다.

요한복음 4장에 이런 구절이 있다. **"예수께서 이를 아시고 유다를 떠나 갈릴래아로 가시는데, 그리로 가려면 사마리아를 거쳐야 했다."**(4, 3-4). 얼핏 보면 사마리아가 유다와 갈릴래아 사이에 있음을 말해주는 간단한 구절이다. 하지만 여기에서 요가난다는, '사마리아를 거쳐야 했다.'는 말에 하나의 진실이 숨어있는데 제자들 가운데 누구도 그것을 알아차리지 못했다고 말한다. (스승들은 자기가 하는 일의 깊은 동기를 말하지 않을 때가 가끔 있다.) 예수에게는 사마리아를 방문해야 하는 특별한 이유가 있었다고 요가난다는 말한다. 전생前生에서 중도에 타락한 제자 하나가 그 마을에 환생하여 살고 있음을 아셨던 것이다. 세상에 '사마리아 여자'로 알려진 바로 그 사람이다.

예수께서는 그의 본심을 알아보려고 몇 마디 건네셨고, 여인은 가르침 받을 준비가 되어있었다. 그분은 여인에게 물을 청하면서 당신이 '살아있는 물'이라는 힌트를 주신다. 그리고 말씀하신다. "가서 남편을 데려오시오." 그녀가 남편이 없다고 실토한다. 예수께서는 그렇다고, 당신한테 다섯 남자가 있었고 지금도 한 남자와 살고 있지만 그 또한 남편이 아니라고 말씀하신다. 그녀가 솔직하게 대답하고 자신의 부끄러운 현실을 있는 그대로 시인했을 때, 그때 예수께서는 그를 다시 제자로 받아들일 결심을 하셨던 것이다.

한 영혼은 마지막 해탈의 길을 마칠 때까지, 에고의 사슬에서 벗어나 하느님 속으로 흡수 통일될 때까지, 헤아릴 수 없이 많은 일들을 겪어야 한다. 사람들 얼굴을 한 번 슬쩍 보기만 해도 그 다양한 표정 속에서 수많은 생을 거치는 동안 누적된 기억과, 그러면서 형성된 기질을 충분히 읽을 수 있다. 사람의 인품은 수많은 환생을 거치며 헤아릴 수 없는 오르막과 내리막, 슬픔과 기쁨을 겪는 동안에 만들어진 것이다. 이윽고 갈망하던 해탈의 경지에 근접한 사람은 사소한 고통을 겪어도 이런 생각을 하게 마련이다. '이 과정이 도대체 언제까지 되풀이될 것인가?'

희망으로 채워진 기대와 고통스러운 절망의 파도가 끊임없이 출렁거리며 오르내린다. 그러다보면 마침내 삶이 하나의 얼굴을 갖추게 되는데, 그것을 파람한사 요가난다는 '고뇌하는 단조로움(anguishing monotony)'이라 부른다. 반복된 고통에 대한 아픈 기억들로 채워진 잠재의식에 현생의 작은 고통이 첨가될 때 마침내 그의 깊은 중심에서 하느님 안에 있는 영원한 자유와 해방에 대한 갈망이 눈을 뜨는 것이다.

그리스도교는 전통적으로 환생 교리를 인정하지 않는다. 하지만 앞에서 몇 가지 예를 보았듯이, 예수 그리스도나 당시의 많은 유대인들이 그것을 받아들이고 있었음을 암시하는 힌트들이 복음서 여기저기에 있다. 조사연구에 따르면 오늘도 많은 그리스도인이 개인적으로 환생을 용납하거나 아니면 적어도 합리적인 이론으로 인정한다. 그러니까 사람이 이 땅에서 한 번 밖에 못 산다면 저토록 불의하고 도무지 용납할 수 없는 사건을 어떻게 설명하겠느냐는 거다. 실제로 고통은 세상 사람 모두가 예외 없이 겪는 보편적인 것 아닌가? 영적 깨달음을 추구하는 사람이면 이에 대해 '왜?'를 물을 수밖에 없을 것이다. 그리고 그에게 생각이 있다면 이렇게 물을 것이다. '그렇다면 누가 안전한가?'

붓다가 태어났을 때 그의 운명이 예견되었다. 장차 힘있는 왕이 되든지 아니면 속세의 온갖 영화를 버리고 진실을 가르치는 위대한 교사가 되리라는 것이었다. 그의 아버지는 아들이 자기 왕좌를 물려받게 하려고, 특히 성년이 되었을 때 인생의 고통과 죽음을 보지 못하게 하려고 최선을 다했다. 그리하여 온갖 사치스러운 것들과 젊은 남녀로만 아들을 에워싸려고 했다.

그러나 젊은 왕자는 아버지의 온갖 노력에도 불구하고 자신의 또 다른 운명인 깨달음을 추구하는 구도자의 길을 찾는다. 그의 의식 깊은 데 묻혀있던 기억들을 처음으로 일깨운 것은 우연히 한 늙은이를 보았을 때였다. 그 뒤로 그는 병들어 아픈 사람을 보았고 마지막으로 죽은 사람의 시체를 보았다. 그가 인생의 세 가지 피할 수 없는 진실에 눈을 뜨도록 하는 데는 이 세 번의 만남으로 충분했다. 사람이면 누구나 극심한 고난을 겪어야 한다. 이윽고 그에게 깨달음을 향한 여정의 새벽이 밝아왔고, 그는 모든 사람이 고통에서 영원히 벗어날 수 있게 해줄 진실을 찾기로 굳게 결심한다.

붓다는 2500년 전에 살았던 사람이다. 많은 현대인에게 그의 번뇌는 어쩐지 거리가 멀어 보이고, 그것이 이른바 '현대인의 삶'에 별로 상관없다고 생각하는 사람들도 있을 것이다. 하지만 오늘도 수백만 사람들이 같은 번뇌를 날마다 경험하고 있으며, 수천 년 전 사람들과 크게 다르지 않다는 것 또한 엄연한 현실이다. 수많은 사람들이 자기 자신이나 다른 사람에게 일어나는 극심한 고난 때문에 하느님께로 돌아서는 것을 역사가 보여주고 있다. 그렇게 돌아선 사람들은 결코 '광신자들'이 아니다. 그들 가운데 전보다 더 비참해지거나 냉소적으로 변한 사람을 나는 상상할 수 없다. 그들은 하느님이 근본적으로 좋으신 분임을 조금도 의심하지 않는 현실주의자들이다. 하지만 그들이 깨닫게 되는 것은 세속의 온갖 욕망과 집착이 언젠가는 요가난다가 '고난과 비참의 바다'라고 부르는 곳으로 어김없이 사람들을 데려간다는 사실이다.

많은 그리스도인들, 특히 그 교리가 예수의 여덟 가지 복보다 그리스도인의 선행 자체를 더 높이 사는 프로테스탄트 소속 신자들은 성자들이 중요시하는 하느님과의 직접 통교를 별로 절실하게 보지 않는 편이다.

여기서 잠시, 이 글이 독자들에게 좀 더 진실하게 느껴지기를 바라는 마음에서 내 이야기를 해야겠다. 나는 어려서 평범하고 괜찮은 프로테스탄트 가정에서 자랐다. 어머니는 경건한 감독교회 신자였다. 부모님은 아버지 직장이 있던 루마니아Romania에서 나를 영국의 퀘이커Quaker 학교로 유학 보내셨다. 1939년 제2차 세계대전이 벌어지자 우리는 본국인 미국으로 돌아왔다. 거기서 나는 감독교회 거룩한 십자가 수도회가 운영하는 코네티컷Connecticut의 켄트Kent학교를 다녔다. 명절을 맞아 집에 올 때마다 어머니와 함께 주일 예배를 드리고 교회의 여러 활동에도 활발히 참여했다. 내가 처음 들어간 대학도 퀘이커재단에서 운영하는 필라델피아Philadelphia 근교의 하버포드대학Haverford college이었다.

남자들은 늙어서 지나온 삶을 회고할 때 젊은 시절의 자기를 '겁 없는 어깨'로 묘사하기 좋아한다. 나도 예외가 아니다. 하지만 나는 한 걸음 더 나아가 바탕이 진지했고, 언제 어디서나 결코 가볍게 처신하지 않았다. 육상에 소질이 있어 달리기할 때마다 상위권이었고 가끔 좋은 기록을 내기도 했다. 또한 나는 항상 진실에 굶주린 상태였다. 그러면서 교회나 학교에서 배우는 것으로는 진실을 알 수 없겠다는 느낌이 들었다. 속으로 혼자 절박하여 인생에 대한 고전적인 질문 '왜?'를 가슴에 품지 않은 때가 없었다. 하지만 그 질문에 대한 답은 어디서도 흡족하게 찾을 수 없었고 답에 대한 굶주림만 갈수록 심해졌다.

우리 어머니는 성자들의 존재를 진심으로 믿으셨다. 그리고 당신 아들도 그들에게 관심이 있기를 바라셨다. 하지만 이 일에 어머니는 운이 없었고 성공도 못하셨다. 나는 어머니가 말하는 성자들의 기적 같은 것을 믿지 않았다. 나는 진실을 추구하지만 달콤한 감상感傷하고는 거리가 먼 사람이었다.

수년 동안 나의 탐색이 몇 가지 방면으로 펼쳐졌다. 처음에는 과학에서 그것을 찾아보려고 열세 살 나이에 천문학자가 될 생각을 했다. 그러다가 인간을 위한 진실은 별보다 인간을 향한 것이어야 한다는 생각이 들었다. 그래서 정계로 나아갈 생각을 진지하게 해보았다. 그것이 나뿐 아니라 다른 모두에게 도움이 될 것 같았다. 하지만 세월이 흐르면서 정치 또한 어떤 사람을 지금보다 훌륭한 사람으로 만들지 못한다는 것을 알게 되었다. 그러자 내가 찾는 진실은 외형적 변화가 아니라 사람에게 내적으로 영감을 주는 것이어야 한다는 생각이 들었다. 그래서 예술, 특히 음악과 문학에서 진실을 찾기로 마음먹었다. 그 방면에 어느 정도 재능이 있기도 했다. 나는 예술이 사람들에게 영감을 주어 진실을 깨치게 해주리라고 희망했다. 그러나 내가 몸소 진실을 깨치지 못하고서 근사한 '솜씨(art)'만 보여준다면 결국 세상을 본인의 무지로 도배질하는 것이라는 생각 때문에 이 희망도 포기했다.

나의 성장기 환경은 교회에서 진실을 찾도록 나를 이끌었어야 했다. 하지만 불행하게도 내가 교회에서 본 것은 영적 감동이 아니라, 참되고 보편적인 의로움에 대한 나의 굶주림을 채워주지 못하는 교회의 자기 자랑이었다.

나는 구도의 길에 들어선 지 얼마 안 되어, 내가 찾는 것이 내 중심을 만족시켜주는 무엇이어야 한다는 결론에 이르렀다. 진실(the Truth)은 사실들(facts)보다 깊어야 한다. 나는 과학과 사회 이론이 인간에게 참 행복을 안겨줄 수 없다고 생각해서 깨끗이 포기했다. 이윽고 내가 그리고 모든 사람이 참으로 원하는 것이 언제든 부서질 수 있고 그 뿌리가 분명치도 않은 속세의 행복이 아니라, 끝없이 확장되는 기쁨과 영적 감동이 영원토록 이어지는 무한 행복이라는 깨달음의 새벽이 밝아왔다. 바로 이 이상理想(ideal)이 내가 찾던 모든 것이었다.

이렇게 결심한 뒤에야 비로소 나는 영적 차원을 포함하는 진실을 찾아 나섰다. 마침내 그렇게 되었다. 나는 스스로 물었다. 정말로 하느님, 모든 것을 창조하신 분이 존재하는 건가? 사람들은 보통 이런 질문을 무심코 한다. 하지만 내 경우에는 절박한 질문이었다. 내가 생각할 수 있는 인생의 목적과 의미가 모두 이 질문의 답에 들어있었다.

나는 사랑하는 가족과 친구들에 둘러싸인 유복한 집안에서 자랐다. 착한 이웃들과 더불어 살았다. 내 앞에도 많은 사람들이 동경하는 안락한 가정생활, 사랑스럽고 착한 아내, 흥미롭고 월급도 괜찮은 직장, 행복한 자녀, 좋은 이웃들에 대한 꿈이 펼쳐져있었다. 그런데 사람들이 그런 것들을 자기 인생의 목표라고 말할 때마다 나는 오히려 절망감이 느껴졌다. 그것들을 대체할 무엇이 보이지도 않았지만 내 가슴은 아무 의미 없어 보이는 그것들을 거부하고 있었다. 내 속에서 움트는 꿈을 그런 것들로는 채울 수 없다고, 인생은 그보다 더한 무엇을 나에게 제공해야 한다고 생각했다.

나는 점차 가치 있는 인생의 목적이란 오직 하나뿐임을 알게 되었다. 하느님을 찾는 것이다. 스스로 물어보았다. 이것은 광신자가 되고 있다는 신호인가? 동료들은 내가 너무 진지하다고 생각하지만 그래도 나는 유머 감각이 있고 모든 것을 넓은 안목으로 보려고 노력한다. 다른 사람들도 저마다 가치 있어 보이는 인생의 목적이 있을 것이다. 인정한다. 실제로 나만의 길을 간답시고 자신을 고문拷問하느니 남들처럼 사는 게 낫지 않을까 싶기도 했다. 하지만 삶이 나를 하느님께로 더 가까이 가도록 밀어주거나 끌어주지 않는다면 인생에 아무 의미가 없다는 확신은 갈수록 굳어졌다. 하느님이야말로 모든 사람이 추구해야 하는 궁극의 완전함이라고, 내 가슴이 나에게 말해주었다.

긴 얘기를 짧게 줄이겠다. 결국 나는 파람한사 요가난다의 책 『어느 요기의 자서전*Autobiography of a Yogi*』을 만났다. 그 책을 탐독하고 이튿날 무렵 나는 그를 만나려고 버스로 아메리카 대륙을 횡단했다. 그를 대면했을 때 내 입에서 나온 말은 한 번도 누구 앞에서 해보지 않은 말이었다. 나는 말했다. "선생님 제자가 되고 싶습니다." 그가 즉석에서 나를 받아주었다.

나는 그를 통해서 그동안 나의 탐색이 지나치게 지성적인 것이었음을 알게 되었다. 머리로 생각하면 진실을 찾을 줄 알았던 것이다. 지성에 매몰돼있었다. 하느님께로 가려면 가슴을 통과해야 한다는 사실을 파람한사 요가난다가 나에게 보여주었다. 전심귀의專心歸依(devotion)야말로 진정어린 '무한'을 갈망하는 것이다. 그 동경에서 우러나는 '에고 없는 기쁨'이 전심으로 귀의하는 사랑의 열매다.

시간이 흐르면서 그동안 그리스도의 메시지라고 생각했던 것들이 너무나 천박한 수준이었음을 알게 되었다. 사람들은 착하게 살면서 남을 친절하게 대하고 근사한 인생의 목표를 향하여 나아가기를 예수께서 바라신다고 생각했던 것이다. 하지만 그런 '그리스도인다운' 기대들이 신성한 교사요 인류의 구원자이신 그분의 깊고 영원한 사랑과 지혜의 거죽에 난 흔적에 불과하다는 것을, 결국 나는 알게 되었다.

제6장
정도程度(degrees)의 문제

예수 그리스도는 인생에 한 가지 특별한 목적이 있다고 하셨던가? 아니면 몇 가지 목적이 있다고 하셨던가? 예수께서 하셨다고 알려진 말씀 가운데 어떤 것은 상당히 모호하게 해석된다.

"먼저 하느님의 나라와 그분의 올바른 길을 찾도록 하시오. 그러면 다른 모든 것을 덤으로 얻게 될 것이오."(마태오복음 6, 33).

이는 분명 힘있는 말씀이다. 인생의 절대 목적 하나를 가리키고 있다. 그런데 대부분 정통 그리스도인들은 이 말씀을 어떻게 자기 삶으로 해석하고 있는가? 종교에 대한 그들의 관점이 표피적인 만큼 이 말씀을 드러내는 그들의 삶 또한 표피적이다. 그들이 추구하는 하느님 나라는 눈에 보이고 손으로 만져지는 3차원의 어느 장소다. (어렸을 때 나는 어쩌면 그 나라가 아름다운 띠를 두른 토성에 있을 거라고 생각했다.)

대부분 그리스도인들이 '하느님 나라'를 착하게 산 사람이 죽어서 가는 하늘의 아름다운 장소라고 생각한다. 그곳에서 지금 자기들이 지닌 것과 비슷한 몸으로 영원히 행복하게 사는 모습을 상상한다. 누구든 착하게 살다 죽으면 '하늘나라'에 가서, 서늘한 산들바람이 부는 평화로운 숲길을 걷거나 잔잔한 개울가에 앉아 노래를 부르거나 복된 천사들과 기름진 들판을 거니는 '하늘나라'를 예수께서 말씀하셨다고 생각한다. 어쩌면 천사처럼 날개가 달릴지도 모른다.

대다수 그리스도인들에게 구원이란 저마다 자기 몸으로, 예수께서 말씀하신 하느님 나라와는 많이 다른 환경에서 영생하는 것을 의미한다.

"하느님 나라는 눈으로 볼 수 있게 오는 나라가 아니오. '여기 있다.' 또는 '저기 있다.'고 말할 수도 없으니, 하느님 나라는 바로 당신들 안에 있소."(루가복음 17, 20-21).

많은 그리스도인들에게 납득하기 어려운 예수의 말씀이다. 그래서 마치 장롱에 깊숙이 넣어둔 옷처럼 여간해서 눈에 띄지 않거나 아예 마음에 두지 않는다. 그보다는 그리스도교 찬송가의 '오, 성자들이 행진해 들어갈 때…'가 훨씬 친근하게 다가온다. 땅에서 착하게 산 '성자들'이 말 그대로 행진해 들어가는 곳을 보여주기 때문이다.

누가 하늘나라에 들어간다는 것은 그가 구원받는다는 것이다. 무엇으로부터의 구원인가? 영원한 지옥 형벌로부터의 구원이다. 첫 사람 아담과 하와가 하느님께 불복하여 '금단의 열매'를 따먹은 원죄 때문에 지옥 형벌은 피할 수 없는 그들의 운명이 되었다. 그들이 에덴동산에서 쫓겨난 것도 그래서였다. 우리는 그들의 불복종죄를 유산으로 물려받았고, 이것이 우리가 교회에서 배우는 내용이다.

인류는 본디부터 죄인이고 그 때문에 지옥 형벌을 피할 수 없다는 것이 많은 교회들에서 의심 없이 받아들이는, 이른바 '정통 교리'다.

그런데, 우리를 위해 스스로 십자가에서 희생하신 그리스도를 '영접하면' 특별한 은총으로 구원받을 수 있다. 그리스도인들은 참회를 통하여 예수 그리스도를 '자신의 구주'로 영접하라는 권유를 받는다. 요한복음의 말씀 **"당신을 영접하고 당신을 믿는 자들에게 하느님의 자녀 되는 권능을 주셨으니"**(1, 12)를 근거로 그분을 영접하는 것이 진정한 그리스도교의 본질이라 인식했다.

하지만 '영접하다'라는 말에 특별히 주목할 필요가 있다. 그분을 영접하는 것은 교회에서 공식적으로 세례를 받고 몇 년 뒤에 공식 견신례를 받는 것인가? 아니면 교회 제단 앞에서 자기를 봉헌하는 특별한 행위를 하는 것인가? 이것들이 하나의 가설이면 본인의 '경험'이라는 잣대로 시험해보아야 한다. 과연 그 사람이 세례 또는 견신례를 받고 나서 삶이 깨끗해지고 항구적으로 변화되었는가? 단순히 감정적으로 자기를 굴복시키는 것으로 충분한 것인가? 그리스도의 자기희생이 인류를 위한 것이라면 그가 십자가에서 처형된 후에 인류의 본성이 근본적으로 바뀌었는가?

첫 번째 질문에 답하려면 내 얘기를 한 번 더 해야겠다. 나는 이른바 영아 세례를 받았다. 그날 나는 예배당에서 사람들이 왜 내 몸에 물을 끼얹는지에 대해 생각해본 기억이 없다. 그 예식에 내가 동의했는지 여부는 언급할 거리도 되지 않는다. 물론 그날 우리 부모님이 어린 나를 그리스도께 바친 것이 그분들의 자식 사랑 때문이었음은 의심할 나위가 없다. 하지만 그 사건에 내 의지는 전혀 작용하지 않았다. 그러므로 내 영세領洗는 내 의지와 상관없이 일방적으로 나에게 주어진 것이었다. 그 예식이 진행되는 과정에서 내가 한 일은 발을 버둥거리며 우는 것이 전부였을 테니까.

열세 살 되었을 때 나는 뉴욕New york 스카스데일Scarsdale 성 야고보(St. Jacob)교회 주교한테서 견신례를 받았다. 그 예식의 의도는 내가 그리스도께 바쳐진 몸이라는 것을 교회가 재확인함으로써, 내가 그분의 것임을 의심하지 못하게 하자는 거다. 하지만 그 역시 내가 법적으로 성년이 되기 전에 일어난 일이었다. 혹시 교회에 정신적으로 반항하지 못하게 하려고 사전에 (그러니까 운전면허를 따거나 선거에 투표권을 행사하거나 누구와 결혼하겠다고 스스로 서약할 수 있을 만큼 성장하기 전에) 못 박아둔 것일까? 이런 교회의 성사聖事들로 내가 '그리스도를 영접'하는 일이 완성되는 것인가? 분명 아니다!

그렇다면 그분을 영접한다는 것이 누군가의 감정적 또는 지성적인 받아들임을 의미하는 것일까? 그보다는 깊은 의미가 있어야 할 것이다. 믿음만으로는 부족하다. 생각해보자. 우리가 누구를 믿는다고 해서 그 사람이 믿음직한 사람이라 보장되는가? 근본주의자들에게 인기가 많은 감정적 뉘우침에 대하여 바울로는 다시 말한다. **"우리가 거듭남의 물로 씻기고 성령으로 새로워진 것은 하느님께서 우리 구주 예수 그리스도를 통하여 성령을 풍성하게 부어주신 덕분이었다."**(디도서 3, 5). 여기서 주목할 것은 '씻기다'라는 말과 '새로워지다'라는 말이 거듭 사용되고 있다는 점이다.

전반적인 인간성은 어떻게 보아야 할까? 검투사들이 서로 죽이려고 혈투를 벌이는 로마 원형경기장에 모여든 대중의 가학성 변태 심리로 미루어 볼 때, 그리스도의 십자가 처형이 고상한 대중의 기호를 충족시키려고 벌어진 사건이라고 말할 사람은 없을 것이다.

그렇다면, 오늘날 그리스도인들이 숭배하는 그리스도의 위대하고 더욱 더 커지기만 하는 몸(교회)은 어떻게 볼 것인가? 과연 그런 '그들'을 위해서 그분이 죽으셨던 것일까? 죽음의 형틀을 조용히 마주보던 순교자들의 장엄한 모습이, 박해의 시대가 끝나고 오랜 세월이 지난 뒤에는 부끄러운 줄 모르고 벌어지는 고위 성직자들의 언쟁과 충돌로 이어졌다. 충분히 이해할 만하고 그럴 만한 핑계도 있었겠지만, 아무리 상상력을 발휘해도 당시 그리스도인들이 자기들을 '하느님의 자녀들'로 알고서 그렇게 했다고는 말할 수 없을 것 같다.

지금 여기에 현존하는 그리스도를 영혼의 차원에서, 달리 말하면 깊은 황홀경에서 의식적으로 그리고 내면적으로 모시는 것이 곧 그리스도를 '영접하는' 것이라고 파람한사 요가난다는 말한다. 그보다 못한 것들은 피상적이고, 따라서 진지하게 다룰 만한 것이 못 된다. 그것들이 사람의 의식을 진짜로, 그리고 지속적으로 변화시켜 '하느님의 자녀'에게 기대할 만한 영적 능력을 키워주지 못하기 때문이다.

얼마 전, 교황이 로마 가톨릭교회가 세상에 주어야 할 것을 언급하면서 그것을 '구원의 신비'라고 표현했다. 옳은 말씀이다. 하나의 신비神秘다. 나도 그것이 그와 같은 무엇이라고 생각한다.

한편 교리주의(dogmatism)에 관련해 우리는 스스로 묻는다. 과연 대부분 그리스도인들이 세상 다른 종교인들에 비해 유별나게 다른 모습을 보여주는가? 편견 없이 답하자면, 그렇지 않다. 암만 봐도 그들이 눈에 띄게 다른 모습을 보여준다고 할 수 없다.

앞에서 인용한 구절, **"하늘 아버지께서 온전하신 것처럼 그대들도 온전한 사람이 되시오."** 는 어떻게 생각하는가? 이것은 인간에게 불가능해 보이는 것을 지시하는 명령이다. 과연 누구를 온전한 그리스도인이라고 말할 수 있는가? 그리스도께서 우리에게 명령하시는 것은 하느님처럼 온전해지라는 것이다! 이 구절이 주일 예배에서 설교 본문으로 거의 채택되지 않는 것은 하나도 이상한 일이 아니다.

설교에서 자주 누락되는 구절이 또 있다. 예수께서 인용하신 신명기

6장 5절이다. **"첫째 계명은 …네 마음을 다하고 목숨을 다하고 뜻을 다하고 힘을 다하여 주님이신 네 하느님을 사랑하라는 이것이다."**(마르코 복음 12, 30).

위대한 그리스도교 선교사 프랑크 라우바흐Frank Laubach가 한번은 미국의 목사와 설교자들을 대상으로 주일 예배 때 하느님을 좀 더 '언급'하자는 캠페인을 벌인 적이 있다.

정말로 무엇이 하느님 나라인가? 그 나라는 어디에 있는 나라인가? 다른 건 관두고, 한 번도 본 적이 없는 '어떤 사람'을, 그 존재를 어렴풋하게도 알지 못하는 사람을, 어떻게 진정으로 사랑할 수 있단 말인가? 누구에게 자기를 경건히 바치려면 최소한 어떻게든 그를 경험했어야 하는 것이다.

예수께서 하신 것으로 알려진 말씀 가운데는 지나치게 높아서 신앙과 실천 양면에서 미지근한 보통 그리스도인들은 받아들이기 어려운, 그래서 주일 설교 본문으로 거의 채택되지 않는 구절들이 더 많이 있다.

고대 인도의 위대한 성자 수크데바Sukdeva가 말했다. "하느님을 찾지 않는 시간은 모두 쓸데없이 낭비된 시간이다." 이 고대 인도의 가르침에 자기네 종교가 미치지 못한다고 말하는 그리스도인이 있을까? 스스로에게 정직한 사람이면 그들의 심오한 가르침을 아직 경험으로 다 터득하지는 못했다는 사실을 시인할 것이다.

실제로 그리스도의 가르침은 다른 어느 종교보다 깊고 높은 가르침이다. 예수 그리스도는 '진실'을 완벽하게 실현하신 분이다. 다르게 말하면 그 어떤 가르침도 그분의 가르침을 능가할 수 없다. 실은 진실에 대한 가르침을 높고 낮다고 말하는 것 자체가 말이 안된다. 하느님은 절대적인 분이기 때문이다. 예수 그리스도의 메시지는 모든 시험을 거처 '영원한 진실' 자체만큼이나 높고 깊은 것으로 입증되었다.

이 진실을 세상에 펼치는 일에서 누구는 높고 누구는 낮다고 상대적으로 말하는 게 가능한가? 이 질문에 답하겠다. '그렇다. 물론 가능하다. 어떻게 그러지 않을 수 있는가?' 하나의 진실을 인간의 언어에 담는 것 자체가 '절대 완전'을 상대적 세계로 끌어내리는 행위다. 무엇에 대한 도그마가 그것을 보는 사람들의 서로 다른 이해 능력에 의존하기 때문이다. 자기가 믿는 것이 절대 진실이라는 교조주의자들의 주장 자체가 그의 이해 능력에 한계가 있고, 따라서 본질적으로 '그릇된' 이해일 수밖에 없다. 때로는 그들의 능력이 굉장한 천재로 보일 수 있다는 것을 인정한다. 하지만 자신의 도그마를 공식화하는 사람도 어쩔 수 없는 인간의 한계에 갇혀 살 수밖에 없고, 따라서 하나의 진실을 몇 가지 틀에 집어넣는 '절대적 오류'를 범할 수밖에 없다.

어차피 추상은 명료하게 잡히지 않는다. '사랑'이라는 말은 사람마다 다른 의미를 지닌다. 짐승 같은 욕정에서 산스크리트어 '프렘prem'에 암시된, 둘을 하나로 만드는 절대 사랑에 이르기까지 엄청나게 넓은 의미의 스펙트럼이 포함돼있다.

'평화' 또한 일시적인 휴전에서 주님과의 내적 통교로만 가능한 **"사람의 머리로 이해할 수 없는 하느님의 평화"**(필립비서 4, 7)까지 참으로 많은 의미가 그 속에 담겨있다.

'기쁨'도 마찬가지로 사람들의 인생 경험에 따라서 여러 의미로 통할 수 있다. 기쁨을 복권 당첨과 동일시하는 사람도 있지만 성자들의 기쁨은 하느님께로 융합되는 것이다.

진실은 절대적이다. 하지만 그에 대한 사람들의 이해는 상대적이다. 그래서 '사탄도 성경을 인용한다.'는 말이 있다. 종교에 대한 사람들의 이해 능력이 좁은 만큼, 저마다 그 이해가 제한돼있음을 깨치는 것이 중요하다. 객관적 현실에 대한 이해도 예수 당시에는 지금보다 훨씬 폭이 좁았다. 그때는 대부분 사람들이 우리가 아는 '우주'라는 개념을 몰랐다. 아리스토텔레스Aristotle도 지혜로운 철학자였지만 사람이 숨쉬는 공기가 눈에 보이지 않기 때문에 아무것도 아니라고 했다. 당시 사람들 마음에는 판판한 땅이 안락한 우주의 중심이었다. 물질은 단단한 사물이었다. 지구의 나이도 수천 년쯤으로 계산되었고, 인류의 역사는 수백 년 정도였다.

오늘도 문명은 상대적으로 새로운 발전을 도모한다. 그리스도교 역사의 대부분이 오늘 우리가 서양 세계로 알고 있는 현장에 제한되었기 때문이다. 진실 자체가 짧고 간결한 도그마에 담길 수 있다고 그들은 생각했다. 다른 종교들은 모두 사교邪教로 간주되었고, 그리스도교만이 신성한 계시에 바탕을 둔 유일한 종교였다. 실로 이 믿음은 지금도 많은 신학자들 손에서 깃발처럼 휘날리고 있다. 그들이 탄 배는 이미 자기네 종교와 다른 종교들이 세상에 있다는 사실을 발견한 사람들의 견고한 바위 기슭을 향해 가고 있는데 말이다.

초기 그리스도교 시대에는 시간 없는 영원의 경계, 그 안에서 인간들이 지구별의 다른 생명체들보다 별로 중요할 것 없는 우주적 현실이 있다는 사실을 상상조차 하지 못했다.

세상에 고苦가 없다면 사람들은 평범한 것들에 만족하고 상대적으로 쉽게 살면서 죽음이 마지막 휘장을 내릴 때까지 자기만족 이상의 무엇을 추구하지 않을 것이다. 나아가 죽은 뒤 하늘나라에서 행복하게 살기를 고대하거나 지옥에서 영원히 벌 받을 것을 두려워하는 일도 없을 것이다. 앞으로 가게 될 하늘나라나 지옥이 그들의 현실 생활에서 별로 중요한 몫을 차지하지 않기 때문이다.

하지만 인생에서 그들이 느끼는 이런 종류의 만족감이란 사람이 살면서 경험할 수밖에 없는 불안, 절망, 실패, 좌절, 고난 같은 것들로 그 바닥이 침식당하고 만다. 고통은 사람이 세상 모든 것에 그 당위성을 질문하게 한다. 곤경이 사람들을 일종의 정신적 암흑으로 몰아넣는다. 이토록 고통스러운 현실들이 사람들을 계속 자극하여 사소한 행복 따위에 너무 쉽게 안주할 수 없도록 만드는 것이다.

자기 인생에 만족하는 사람들이 있는가 하면, 이런 말로 빈정거리며 종교에 도전하는 사람들도 수없이 많다. "고통은 어쩔 것인가? 저토록 많은 사람이 고난당하게 내버려두는 하느님이 참으로 사람을 사랑할 수 있단 말인가? 거기에 무슨 출구라도 있는가? 당신이 과연 하느님을 믿는다면 고난당하는 사람들에게 당신의 희망을 말해보라!"

하지만 큰 바다가 제 위로 지나가는, 저마다 잠시 있다가 스러지기에 오히려 재미있는 온갖 기상氣象을 받아들이듯이 진실에 대한 우주 보편적 시야에는 인간의 고통까지 들어온다. 반면 시야가 좁은 사람은 묻지 않을 수 없다. '왜 하필 나인가? 이 고통을 내가 겪어야 하는 까닭이 무엇인가? 저 풍요롭고 행복하게 사는 사람들은 어떻게 된 것인가?' 세상에 좋고 나쁜 사람들이 있고 그들이 땅에서 받는 상이나 벌에는 상응되는 바가 거의 없다. 이에 대한 일반적인, 그리고 사실상 유일한 해명은 하느님의 길(방법)이 풀리지 않는 수수께끼처럼 불가해不可解하다는 것이다. 지속되는 고통보다 지속되는 번영이 더 포기하기 쉬운 법이다.

현대 과학은 우리에게 새로운 우주관을 제공했다. 그런데 많은 정통 그리스도인들은 지구가 둥글다는 사실, 부분적으로 그리스도교의 가르침을 수용하는 다른 종교들이 존재한다는 사실, 어느 모로 보나 지구별이 우주의 중심은 아니며 우주가 측량할 수 없이 광대하고 다른 별에도 생명체가 살 수 있다는 사실은 받아들이지만, 여전히 그 우주관을 받아들이기는 힘들어한다. 그들은 최소한 과학으로 입증된 사실은 받아들인다. 그래도 그 사실들을 예수 그리스도의 가르침과 화해시키는 건 난감한 과제다. 그들이 보는 그리스도교는 이전의 신인동형적 개념들을 그대로 간직하고 있어서 하늘나라 보좌에 하늘 아버지가 앉아 계시고, 그 오른편 자리에는 당신의 '외아들'이 앉아 계신다.

어떻게든 신인동형적 이미지들과 추상적 진실의 이분법 사이에 다리를 놓아보려는 노력은 찾아보기 어렵다. 과학으로 입증된 사실들을 부인하지는 않지만, 그래도 그것들은 끊임없이 이루어지는 과학의 새로운 발견들로부터 보호하려고 쌓은 장벽 안에 있는 그리스도인들의 종교적 신조에서 완전히 차단돼있다.

종교적으로 기울어진 그리스도인들은 여전히 하느님을 자기네 하늘 아버지로 알고 있다. 힌두교 신자들은 하느님을 크리슈나Krishna 또는 라마Rama로 생각하는데 그들을 예수처럼 신성한 존재로 알고 그들의 사랑 어린 현존을 가슴에 모시고 살아간다. 종교 집단들은 자기네가 받은 가르침을 인류에게 주시는 하느님의 유일한 계시로 보는 성향이 있다. 하지만 그들 가운데 어느 집단만이 유일한 하느님의 계시를 소유한다고 믿는 일은 갈수록 어려워지고 있다.

만일 정통파 그리스도인들이 자기네 신앙만이 유일한 진실이라고 설득하는 마음의 장벽을 부수고 나온다면, 같은 진실이 다른 데서도 밝혀지는 것을 보고 감동할 것이다. 마음이 좁은 그리스도인들은 예수가 자기네 교조教祖보다 조금 못한 존재라고 주장하는 다른 종교의 도그마를 자연스럽게 혐오할 것이다. 하지만 어디에도 기울지 않은 연구 조사를 통해 예수 그리스도의 가르침이 그리스도인들이 생각하는 것보다 깊고 넓은 것임을, 또한 그들의 이해가 한정되어 있음을 알게 된다면 어떨까?

이 책의 목적은 누구든 알려는 사람에게 깊은 감동을 주는 영광된 진실을 밝히는 데 있다. **"당신들이 내 말을 듣고 그대로 살면 나의 참 제자라 하겠고 그러면 진실을 알 터인즉 진실이 당신들을 자유롭게 해 줄 것이오."**(요한복음 8, 31-32).

실재에 대한 사람들의 이해가 좁게 한정되었기에 예수께서 그 좁은 생각에 맞추어 가르치셨고 그 이상의 것은 가르치지 않았다고 말하는 사람이 누군가? 터무니없는 소리!

앞서 말했지만 교회들은 제도권에 그 중심을 두고 있다. 교회들은 무한 진실의 광대함을 쉽게 말하지 못한다. 자기 방식으로 진실을 추구하는 학자들도 분석과 논리로 진실이 규명되어야 한다는 관념의 한계를 벗어나지 못한다. 오직 영적으로 눈을 뜬 사람들만이 인간의 지능은 생각의 틀을 잡고 정리하는 데는 능숙하더라도 내적으로 하느님과 진실을 몸소 깨달아 아는 능력이 부족하다는 사실을 안다.

그리스도교 성자들은 교회 당국의 통제라는 불리한 조건 아래서 나름 애쓰고 있다. 교회 지도층 가운데 깊은 영적 체험을 한 사람들도 드물지만 있는데, 그들도 자기가 아는 심오한 진실들을, 그것들이 예수 그리스도의 메시지에 완전 부합된 것이라 해도 마음대로 세상에 드러내 말하지 못한다.

인도에는 분명 유리한 점이 있다. 인도의 종교들은 제도권으로 조직되지 않았다. 물론 힌두교에도 틀을 갖춘 신조들이 없는 건 아니다. 하지만 그것들을 통제하는 중앙 기구나 그것들을 어떻게 선언해야 하는지를 결정할 사람이 없다.

　과학자 공의회가 따로 있어서 어떤 과학적 발견은 받아들이고 어떤 발견은 배척할 것인지를 결정했다면 과학계에 소나기를 퍼부은 갈릴레오Galileo, 뉴턴Newton, 아인슈타인Einstein 같은 천재 과학자들은 틀림없이 과학의 이단자로 내몰렸을 것이다. 아인슈타인의 상대성원리는 너무 어렵고 깊어서 처음 발표되었을 때 그것을 이해한 과학자가 겨우 열 명이었다. 다행히도 그들은 세상에 이름이 널리 알려진 수준 높은 학자들이었다. 그들 열 명이 아인슈타인의 원리를 받아들였다는 이유 하나만으로 결국은 과학계뿐 아니라 현대 사상계에도 거대한 혁명이 일어난 것이다.

　위대한 그리스도교 성자들은 단순히 경건하고 친절하고 자비롭고 정직하고 고지식하게 성실한, 한 마디로 많은 사람이 우러르는 사람이 아니었다. 그들을 성자로 만든 것은 하느님께 바치는 뜨겁고 깊은 사랑, 마침내 그분에게로 흡수된 삶이었다.

　그들의 내면에서 이루어지는 통교란 어떤 것인가? 입증될 수 있는 것인가? 물론이다. 여러 주관적이고 객관적인 시험 방법이 적용될 수 있다. 그 가운데 몇 가지를 앞에서 언급했는데 성자들의 신성한 내적 통교가 흘러넘치는 사랑, 지극한 행복, 폭넓은 이해 같은 것으로 표출되는지를 알아보기 위한 것들이다. 그들은 속으로 충실한 자기를 밖으로 입증해 보여준다. 모든 성자들이 하느님을 체험하는 것 말고 다른 어떤 욕망도 자기한테 없다고 말한다. 그들에게는 하느님의 사랑과 기쁨에 한 곬으로 집중한다는 공통분모가 있다. 하느님을 발견하는 것이 인생의 유일한 목표라는 데 모두가 동의한다.

　성자들이 황홀경 상태로 있는 동안 숨도 쉬지 않고, 때로는 맥박마저

뛰지 않는 것을 볼 수 있다. 그때 그들은 자기 주변에서 일어나는 일을 거의, 또는 아예 모른다. 이는 정신적으로 무능한 것과는 거리가 멀다. 그래서 몇 달쯤 주변 세계를 떠났다가 힘이 가득 채워진 육체와 정신으로 돌아오는 것이다.

성자들의 높이 고양된 기쁨과, 그 기쁨 속에서도 현실 감각이 살아있음을 보여주는 증언은 세계 도처에서 발견된다. 언제나 말해왔듯이 '진실'은 우주 보편적이다. 그것은 '둘째가 없는 하나'다. 조각으로 부서질 수 없다. 진실만이 '사나아탄'이다. 진실만이 영원하다.

이것이 인생의 참된 목표라는 게 『바가바드기타』의 설명이다. 기타가 말하는 인생 목표는 영혼이 하느님 안으로 흡수되는 것이다. 신성한 황홀경 체험으로 그 삶이 완전 변화한 그리스도교의 위대한 성자들도 같은 말을 했다. 많은 그리스도교 성자들이 '하느님과 결혼'해서 그분과 신성한 합일을 이루었다고 증언한다. 그들 모두가 인생의 참된 목표는 '주님 안으로 흡수되는 것'이라고 말한다.

로마 가톨릭교회 성자들이 자기가 아는 것을 모두 공개했으면 파문당했을 것이다. 그런다고 개인적으로 위축되거나 물러서지는 않았겠지만 사람들을 공개적으로 섬길 수는 없었으리라. 그래서 그들 대부분이 교회 도그마와 충돌하지 않으려고 삼가 조심했다.

억압은 기적을 행하는 사람들에게도 있었다. 실제로 교회의 억압은 두드러지게 성결해 보이는 사람들에게 그들이 안전하게 죽을 때까지 멈추지 않고 지속되었다. 도그마를 통한 자기 보전에 의존하는 기관이 정교하게 만들어진 자기네 틀에서 어긋날지도 모르는 사람이나 사건을 허용하기란 쉬운 일이 아니다.

우리는 이 문제를 성직자들 관점에서도 볼 수 있다. 사제라면 모두가 '어머니 교회'에서 동등하게 임명받는 것으로 알고 있다. 그런데 그 중 어느 사제가 다른 사제들보다 뛰어난 모습을 보여줄 경우, 그 문제를 어떻게 할 것인가? 사제들은 신자들이 저보다 훌륭해 보이는 다른 사제에게 몰려가는 것을 그냥 놔두기가 어렵다. 하물며 '특별한 내력'을 가진 것처럼 보이는 성자 같은 사제들을 어떻게 할 것인가? 앞에서 말한 로스앤젤레스 사제의 경우, 다른 교구 신자들이 자기네 교회의 예배를 놔두고 그가 집전하는 예배에 참석하려고 몰려들었다. 이 문제를 교회 당국은 어떻게 처리할 것인가? 그들이 논의 끝에 찾아낸 방법은 그 당혹스러운 사제를 멀리 스페인 오지로 보내고, 세상에 알려진 그의 명성이 가라앉기를 바라는 것이었다.

역시 앞에서 말한 쿠페르티노의 성 요셉도 마찬가지다. 이 성자는 몸이 공중으로 떠오르는 '버릇'이 있었는데, 그것이 로마 교회 당국에는 여간 성가신 일이 아니었다. 상당히 높은 계급의 성직자들이 멀리서 그를 찾아왔다. 그들 가운데 한 사람은 성 요셉의 손을 잡고 기도하다가 함께 공중으로 떠올랐다. 요셉의 상급자들은 그 둘을 떨어뜨려 놓기로 했다.

그래서 파드레 피오가 내 친구에게 알아서 침묵하라고 했던 것이다. 실제로 파드레 피오는 교회에서 이미 견책을 받은 몸이었고, 살아있을 때 여러 번 침묵하라는 명을 받았다. (하지만 그의 든든한 지원자였던 농부들이 그를 유배에서 '구출'해냈다.)

가톨릭교회는 그들이 살아있을 때는 압력을 행사했지만, 안전하게 죽은 뒤에는 그들의 지위를 추서追敍해주었다. 반면 프로테스탄트교회는 죽은 사람을 추서한다는 것이 아예 없는 일이다.

예수 그리스도가 하신 일은 워낙 힘이 있어서 오랜 세월 과학이 끈

질기게 도전하고 최근에는 학자들, 소설가들, 기타 요란한 포장마차에 편승하여 이득을 보려는 자들이 사방에서 공격해도 무너지지 않는다는 사실이 입증되었다. 예수의 메시지가 밖에서 공격을 받으면 받을수록 그만큼 더 속으로 강고해지는 것을 우리는 본다.

그런데도 많은 그리스도인이 예수 그리스도의 메시지에 비하면 오히려 나약하게 흔들리고 있다. 그들의 믿음은 위태롭고 현실에 대한 인식은 혼란스럽다. 오늘날 교회들은 심각한 위기를 맞이했다. 그런 까닭에 그리스도인들이 심오하고 예리한 파람한사 요가난다의 주석註釋에 주목할 필요가 절실해졌다. 왜냐하면 그의 깊은 통찰이 정통 그리스도교 울타리 '밖'에서 온 것이기에, 오랜 신학적 논쟁으로 흐려지지 않은 안목의 신선함과 선명함을 담고 있기 때문이다.

파람한사 요가난다는 '그리스도교(Christianity)'와 '교회교(Churchi-anity)' 사이에 서로 대치되는 것들이 있다고 말한다. 그리스도인이 된다는 것은 예수 그리스도의 가르침을 신봉한다는 뜻이다. 진정한 그리스도교는 영원한 진실에 뿌리를 내렸으므로 절대 흔들리지 않는다. 하지만 '교회교'는 사람들이 만든 것인데, 어느 모로 봐도 그 사람들 모두가 지혜로운 사람일 수는 없다. 교회들은 오랜 세월 과학의 공격에 대처하는 과정에서 뜻밖의 행운을 누리기도 했지만, 그 공격에 시달려왔다. 요즘 들어 다방면의 학자들이 내놓는 새로운 학설들로 다시 한 번 그리스도교계가 흔들리고 있다. 최근에는 수상한 공상 소설까지 등장하여 그리스도교를 위협하는 모양인데, 그 소설의 배경이 된 학문이라는 게 별로 신통치 않은데도 수많은 그리스도인들의 신앙이 뒤흔들리고 있다. 깨달은 사람의 지혜에 바탕을 둔 그리스도교는 결코 파괴될 수 없다. 그렇기에 요가난다의 주장이 갈수록 절실한 때가 되었다는 애기다. 앞에서도 말했지만 '오리지널 그리스도교'로 돌아가자는 것이 그의 한결같은 주장이다.

내가 이 책을 쓰면서 바라는 것은 오늘의 그리스도인들이 예수 그리스도의 참 가르침을 좀 더 깊이 깨치는 데 조금이나마 도움이 되었으면 하는 것이다. 그때 비로소 그들은 이 시대에 필요한 새롭고 더욱 깊어진 신앙을, 자신들이 유산으로 물려받은 예수 그리스도의 숭고한 가르침에 대한 신앙을 발전시킬 것이라고 믿는다.

제7장

종교와 가슴

종교의 정통성에 대한 과학의 공격과 그에 적절하게 대처하지 못한 정통 종교의 무능에도 불구하고 종교에는 이성만으로는 가닿을 수 없는 중요한 무엇이 있다. 단순한 감상보다 훨씬 깊은 느낌들, 인간의 가슴에 와 닿는 느낌들이 그것이다. 경건한 느낌은 종교적 믿음에서 생성되고 종교적 '경험'으로 강화된다. 느낌이라는 게 없다면 과연 사람이 무엇을 의식할 수 있는지 진지하게 물어야 할 것이다. 느낌이 없는 사람이 진정으로 경건할 수 없다는 것은 분명한 사실이다.

나는 어느 가톨릭 사제를 알고 있다. 가까운 친구인데 언제고 나한테서 '크리야 요가'를 배우고 싶다고도 했다. 한 번은 그와 함께 죽어가는 가톨릭 신자 노인을 방문한 적이 있다. 그녀가 미사에서 그리스도의 성체를 모실 때 느꼈던 기쁨을 우리에게 말했다. 그러다가 내가 가톨릭 신자가 아니라는 것을 알고는 그윽한 눈으로 나를 쳐다보며 말했다. "아, 당신은 자신이 무엇을 잃었는지 모를 거예요."

나는 그녀가 경험했다는 심오한 느낌을 진심으로 칭송해주었다. 동시에 그녀에게 다른 말은 일절 하지 않기로 마음먹었다. 하지만 그녀의 말이 나를 유혹하거나 내 수련을 바꿔 놓지는 못했다. 그녀가 성체성사에서 경험했다는 고양된 느낌을 나 또한 크리야 요가나 다른 수련법에서 경험하고 있기 때문이었다.

그레고리안Gregorian 성가로 표현되는 하느님을 향한 그리움은 사람의 가슴을 위로 끌어올리고 순결하게 해준다. 크리슈나와 라마에게 바치는 비슈누Vishnu 싱가 〈마하만트라Maha Mantra〉의 환희에 찬 노래도 마찬가지다. 자기를 스스로 끌어올리는 경험은 여러 방식으로 가능하다. 나의 구루는 그것을 가리켜 '종교의 로맨스'라고 말한다. 그것은 아래로 깊은 통교보다 위로 높은 올라감이다. 하지만 사랑, 기쁨, 영혼의 확장, 지극한 행복의 신성한 상태를 경험하는 것은 아무리 달콤한 감정으로도 미칠 수 없는 경지다.

그리스도인들이 일방적으로 자기네 신상神像을 경배하는 힌두들을 우상 숭배자로 보고 경멸하는 것은 서글픈 일이다. 그것들은 진정한 의미의 '우상'이 아니다. 하느님과 더 높은 진실에 대한 인간의 이상을 인격화한 것이다. 그러므로 우상 숭배보다 '이상 숭배'라고 말하는 것이 옳다. 정통 종교의 굳어진 도그마를 넘어 초월적인 깨어있음으로, 꼴을 넘어 꼴 없음으로 건너가는 사람이 참으로 드물다. 그리스도인들이 그리스도의 사랑을 기억하려 바라보는 십자가의 그리스도가 우상이 아닌 것처럼 크리슈나의 상像들도 우상이 아니다. 미사 때 성체를 모시면서 면병麵餠에 예수 그리스도가 현존한다고 믿는 그리스도인들 또한 우상 숭배자가 아니다. 그리스도 의식은 없는 곳이 없다. 그런데 어째서 그분을 기억하게 해주는 사물 속에 없는 곳 없는 그분을 모시면 안된다는 것인가?

칼리Kali, 가네샤Ganesha, 사라스와티Saraswati 같은 힌두교 신상 모두가 하느님께 바치는 경건한 전심귀의에 그 목적이 있다. 200년 전 벵골Bengal의 위대한 성인 람 프라사드Ram Prasad는 칼리 모양의 신성한 어머니를 하느님으로 모시고 그분께 귀의한 사람이었는데, 신성한 어머니께 바치는 그의 아름다운 노래에 이런 구절이 있다. '수천의 경전들이 일러주는구나, 네 어머니는 온갖 꼴들을 초월하여 경계가 없는 분이시라고. 그래도 나는 이 신상을 선택하여 그분을 경배하노라.' 한 걸음 나아가, 힌두들은 숭배 기간이 끝나면 칼리, 두르가Durga 등 신상들을 모두 갠지스Ganges강에 띄워 보내며 자신들이 방금 섬기던 이런저런 상像들이 오직 하느님께만 온전히 귀의하도록 도와주려고 경계 없는 그분을 임시로 형상화한 것이었음을 되새긴다.

하느님은 절대 사랑이시다. 하지만 자기들이 알고 있는 사랑, 이를테면 어머니, 아버지, 형제, 친구, 애인에 대한 사랑과 하느님의 신성한 사랑이 엄격하게 다르다는 사실을 이해하는 사람은 거의 없다.

누가 과연 비슈누, 시바, 크리슈나, 라마에 대한 어느 힌두의 사랑이 성체성사에서 예수의 현존을 느끼는 노인의 사랑보다 덜한 것이라고 말할 수 있는가? 심오하고 경건한 전심귀의는 모든 종교에서 하나의 선물이고 신성한 은총이다. 보이는 꼴 그 어떤 것으로도 그것을 담을 수 없다. '신성한 의식'에는 한계가 없기 때문이다.

누가 요가난다에게 진화에 끝이 있느냐고 물었다. 그가 답했다. "없어요. 끝이 없음에 이르기까지 계속해서 앞으로 나아가야 합니다." 모든 것이 은총이라면 왜 꼴이 있어야 하는가? 은총이 신성한 어머니 가슴에서 솟는 젖과 같기 때문이다. 그것을 받아 마시려면 컵이 필요하다. 신성한 은총을 탐내는 에고의 구걸이 아닌, 하느님을 향한 인간의 동경이 사랑의 은총을 받아서 진정한 전심귀의로 바뀌는 것이다.

진지한 구도자라면 다른 누구의 진지한 전심귀의가 어떤 꼴이든 비난하지 않을 것이다. 하느님에 대한 우리의 이미지는 여러 모양의 꼴로 나타날 수 있다. 어떤 느낌이든 그것이 우리를 위로 끌어올려준다면 성스러운 것이다. 광신자의 감정은 인간의 느낌을 위로 끌어올려주지 못한다. 오히려 먼저 느낌의 폭을 좁히고, 그런 다음에 남들을 비난함으로써 그것을 아래로 끌어내린다. 감상적인 귀의도 인간의 가슴을 위로 끌어올리기보다는 밖으로 분출시킨다. 가슴에서 솟구치는 에너지가 어느 쪽으로 방향을 잡느냐가 무엇보다 중요하다.

이성의 작용에 지나치게 의존하는 회의론자들이 사람의 종교와 신앙에 상처를 입히고, 광신자들이 자기네 신앙과 다른 신앙을 경멸하여 깎아내려도 하느님을 몸소 체험하여 진정으로 귀의한 사람은 삶의 에너지가 자기 내면에서 솟아오르는 것을 안다. 진정한 종교적 느낌은 외부의 어떤 작용에도 흔들리지 않는 법이다.

진실을 참으로 아는 것은 머리가 아니라 가슴이다. 위를 향한 가슴의 동경이 맑고 순수하면 외부의 어떤 의심과 공격도 그것을 무너뜨릴 수 없다. 하지만 여기에 덧붙여 할 말이 있다. 진지하게 귀의한 사람이라도 자기를 방어하는 자세를 취할 수 있는데, 그렇게 되면 에너지가 아래로 끌려 내려가고 어느새 다른 얼굴의 광신자로 변할 수 있다. 요즘 들어 종교를 변증하는 사람들이 스스로 광신자의 모습을 보여주는 경우가 자주 있다. 그들은 마치 이성의 음성을 가로막겠다는 듯 자기네 종교를 큰 목소리로 외쳐대고, 거기에 동조하지 않는 사람들을 핍박도 한다. 건조한 과학적 탐구와, 머리는 좋지만 영적으로 무지한 학자들 또한 종교적 진실을 추구하는 무수한 사람들에게 상처를 입힌다.

그러기에 종교를 옹호하는 가장 큰 힘은 자기 신조를 지키려는 열성보다 하느님과의 직접적이고 내밀한 통교에서 오는 것이다. 바로 이 내적 통교가 모든 종교의 성자들을 높은 진실의 관리인들로 만들어준다. 그 어떤 광신자가 예수 그리스도와 내밀한 통교를 하는 사람의 고요하고 흔들리지 않는 믿음을 비슷하게나마 따라갈 수 있겠는가? 성 아우구스티누스St. Augustine는 이렇게 고백한다. "주님, 당신이 당신을 위하여 저를 지으셨습니다. 제 가슴이 당신 안에서 안식할 때까지 저는 안식할 수가 없습니다." 비록 뜨거운 열성을 가졌더라도 하느님과 내밀한 통교를 경험하지 못했다면 그 어떤 침례교 신자나 장로교 신자가 이런 고백을 할 수 있겠는가?

프랑스 대중의 사랑을 받는 장 비안네John Vianney 성인이 이렇게 말했다. "하느님이 당신을 얼마나 사랑하시는지 그것을 당신이 알면 기뻐서 죽을 것이다." 과연 얼마나 많은 그리스도인들이 소속 교파에 상관없이 이런 말을 진심으로 할 수 있겠는가?

바야흐로 누군가 그리스도교 울 밖에서, 교리적 신앙이 아니라 신령한 깨달음에 근거해 그리스도의 진실들을 말해줄 사람이 나타날 때가 되었다. 다시 한 번 강조하겠다. 예수 그리스도의 가르침에는 현대 과학이 발견한 진실들을 훨씬 초월한 '우주 실재의 옹근 전체'가 포함되어 있으며, 누군가 그분의 말씀에 담겨있는 참된 의미, 곧 현대 과학이 밝혀낸 것보다 훨씬 깊고 넓은 의미를 드러내 밝힐 때가 되었다. 이제는 신령한 깨달음을 얻은 사람이 초의식적 통찰을 모르는 현대 과학자들과, 종교에 대한 존중은 관두고 아예 닥치는 대로 총질을 해대는 소설가 아류亞流의 무분별한 난센스를 중단시킬 때다. 이 모든 종교적 아웃사이더들은 자신들이 예수 그리스도 당대와 그 이후 실제로 일어난 일에 대한 새로운 정보를 전하는 것이라고 주장한다.

한 마디로 줄이겠다. 이제야말로 인간의 무지로 오랜 세월 지속되어 온 종교적 오류와 함께 그런 것들이 영적으로 '백치 학자들'의 번잡한 수다에 지나지 않다는 사실이 밝혀질 때가 되었다.

제8장

어디서부터 바로잡을 것인가?

나는 어디에 있든 모든 성자들이 종교의 진정한 관리인이라고 여러 번 말했다. 하지만 그들이 속한 교회가 그들의 입을 틀어막을 때 어쩔 것인가? 그들이 교회에서 추방당하고 파문당할 때는? 대다수 그리스도인이 그들의 말을 듣기는커녕 오히려 조롱할 때는? 그리스도교에서는 공식적으로 성자들이 이른바 '운전석'에 앉지 않는다. 교회의 고위층과 어쩌면 대다수 그리스도교 신자들이 그들의 권위를 통제하거나 금지하는 것이 현실이다.

위대한 성자들은 지구별의 모든 나라, 모든 시대, 모든 종교에서 그 모습을 드러낸다. 이 물질주의 시대에도 성자들과 참된 영적 스승들은 이 땅 곳곳에 실존한다. 하지만 대중이 그들에게 '당신 생각은 그런대로 진솔해 보인다. 그러나 우리 인생은 우리 것이다. 왜 우리가 당신 말을 들어야 하는가?' 하면서 등을 돌리는데 그들이 무슨 말을 어떻게 할 수 있겠는가? 참으로 지혜로운 사람은 자기 생각을 남들에게 강요하지 않는다. 예수 그리스도는 말씀하셨다. **"거룩한 것을 개한테 주지 말고 진**

주를 돼지한테 던지지 마시오."(마태오복음 7, 6). (이런데도 그리스도교는 일반적으로 예수에게 유머 감각이 없는 줄 안다!)

이제부터 내가 말하려는 것은 지혜의 음성이면서 일반 상식의 음성이기도 하다. 아래에 나올 성경 본문 해설들은 원저자가 파람한사 요가난다다. 앞서 말했듯이 나는 그의 대언자일 뿐이다. 거의 60년 세월을 나는 그의 제자로 살아왔다. 그는 내가 만난 더없이 위대한 인간으로, 자신의 진면목을 에누리 없이 나에게 보여주었다. 요가난다는 우리에게 위대한 스승들이 왜 어떻게 자기를 서양 세계로 보냈는지 여러 번 말해주었다.

"내가 모신 구루들 인맥의 첫 자리에 계신 히말라야의 위대한 스승 바바지Babaji께서 수제자 라히리 마하사야Lahiri Mahasay(요가난다의 영적 할아버지)에게 이르셨다. '나에게 예수 그리스도께서 나타나, 내 종교에 무슨 일이 일어났느냐? 나의 추종자들이 좋은 일도 많이 했지만 그들 가운데 많은 자들이 하느님과의 직접적이고 내밀한 통교에 대한 나의 메시지를 망각하였다. 우리가 이제 서양 세계로 가서 그 통교의 비결을 다시 일러주어야겠다.'고 하셨다. 그때 바바지께서 라히리 마하사야에게 '예수께서 말씀하신 것은 진지한 구도자의 영혼이 하느님과 하나 되게 도와주는 크리야 요가 수련법'이라고 이르셨다."

예수 그리스도께서 라히리 마하사야의 한 제자를 서양 세계에 보내 특별 수련을 할 수 있게 해주겠다고 바바지에게 약속하셨다는 것이다.

요가난다의 구루 스와미 스리 유크테스와르가 당신 제자에게 이르셨다. "아들아, 예수께서 특별수련을 안내할 요기를 서양 세계에 보내겠다고 약속하셨는데 그 요기가 바로 너다."

요가난다의 메시지는 그가 우리에게 자주 말해준 대로 '오리지널 그리스도교'로 돌아가자는 것이었다. 그리고 한 걸음 더 나아가 '크리슈나가 가르쳐준 오리지널 힌두 요가'를 일반 대중에게 깨우쳐주는 것이었다. 바바지는 제자 라히리 마하사야에게 자신이 『바가바드기타』의 해설자인 크리슈나의 환생임을 일러주었고, 마하사야는 그것을 자기 제자들에게, 요가난다는 우리에게 일러주었다.

나는 요가난다가 『바가바드기타』 해설을 모두 마쳤을 때 그와 함께 있었는데 그가 말했다. "바야흐로 새로운 경험이 태어났네! 이 작업으로 수백만이 하느님을 보게 될 걸세. 수천이 아니라 수백만이라고! 나는 보았지, 나는 알아."

인도의 '사나아탄 다르마'와 예수께서 그것을 완성하러 오셨다고 하신 (**"내가 율법과 예언을 없애러 왔다고 생각하지 마시오. 없애러 온 게 아니라 완성하러 왔소."**) 유대의 위대한 예언 전통 사이에는 미묘한 연결고리가 있다. 나는 성경의 '아브라함Abraham'과 힌두교의 '브라흐마Brahma'에 어원학적 연관이 있지 않을까, 궁금한 적이 있었다.

내가 요가난다를 처음 만나 사제의 관계를 맺고 한 달쯤 뒤였다. 그가 나를 당신의 캘리포니아 사막 피정에 데려가셨다. 거기서 당신의 요가 통신 교재를 구술하였는데 어느 날 밤, 놀라운 이야기를 은밀히 들려주었다. "그리스도께서 태어나셨을 때 그분을 방문한 동방의 세 현자들이 있었지? 그분들이 바로 나를 이곳 서양 세계로 보내신 바바지, 라히리 마하사야 그리고 스와미 스리 유크테스와르라네."

요가난다는 모든 참된 종교들이 근본에서 하나임을 강조했다. 그가 힌두교와 그리스도교의 어떤 점을 특별히 강조했지만 그것들이 서로 배타적이라는 뜻은 아니었다. 그가 이 두 종교를 선택한 것은 특별히 둘 사이에 연결고리가 있기 때문이었다. 힌두교와 그리스도교에는 하느님이 인간에게로 오셨다는 진실에 대한 순수한 가르침이 밑바닥에 흐른다.

셈Sem족의 종교들(유대교, 그리스도교, 이슬람Islam) 가운데서도 그리스도교에는 그 영적 전승 속에 성자들이 있는데, 그리스도교 진실을 제대로 드러내 보여주는 성자들은 하느님과 인간의 직접적이고 내밀한 통교가 영원무궁하신 분 안에서 자유해방으로 가는 유일한 길임을 강조한다.

동양의 종교들(힌두교에서 파생된 불교, 자이나교Jaina, 시크교Sikh 등) 가운데서도 힌두교의 '사나아타 다르마'가 하느님과의 직접적이고 내적인 통교를 가장 크게 강조한다. 실제로 예수 그리스도가 하느님 나라를 말씀하실 때 그 말에 담겨있는 완벽한 영혼 해방과 하느님과의 영원한 합일에 가장 근접한 것이 힌두교의 '카이발랴 모크샤kaivalya moksha'다. 비록 최종적이고 절대적인 운명이 수많은 무지의 곁길을 통과하는 긴 여정 끝에 자신을 기다리고 있음을 아는 힌두는 극히 소수지만, 모든 참된 종교, 달리 말하면 사람이 만들지 않은 종교가 '카이발랴 모크샤'로 사람을 인도하는 것은 분명한 사실이다.

최고 경지에 오르지 못한 종교는 가치가 없다는 말은 하지 않는 게 옳다. 사람이면 누구나 삶과 죽음과 영원에 대한 자기의 소신을 나름대로 가질 수 있기 때문이다. 하지만 하느님이 진정한 계시를 내리실 때까지, 말하자면 인류의 문명이 꽃을 피울 때까지, 수천 년 세월을 기다리셔야 했다는 말은 설득력이 없다. 따라서 예수보다 먼저 살았던 다른 종교의 교사들 모두 사상이 심오한 철학자였을 뿐이라는 그리스도교의 주장은 그 교사들이 예수 그리스도에게 적용할 수 있는 시험들을 모두 통과했다는 사실 앞에서 무력해진다.

기적들? 18세기 인도의 사두 하리다스Hari Das가 하루는 보트로 호수를 건너는데 마침 그 배의 승객 가운데 그리스도교 선교사가 있었다. 선교사는 그를 그리스도교 신자로 개종시키고 싶었다. 하리다스가 그에게 퉁명스레 물었다. "당신이 말하는 예수라는 이가 다른 사람들은 하지 못하는 무슨 일을 한 적이 있소?" 마침 호수를 배로 건너는 중이라 선교사는 예수께서 갈릴래아 호수 위를 두 발로 걸으셨다고 말했다. "그게 전부요?" 사두 하리다스가 한 마디 던지고는 곧장 호수로 뛰어내려 걸었다. 그가 몇 걸음 걸어가자 배가 그의 뒤를 따라갔다.

하지만 어떤 사람이 기적을 일으킨다고 해서 그가 성자라는 것은 아니다. 동양에는 놀라운 초능력을 보여주는 요기들이 있지만 그들 모두가 영적으로 깊은 경지에 들어가 있는 것은 아니다. 하리다스도 잠시 도달했던 영적 경지에서 추락했다고 구루가 나에게 말해주었다.

한 사람의 영성을 입증할 수 있는 건 과연 그가 신성하고 나 없는 (selfless) 절대 사랑에 황홀하게 흡수당했느냐다. 앞서 말했지만 그런 영성은 세상 모든 것에 대한 무無집착, 나 없는 사랑, 조건 없는 친절과 고요와 용서 그리고 흔들리지 않는 내면의 지극한 행복으로 나타난다.

종족에 따라 성향이 다르다는 것도 염두에 두어야 한다. 예컨대 인도 사람들은 명상에 친숙한 편이다. 이에 견주어 미국 사람들은 창의적이고 실질적이다. 율리우스 카이사르Julius Caesar는 유럽의 여러 종족들에 대하여 이렇게 평했다. "튜턴Teuton(오늘의 독일)은 능률적이고 머리가 잘 돌아가서 다른 종족들보다 먼저 윗자리에 오른다. 하지만 자기네가 성취한 것에 스스로 자만하여 마지막에 실패한다. 결국 높은 자리에서 추락한다." 이천 년이 지난 오늘에도 비슷한 말을 할 수 있을 것이다.

골Gauls(오늘의 프랑스)을 두고는 이렇게 말했다. "다섯이 모이면 넷은 동의하고 하나는 '원론적으로' 반대한다." 신통하게도 오늘의 프랑스 사람들을 보면 과연 그렇다.

카이사르는 또 로마인에 대해 이렇게 말했다. "그들은 충성심이 변덕스럽고 어떤 것에도 오래 매달리지 않는다." 오늘의 로마 사람들에게도 적용될 수 있는 평評이다.

여러 나라 사람들이 한 데 모여 낙타에 대한 글을 쓰게 되었다는 이야기가 있다. 미국인은 곧장 비행기를 타고 카이로Cairo로 날아가 고급호텔에 머물며 거리의 낙타를 관찰하고, 사막에 가서 낙타를 본다. 그러고는 자기가 직접, 그러나 겉으로만 본 낙타에 대해 쓴다. 영국인은 경비를 절약해 런던 동물원으로 가서 한두 마리 낙타를 본다. 그러고는 자기가 본 것을 신중하고 자세하게 적는다. 독일인은 가까운 도서관에 가서 낙타에 대한 모든 정보를 수집하여 읽고 주註까지 달아 한 편의 논문을 작성한다. 하지만 실물 낙타는 보지 않는다. 인도인은 자기 방으로 들어가 창문을 닫고 연꽃자세로 앉아서 낙타에 대해 잘 쓰인 글을 자기 무릎에 던져달라고 하느님께 기도한다. 이 놀라운 이야기를 들려준 사람은 인도 캘커타Calcutta에서 온 내 친구 힌두교인이다.

이와 같은 종족들 사이의 다른 점에는 분명한 진실이 담겨있다. 실로 우리는 그렇게 서로 다르다는 점에 고마워해야 한다. 그것이 흥미로운 다양성, 말하자면 '양념'을 인류 파노라마에 뿌려주기 때문이다. 서로 다른 종족들 사이에 널리 알려진 차이점이 있는 건 엄연한 사실이다. 서양인이 보는 눈은 대체로 물질주의적이고 외향적이다. 반면에 동양인, 특히 인도인의 눈은 좀 더 신비스럽고 영적이고 내향적이다.

종교에 대한 동양인, 특히 인도인의 견해에는 비인격적인 성향이 있다. 이런 견해가 그들의 삶에도 물론 영향을 미친다. 보통 사람들은 어려운 일이 닥칠 때 '왜 나한테 이런 일이?'라고 묻는다. 하지만 동양인, 특히 인도인은 뒤이어 이렇게 생각한다. '그래, 맞아. 빛과 어둠, 즐거움과 아픔, 기쁨과 슬픔… 이런 것들이 뒤섞여 있는 게 인생이지.'

서양에서는 '왜 나한테 이런 일이?'에 이어서 보통 이렇게 생각한다. '뭔가 달라져야 해!' 서양인은 자신의 반응을 일반화시켜 '무슨 일이 가능할 것인가?' 아니면 '사태를 이보다 나아지게 하려면 내가 할 수 있는 일은 무엇인가?'를 생각한다.

서양의 기질은 천성이 관료적이고 책임을 강조하는 성향이 있다. 동양은 좀 더 열려있고 융통성이 있다. 이 두 기질이 서로 어울려 균형을 이루어야 한다. 인간을 완성으로 이끄는 길이 바로 균형에 있기 때문이다.

하지만 우리는 여기에서 예수 그리스도가 동양적인 분이었음을 지적하지 않을 수 없다. 그의 가르침에는 우리가 '동양의 숙명론(eastern fatalism)'이라고 부르는 것이 명백하게 들어있다. 그의 말씀을 들어보자.

"그러니 무엇을 먹을까, 무엇을 마실까, 무엇을 입을까, 그런 걱정 따위 하지 마시오. 그건 이방인들이나 하는 걱정이오. 그대들한테 무엇이 필요한지를 하늘 아버지께서 다 알고 계시오. 먼저 하느님의 나라와 그분의 올바른 길을 찾도록 하시오. 그러면 다른 모든 것을 덤으로 얻게 될 것이오. 부디 내일 일을 당겨서 걱정하지 말고, 내일 일은 내일에 맡기시오. 하루의 괴로움은 그날 하루 겪은 것으로 충분하오."(마태오복음 6, 31-34).

(우연이겠지만, 이 마지막 문장 또한 번뜩이는 그의 재치를 보여준다. 우리는 이렇게 말하며 빙그레 웃는 그의 모습을 그려볼 수 있다.) 이것은 우리가 미국인 고위급 관리한테서는 기대할 수 없는 너무나도 엉뚱한 권면이다.

그래서 나는 동양 종교를 공부하는 것이 그리스도인들에게도 그들의 종교에 대한 새롭고, 어쩌면 더 깊은 통찰을 가져다주리라 생각한다. 동양의 관점 – 특히 힌두교의 관점으로 알려진 것 – 은 그 자체가 비인격적인 성격을 지니고 있어 현대 과학이 발견한 것들을 쉽게 받아들인다. 인도 사람들은 현대에 와서 발견된 우주의 광대함에, 우주 시간의 엄청난 길이에, 지구별의 상대적 왜소함에, 인간이 만물 가운데 차지하는 자리의 초라함에 별로 당황하지 않는다. 이런 과학의 발견들이 동양인, 특히 인도 사람에게는 별다른 도전이 되지 않는다.

힌두교 경전들은 처음부터 광대무변한 우주를 언급한다. 우주의 나이가 수백억 년이나 되었다는 현대 천문학자들의 말은 인도에서 일찍부터 예견된 사실이다. 인도의 고대 현자들은 우주가 모습을 드러내는 '브라흐마의 낮'이 수백억 년 지속되고, 그 뒤를 같은 길이로 '브라흐마의 밤'이 이어진다고 말한다. 그 가르침에 따르면 이 우주의 '낮과 밤들'이 끝없이 되풀이된다. 하느님이 천지창조를 엿새에 마치고 이렛날에 쉬셨다는 성경의 창조 이야기에 견주어 보면 힌두교가 그리스도교보다 현대 과학의 발견들을 더 쉽게 받아들일 수 있는 까닭을 충분히 이해할 것이다.

힌두교에서 믿는 것 가운데 대다수 그리스도인이 받아들이지 않는 것이 바로 환생 도그마다. 힌두교 신자들은 오랜 세월 그것을 받아들이고 있다. 그리스도교는 환생이 그리스도의 가르침이 아님을 공식적으로 확인한다. 하지만 앞에서 보았듯이 그리스도의 가르침에는 환생을 암시하는 말씀들이 있다.

동양과 서양의 관점에서 근본적으로 다른 것은 우주 창조를 보는 방식이다. 인간은 사물을 볼 때 그 '바깥에서' 본다. 그렇게 조각 작품을 주조鑄造하거나 깎아 만들고, 선과 색으로 캔버스에 그림을 그리고, 쇠를 녹여 기계 부속품을 만들고, 그것들을 죄거나 용접한다. 반면에 생명은 언제나 '안에서 밖으로' 자란다. 동양의 관점은 자연스럽게 창조를 생성生成(becoming)의 과정으로 보는 경향이 있다.

한 인간 존재가 어떻게 형성되는지 살펴보자. 먼저 정자와 난자, 두 세포가 결합하고 그것이 다시 분열한다. 이 과정이 되풀이되면서 몸이 형성된다. 식물은 작은 씨앗에서 자라난다. 달리 말해 생명은 인간이 만들어내는 것들과 전혀 다른 방식으로 그 모습을 나타낸다. 미국의 시인 조이스 킬머Joyce Kilmer가 노래했듯이, '오직 하느님만이 나무를 만들 수 있다.'

생명을 보는 인도 사람의 관점도 바깥의 무엇이 자연을 제조했다기보다 안에서 생성되었다는 쪽으로 기운다. 고대 인도의 지혜는 하느님이 당신의 '꿈'으로 우주를 존재하게 하셨다고 말한다. 달리 말하면 그분이, 당신의 '떨어져 있음(aloof)'과 항상 '지켜보는 본성(watchful nature)'을 조금도 흐트러뜨리지 않고서 우주가 '되셨다'는 얘기다.

그리스도인들은 우주 마법사처럼 모자에서 우주를 튀어나오게 하는 하느님을 상상한다. 내가 알기로는 그리스도교 그 어디에도 천지창조에 대해 진지한 질문을 용납할 구석이 없다. '하느님이 천지를 창조하셨다. 그랬으면 됐지 무얼 더 알겠다는 거냐?' 대부분 그리스도인들이 교회에서 듣는 대답이다. 하지만 힌두교의 가르침은 신약성서와 마찬가지로, 우주의 비롯됨을 사실적으로 해명한다. 성 요한이 쓴 복음서의 첫 문장에서 하느님은 우주가 되시는(becoming) 분으로 묘사된다.

"모든 것이 비롯되기 전에 말씀이 있었다. 말씀은 하느님과 함께 계셨고 하느님과 같은 분이셨다. 그분은 처음부터 하느님과 함께 계셨다. 모든 것이 그분을 통하여 있게 되었고 그분을 떠나서는 아무것도 있지

못하였다. 있게 된 모든 것이 그분의 생명을 나누어 받았는데, 그분의 생명은 사람들의 빛이었다. …말씀이 사람으로 되어 우리 가운데 사셨고 우리는 그분의 영광을 보았다."(1, 1-4, 14).

이 구절에는 생각할 거리가 많다. 비록 '말씀이 사람으로 되어 우리 가운데 사셨다.'라는 문장 때문에 성 요한이 예수 그리스도 한 분만을 가리킨 것처럼 보이긴 하지만, 모든 것이 그분을 통하여 '있게 되었다.' 천지를 나타내신 하느님의 진동振動(vibration), 말씀이 천지로 '되셨다(be-came).' 말씀이 천지를 주조한 게 아니라 그것이 '되었다'는 이야기다.

다음 장들에서 좀 더 자세하게 파람한사 요가난다의 설명을 전달해보겠다. 일단 지금은 이 한 질문에 집중해보자. 무엇이 하느님인가(What is God)?

제9장

무엇이 하느님인가?

많은 그리스도인들이 하느님을 미켈란젤로Michelangelo가 바티칸 Vatican 시스티나Sixtina 성당 천장에 그린 인자한 모습의 노인으로 상상한다고 한다. 그 유명한 그림에서 하느님은 첫 사람 아담을 손가락으로 가리키고 있다. 그리스도인들은 일반적으로 하느님을, 예수 그리스도께서 일러주신 대로 '하늘에 계신 아버지'라고 생각한다.

한편, 저토록 광대한 우주의 비인격적 창조주와 신인동형적 하느님 사이에 다리를 놓을 수 없는 사람들이 딴에는 훨씬 논리적으로 흡족해 보이는 개념들을 생각해내기도 한다. 그것들 가운데 상당히 과감한 것이 '존재의 우주적 바탕'이다. 사람들은 이런 개념을 제시하면서 틀림없이 그 철학적 정교함에 스스로 흐뭇해할 것이다. 하지만 그들은 자기네가 어떤 선명한 이미지도 제시하지 못한다는 사실을 알고 있다. 그분을 직접 경험한 모든 사람이 말하는 대로 하느님이 과연 사랑이시라면 그와 같은 정의가 우리 모두 그분에 대하여 분명히 알고 있는 '전지전능하신 이'를 배제하는 것은 아닌가?

하느님은 단순한 추상이 아니다. 바람, 번개 또는 그냥 에너지 같은 힘도 아니다. 어떤 사람이 무한하신 분에 '존재의 우주적 바탕'이라는 명함을 붙였다고 해서 그분을 이해했다고 할 수 있는가? 딸기잼 담은 병에 '딸기잼'이라는 이름표를 붙일 수는 있다. 하지만 뚜껑을 열고 딸기잼을 먹어보지 않은 사람에게 그 이름표는 아무 의미도 없다. '존재의 바탕'이 무엇을 의미하는지, 그걸 누가 말할 수 있는가? 거기에다 '우주적'이라는 말을 보태면 그 의미가 더 분명해지는가?

좋다. 그러면 '사랑'이라는 말은 무슨 의미가 있는지 묻고 싶은 사람이 있을 것이다. '사랑'이라는 말을 자기가 직접 경험한 무엇에 연결시키지 않고서는 누구도 사랑이 무엇인지 알 수 없다. '사랑'이라는 단어는 말 그대로 하나의 단어일 뿐이다. 영어를 모르는 프랑스인에게 '러브love'는 아무 의미 없는 말로 들릴 것이다. 프랑스 말을 모르는 스코틀랜드 사람에게 '아무르amour'라고 하면 가시나무 숲으로 덮인 '무르moor(황무지)'가 떠오를 것이다. 이 말이 그냥 우스개로 들리지 않았으면 좋겠다. 내가 하려는 말은 어떤 개념이든 그것이 무엇인지를 우리가 아는 유일한 방법은 자신이 직접 경험해서 아는 것에 그 개념을 결부시키는 일이라는 것이다.

그렇기 때문에 '하느님은 사랑'이라는 말도 인간의 구체적 경험에 결부되어야 이해할 수 있는 말이다. 스페인에서는 '내가 너를 사랑한다.'가 '떼 끼에로Te quiero'인데 '내가 너를 원한다.'는 뜻이다. 같은 말이 이탈리아에서는 '티 보글리오 베네Ti voglio bene'인데 '내가 너를 위해서 가장 좋은 것을 원한다.'는 뜻이다. 둘 다 '욕망'을 암시한다. 하지만 하느님의 신성한 사랑은 인간의 온갖 욕망을 초월한다. 그런 사랑을 어떻게 무슨 말로 개념화할 수 있겠는가?

산스크리트어로 사랑을 가리키는 말이 몇 마디 있는데 그중 대표적인 것들이 '카마kama' 곧 욕망, '바크티bhakti' 곧 헌신, 그리고 '프렘prem'은 나 없는 사랑, 하나인 '자아'의 자기표현, 친절한 느낌으로 모든 것을 끌어안는다는 뜻이다. 이 세 번째 사랑은 평범한 인간 존재로서 가장 이해하기 어려운 사랑이다.

그러므로 답은 무엇이든 우리가 이미 아는 데서 시작하는 것이다. '존재의 우주적 바탕'이라는 개념은 우리가 딛고 설 어떤 바탕도 제공하지 못한다.

우선 남성 대명사 '그(He)'에서 시작해보자. 우리가 이 말을 배타적으로 남성에 동일화한다면 동등한 여성의 실재를 간과하거나 거부하는 것이다. 반대로 우리가 하느님을 가리켜 '그/그녀(He/She)'라고 부른다면 어느 한쪽에 기울지 않는다는 점에서 흐뭇할지 모르나 그렇다고 해서 무엇이 분명해지는 건 아니다. 하느님은 여성이면서 남성이다. 맞다. 하지만 그분은 여성도 아니고 남성도 아니다. 인도의 위대한 성인 아난다 모이 마Ananda Moy Ma는 '무한 의식'을 두고 이렇게 말했다. "그면서 그 아니고, 그 아니면서 그 아닌 것도 아니다." (이 중에서 어느 하나를 잡을 수 있겠는가?)

보통 하느님을 남성 대명사 '그분'으로 부르는 것은 그분을 배타적인 남성으로 생각할 때만 문제가 된다. '그분'은 적어도 영어권에서는 중성적 대명사다. 이 말은 '사람(one)'을 가리키는 대명사로 쓰인다. "사람이 밥을 먹는 것은 '그'가 ('사람'도 아니고 '그/그녀'도 아닌) 자기를 사랑하는 것이다." 우리는 사람을 가리켜 말할 때 '그것'이라 하지 않고 '그'라고 한다. 나는 개인적으로 하느님을 '우리 어머니'라고 즐겨 부른다. 그분을 일부러 '그녀'라고 부른다면 오히려 조작된 느낌이다.

우리 모두 인간이다. 인간의 이해에는 어쩔 수 없는 한계가 있다. 그러므로 처음부터 제한된 말을 서로 나눈다는 사실을 전제하고 말해야 한다. '아버지'는 하느님에 연관시킬 때 절대적 개념이 아니다. 절대적 개념으로 사용할 때도 '어머니'가 그 안에 포함되어야 한다. 이보다는 논리적인 정확성을 얻으려는 노력을 그만두고, 명료하지는 않지만 분명히 경험할 수 있는 개념, 우리 모두가 알게 모르게 갈망하는 한결같은 지복 쪽으로 마음을 집중하는 것이 훨씬 간단하고 납득이 되며 그래서 오히려 분명하다.

서양인들은 아리스토텔레스의 사고방식에 익숙해서 '이것 아니면 저것'으로 생각한다. 인도에서는 그와 다른, 어쩌면 더 합리적인 사고방식 '그 둘 다'가 통한다. 서양 사람들에게는 두루뭉수리처럼 보일 수도 있겠지만 이런 관점이, 하도 광대하고 비인격적이라서 도무지 이해할 수 없는 실재를 눈앞에 둔 그리스도인들에게 그 딜레마에서 벗어나는 길을 제시할 수 있다.

하느님을 몸으로 경험한 모든 성자들이 '그분(또는 그 여자분)'을 '사랑 자체'로 묘사한다. 배타하지 않고 서로를 포용하는 데서 우주 보편의 위대한 가능성이 열린다. 이 책을 읽는 당신에게 진심으로 권한다. 당신이 하느님을 완벽하게 규정할 수 있다고는 결코 생각하지 말라. 당신 가슴으로 그분의 현존을 느끼려고 노력해보라. 그 경험이 쌓일수록 실제로 존재하시는 하느님이 그만큼 다가올 것이다.

인간의 어떤 개념으로도 하느님의 신성한 의식을 담을 수 없다. 예수 그리스도께서 말씀하셨다. **"하느님 앞에서는 참새 한 마리도 잊히는 법이 없소. 그대들 머리카락까지도 낱낱이 세어두신 바 되었으니 두려워 마시오."**(루가복음 12, 7). 그분의 말씀은 결국 하느님의 의식이 무한히 광대하면서 무한히 세밀하다는, 그러기에 그분이 거대한 은하계와 극히 작은 원자를 아울러 보신다는 결론에 이른다. 실제로 하느님이 전지전능하시다는 개념에 도전한 신학은 없었다. 그러니까 이 개념은 하느님을 비인격적이면서 인격적인 분으로 생각하라고 우리에게 요구하는 것이다.

하느님은 우리에게서 필요하신 게 없다. 그런 점에서 완전 비인격적이다. 하지만 우리 자신과 연관된 자리에서는 대단히 인격적이시다. 그래서 당신이 지으신 우리 모두가 저마다 절대 지복에 이르기를 바라신다. '사나아탄 다르마'는 이렇게 인격적이면서 비인격적인 하느님을 잘 말해주고 있다.

크리슈나가 『바가바드기타』에서 설명한 대로, 하느님은 당신의 '꿈'으로 천지만물을 존재하게 하신다. 그분은 밖으로 어떤 것도 주조하지 않으신다. 바깥에서 주조할 무엇이 없기 때문이다. 있다면 오직 그분의 의식이 있을 뿐이다. 나무가 씨에서 나고 동물이 암수 두 세포에서 자라듯이 '무한 영靈'도 '각자의 중심에 있는 무한'으로부터 모든 것을 존재하게 한다. 말하자면 존재하는 모든 것의 중심에서 밖으로 꿈을 꾸는 것이다.

기교적으로 사람이 만든 인조 직물은 막혀서 아무것도 통과시키지 않지만, 자연이 만든 직물은 중심으로 통하는 구멍이 있어서 그리로 생명의 기운이 통과한다.

그래서 나의 구루가 하느님의 신성한 의식을 가리켜 '어디에나 있는 중심, 어디에도 없는 변두리'라고 말했던 것이다. 이는 예수 그리스도께서 **"하느님 나라는… '여기 있다.' 또는 '저기 있다.'고 말할 수 없으니 하느님 나라는 바로 당신들 안에 있소."**(루가복음 17, 21)라고 하셨을 때 그 말씀에 담으신 것과 같은 의미다.

성경의 많은 가르침들이 은유나 비유로 되어있다. 위에 인용한 예수의 말씀은 암시적이라기보다 은유적이다. 이렇게 묻는 사람이 있을 것이다. 그 나라가 '무엇 안에' 있다는 건가? 나라들은 넓은 영토를 소유한다. 하느님 나라는 여기나 저기에 있는 나라가 아니라는 예수의 말은 무슨 뜻인가? '가슴 깊은 곳'이라고 말하는 사람도 있을 것이다. 하지만 어떤 외과의사도 인간의 흉부에서 '나라'를 발견하진 못했다.

문자적인 해명을 계속해보자. 모든 것의 중심(center)에 계시는 하느님은, 그러니까 모든 원자의 가슴(heart)에 거하신다. 그분은 우리 인간이 '안에서 밖으로' 이루어진 존재임을 아신다. 그러므로 우리의 생각과 느낌의 지극히 작은 부분도 모두 아신다. 실로 그 모든 생각과 느낌들이 바로 그분이다.

그러면 '나라'는? 이 단어로 그분이 뜻하신 것은 무엇인가? 이 하나는 분명하다. 시간과 공간이 하느님의 신성한 의식 안에서는 환각이라는 것. 그러므로 창조 또한 환각이다.

최근까지도 인류는 이 모든 일을 하느님이 '행하셨다'고 믿는 것으로 만족했다. 그분의 '마법'은 당연히 인간의 인식 능력을 초월한 것이었다. 마술사가 모자에서 토끼를 뛰쳐나오게 하듯이, 그렇게 우주를 만드셨다고 할 수 있었다. 하지만 원자들의 상호 작용에 대한 현대 과학의 통찰과 더불어 무한 세계에 대한 인간의 이해가 그 폭을 넓히면서 과연 하느님이 '어떻게' 천지를 창조하셨는지 그 방법에 의문을 제기할 수 있게 되었다.

이게 끝이 아니다. 과학의 설명은 당신을 기대한 것보다 훨씬 멀리 데려간다.

앞에서 말했듯이, 현대 과학은 물질이 에너지의 수없이 많은 진동振動들로 이루어진 것임을 밝혀냈다. 요가난다는 에너지의 진동이 전체 그림의 한 부분에 지나지 않는다고 말한다. 아주 미세한 차원에서 에너지는 생각의 진동이 투영된 것이고, 생각은 뜻이 투영된 것이고, 뜻은 순수의식의 투영이다. '위없이 높은 영'의 고요가 움직임을 일으켜 우주를 만들어냈다는 얘기다.

파람한사 요가난다는 천지창조의 전모를 이렇게 설명한다. 영靈, 언제나 고요하고 움직이지 않는 절대 지복인 영이 제 의식의 한 부분으로 움직임을 일으킨다. 그런데 움직임 자체가 절대적인 것이 아니고 어느 한 쪽을 향하게 되어있어, 이쪽이 있으면 그와 반대되는 저쪽이 있어야 한다. 그래서 '무한 의식'이 이원二元의 원리, 산스크리트어로 '드와이타 dvaita'의 원리를 지니게 된 것이다. 한 방향으로의 움직임은 반대 방향의 동등한 움직임으로 보정補正되어야 한다. 그렇게 해서 소리굽쇠가 중앙의 멈춤 상태에서 한쪽으로 움직여 끝이 부딪칠 때 소리가 나는 것이다.

파람한사 요가난다는 소리굽쇠보다 이해하기 쉬운 이미지로 파도가 끊임없이 오르내리는 바다를 말한다. 파도가 아무리 높이 쳐도 바다의 수위에 변화를 가져오지는 못한다. 위로 오르는 움직임이 아래로 내리는 움직임과 짝을 이루기 때문이다. 물마루마다 물마루 사이의 골을 수반하는 법이다.

우주가 창조되어도 그로 인해 '영원한 영'이 손상되거나 영향 받는 것은 아니다. '진동'이란 중앙의 정지된 상태에서 서로 반대되는 쪽으로 움직이는 걸 말한다. 바로 이 이원 또는 드와이타의 원리 위에서 물질 우주뿐 아니라 겉으로 드러나 보이는 모든 것이 존재하게 되었다.

여기서 우리는 하나의 심오한 영적 진실을 만난다. 요가난다가 '상징적으로 표현된 근본적 우주 진실'이라고 말한 그리스도교의 삼위일체, 아버지와 아들과 성령이 그것이다. 전통적인 가정에서 아버지는 식구들을 먹여 살리느라 밖에 나가서 일한다. 저녁에 귀가해도 어머니보다는 집안일에 간여를 덜 한다. 이와 비슷하게 하느님 아버지도 당신이 만드신 세상을 먹여 살리지만 거리가 좀 떨어져있다. 어머니는 성령을 상징하는데 집안일을 관리하고 지탱하는 역할을 한다. 이 둘의 합일에서 나온 것이 아들이다. 창세기에 이런 기록이 있다.

"맨 처음, 하느님께서 하늘과 땅을 지어내실 때 땅은 꼴 없이 텅 비었고, 어둠이 깊음을 덮었고, 하느님의 영이 물 위를 휘돌았다."(1, 1-2).

여기서 우리는 요가난다의 바다 이미지를 만나게 된다. 광대무변한 바다 위로 물결을 일으키는 바람처럼 '휘돌아 움직이는' 하느님이 당신 의식을 진동시켜 온갖 물결을 일으키는 '위없이 높은 영'을 우리에게 보여준다.

영이신 하느님이 곧 물결들이다. 그분이 무無에서 그것들을 만들어내신 게 아니다. 가없는 의식의 바다 위에서 일어나는 헤아릴 수 없이 많은 생각들의 진동이 우주다. 그 거룩한 진동이 성경의 '거룩한 신神' 또는 '거룩한 영'을 이룬다. '신'이란 말은 눈에 안 보여도 스스로 의식이 있는 실재를 가리키는 말이다. '위없이 높은 영'은 본질상 움직임 너머에 있고 따라서 모든 이원二元을 초월한다. 움직임은 누가 만들어낸 게 아니다. 오히려 그것은 '존재 자체'인 '위없이 높은 영'의 자기표현이다. 천지창조가 의식으로 생겨난 것이기에, 실은 의식의 자기표현이기에, 어떤 움직임에도 손상되지 않는 '위없이 높은 영'이 창조된 것들을 통해 존재하는 것이다. 우주의 '고요'가 모든 원자들에 투영돼있다.

고요하여 움직임이 없는 의식은 거리를 두고 떨어져있을 뿐 아니라,

햇빛이 수많은 유리 조각들에서 빛나는 것처럼 모든 사물 안에 하나의 투영으로 현존한다. 그 투영된 현존은 모든 창조물 가운데서 없는 곳이 없다. 그렇게 모든 창조물에 없는 곳 없이 투영된 '위없이 높은 영'이 곧 우주 만물이다. 그것이 하나면서 유일하게 참된 그리스도다. 그를 가리켜 '하느님의 외아들'이라고 부르는 것은 은유에 지나지 않는다. 그 '무한 존재'에 의식적으로 녹아든 사람은 모든 곳에 충만한 의식을 지닌다.

한번은 내가 구루에게 물어보았다. "사람이 어떠한 경지에 이르면 세상에서 '스승(Master)'이라 불릴 수 있을까요?" 그가 답했다. "그리스도 의식에 도달해야 하네."

그리스도는 꼴이 없다. 그가 없는 곳이 없기 때문이다. 바다가 모든 물거품에 현존하지만 어느 물거품도 스스로 바다라고 할 수 없듯이, 우주적 그리스도의 영이 예수한테서 나타났지만 그의 육신을 두고서 그리스도라고는 할 수 없는 일이다. 누구든지 그리스도 의식과 하나 된 영혼은 자기가 동떨어진 존재라는 느낌과 생각을 더 이상 지니지 않게 되고, 그리하여 세상에서 '스승'이라는 이름으로 불리게 된다.

이 말이 신성모독으로 들리는가? 부디 다음의 진실을 숙고해보기 바란다. 예수는 자기가 얼마나 위대한 존재인지를 보여주려고 이 땅에 태어난 사람이 아니었다. 그가 세상에 온 것은 우리 모두 안에 얼마나 엄청난 가능성이 있는지를 보여주기 위해서였다.

'나와 아버지는 하나'라는 말이 신성모독이라고 반발하는 유대인들에게 그가 한 말을 들어보자. **"당신네 율법에 기록되기를, '내가 너희를 신이라 불렀노라.' 하지 않았소? 이렇게 하느님 말씀을 받은 사람들을 모두 신이라고 불렀소. 성경은 폐할 수 없는 것이오. 그런데 지금 당신들은 아버지께서 거룩하게 하시어 세상에 보내신 사람이 '내가 하느**

님 아들이다.'라고 말했다 하여 그가 불경스러운 말을 했다고 하는 것이오?"(요한복음 10, 34-36).

이제까지 말한 것을 미루어 생각하면 이런 진실이 대중에게 널리 알려지기 전에 그에 대한 오해의 두터운 층層들을 벗겨야 할 것이다. 생각해보자. 어떻게 하느님이, 그 무한하신 영이, 이 지구별에 삼십여 년쯤 살았던 한 사람을, 수억만 은하계에서 그 한 사람을, 당신 외아들로 낳았겠는가? 어떻게 그 한 사람이 알 수 없는 이유로 특별하단 말인가?

당신이 넓은 대륙에 살면서 현대 과학이 발견한 우주의 실상은 모두 배위 알지만 예수 그리스도가 우주를 창조한 전지전능한 영의 외아들이라는 건 모른다고 치자. 그런 당신에게 대서양 건너 작은 섬에서 온 선교사가 말하기를, 자기네 종교를 창설한 이가 하느님의 외아들이라고 한다. 당신은 무슨 생각이 들겠는가? '섬사람답게 견해가 좁군.' 그가 한 걸음 나아가 그 사람을 하느님의 외아들로 믿고 받아들여서 구원받으라고 한다. 당신은 이렇게 묻지 않겠는가? "구원? 무엇으로부터 구원이오?"

생각해보라. 그 선교사가 과연 당신을 회개시키는 데 성공하겠는가? 당신이 조금이라도 상식 있는 사람이라면 못할 것이다. '무지로부터' 돌아서는 건 물론 바람직한 일이다. 하지만 또 다른 '무지로' 돌아서는 건 바보짓이다. 그 선교사의 노력을 달리 어떻게 설명할 것인가?

영적이고 과학적인 진실이 동떨어진 밀실에 보관되어야 한다는 주장에는 정당성도 없고 그래야 할 이유도 없다. 그런데 누구나 알고 있는 현실 앞에서 허무맹랑한 주장을 종교의 이름으로 고집하는 사람들이 있는 것도 엄연한 현실이다.

하지만 이런 모순들은 해체될 수 있다. 파람한사 요가난다는 과학과 종교를 결합시킨 진실을 그리스도인들에게 설명하려고 미국에 파견된 사람이었다. 실제로 그의 가르침은 상대적일 수밖에 없는 과학의 해명보다 훨씬 높은 차원을 가리킨다. 생명이 없는 곳 없는 신성한 것임을 보여주고 있기 때문이다. 나아가서 그는 인류에게, 마침내 모든 피조물에 주어진 사명이 우주적 환각을 넘어 언제나 존재하고, 언제나 깨어있고, 언제나 새로운 지복인 자신의 영원한 본성을 회복하는 것임을 보여준다.

그동안 축적된 오해의 두터운 층들을 모두 벗겨내려면 상당한 분량의 삽질이 필요하겠지만, 과연 내가 그 일을 좀 더 분명하게 해낼 수 있을지는 두고 보자.

지금은 누가 우리인가(Who are we?), 진정한 우리 자신인가를 물어보기로 한다.

제10장

누가 우리인가?

"그 자리에 있던 율법학자 하나가 예수께서 지혜롭게 대답하시는 것을 보고 물었다. '모든 계명 가운데 어느 것이 으뜸가는 계명입니까?' 예수께서 이르셨다. '첫째 계명은 이스라엘아, 들어라. 주 곧 우리 하느님이 유일한 주님이시다. 네 마음을 다하고 목숨을 다하고 뜻을 다하고 힘을 다하여 주님이신 네 하느님을 사랑하라, 하신 것이요, 둘째 계명은 네 이웃을 네 몸 같이 사랑하라, 하신 것이니 이보다 큰 계명은 없소.'

"율법학자가 말하였다. '옳습니다, 선생님. 한 분이신 하느님 말고 다른 하느님이 없다는 말씀, 과연 옳은 말씀입니다. 또, 마음을 다하고 지혜를 다하고 힘을 다하여 하느님을 사랑하는 것과 이웃을 제 몸 같이 사랑하는 것이 모든 번제물과 다른 제물들을 바치는 것보다 낫지요.' 예수께서 그의 슬기로운 대답을 듣고 이르시기를, '당신, 하느님 나라에서 멀지 않소.' 하셨다."(마르코복음 12, 28-34)

내가 처음 쓴 책 『미궁 밖으로*Out of the Labyrinth*-믿고 싶은데 믿을 수 없는 사람들을 위하여』에서 나는 서로 대조되는 두 문장을 인용했다. 하나는 프랑스 철학자 장 폴 사르트르Jean-Paul Sartre고 다른 하나는 인도 고전古典이다. 장 폴 사르트르는 인간 진화의 낮은 단계를 두고 이렇게 말했다. "무엇을 보는 것은 그것 아님을 보는 것이다." 인도의 『타잇티리야 우파니사드Taitiriya Upanisad』는 위없이 높은 존재를 가리켜 이렇게 말한다. "여기 한 인간 안에 있는 영과 저기 태양 안에 있는 영이 한 영이고 다른 건 없다!"

현대 과학의 지식에 근거하여 단순한 관점에서 '누가 우리인가?'에 답해보자. 나는 '바탕을 둠(based on)'이라고 말하겠다. 유물론적일 수밖에 없는 과학이 의식 자체를 두뇌 활동의 산물로 보기 때문이다. 여전히 과학은 물질을 에너지의 진동으로만 본다. 개별적으로 에너지가 생각의 진동 아닐까 추측하는 과학자들도 있는 것 같긴 하다. 여기에서 생각이 의식의 진동임을 아는 데까지는 그리 대단한 정신적 도약도 필요 없다. 프랑스 철학자 르네 데카르트Rene Descartes가 말했다. "나는 생각한다, 고로 나는 존재한다." 유명하지만 틀린 말이다. 의식이 생각보다 나중에 있는 무엇이 아니기 때문이다. 그것은 다른 무엇의 산물일 수 없다. 깊이 깨달으면 그에 대한 언급을 망설이게 된다. 데카르트의 말을 이렇게 바꾸는 것이 좀 더 진실에 가까울 것이다. "나는 내가 존재한다는 것을 안다. 고로 나는 생각한다."

아빌라의 테레사는 기도하는 사람이 맑게 깨어서 아무것도 생각할 수 없을 때 기도의 네 번째 단계가 온다고 말했다. 거듭 말하지만 생각은 낮은 수준의 의식 작용이다. 그것은 초의식이 아니라 의식하는 마음(conscious mind)에 속한다.

조금 전에 생각했던 주제로 돌아가자. 본질적인 두 질문에 관한 것이다. 첫째, 하느님이 어떻게 천지만물을 창조하셨는가? 둘째, 그분은 어떻게 인간들을 창조하셨는가? 처음에는 그분의 의식 말고 아무것도 없었다. 그분이 무엇을 창조하셨다면 그 의식에서 창조하셨을 수밖에 없다. 의식 자체가 모든 창조된 것들의 근본 실재다. 그럼 우리 인간은 어떻게 어디에서 온 것인가? 그것도 하느님의 무한 의식이 자기를 나타낸 것일 수밖에 없다. ("**그분을 떠나서는 아무것도 있지 못하였다.**")

그리고 마침내 어디에서 어떻게 우리의 자기 알아차림(self-awareness)이 오는가? 이 또한 하느님의 의식에서 온 것일 수밖에 없다. 하느님, 그분만이 우리의 '무한 자아'다. 실로 그렇지 않을 수 없다. 자기 알아차림에서 의식이 결핍되는 일은 깨어있음의 수준이 낮을 때만 있는 일이다. 진보한 피조물의 높은 수준에서는 의식이 결핍되는 법이 없다. 분리된 개인도 가장 높은 수준에서는 오롯이 의식만이 자각하는 '절대 하나'로 초월이 가능하다.

과학자들은 의식이 두뇌 활동의 산물이라는 믿음에 머물러있다. 그들은 언제고 컴퓨터가 정교해지면 사람처럼 의식할 수 있으리라고 생각한다. 사람이 만든 기계들이 봉기하여 저를 만든 사람에 저항한다는 내용의 소설이 20세기 초에 출판되기도 했다. 하지만 최소한의 신체 조직을 가진 지렁이조차도 저에게 닥치는 위험을 감지하고 몸을 굼틀거릴 줄 안다. 지렁이 굴 이쪽에 전기충격 장치를 두고 저쪽에 지렁이가 좋아하는 물질을 두어서 이쪽을 피하고 저쪽으로 가도록 훈련시킬 수도 있다.

의식이 두뇌 활동에 앞선다는 것은 입증된 사실이다. 의식은 실로 모든 것 안에 현존한다. 그것은 화강암의 '기반 실재(bedrock reality)'이기도 하다. 최종 분석에 따르면 천지만물 모든 것이 '무한 의식'의 방사放射다.

정통 과학은 물질이 에너지의 진동으로 구성된다고 말한다. 그러면 왜 바위들이 저렇게 단단해 보이는가? 왜 우리 몸이 이렇게 실물처럼 보이는가? 어째서 텅 빈 허공이 무서운 폭풍으로 거센 힘을 과시하는가?

다시 한 번 소리굽쇠를 생각해보자. 그것이 진동하면 왔다 갔다 하는 움직임의 폭만큼 어떤 물체가 있는 듯 보인다. 빠르게 돌아가는 프로펠러는 단단한 원판처럼 보인다. 이처럼 엄청난 속도의 진동들이 우리 주변에서 이런저런 모양들로 저를 나타내는 것이다. 모든 사물들이 서로 다른 파장으로 진동하는 에너지의 자기표현일 따름이다.

에너지 또한 무수한 생각들로 형상화되는 의지(will)의 진동으로 생성되는 것이다. 몸에서 흐르는 에너지도 의지의 힘에 의존한다고, 요가 난다는 말한다.

그러니 모든 것이 의식이다. 모든 것이 하느님이다. 전체 우주에 다른 무엇이 있을 수 없다. 당신과 나는 여러 면에서 다르게 보인다. 신체도 다르고 성품도 다르다. 그런데 만일 몸과 성품이 사라지면 우리에게 무엇이 남을까? 의식이 몸과 뇌와 성품의 바탕이라면 우리에게는 여전히 자각이 남을 것이다. 아주 조금이라도 자기에 대한 의식이 남아있다면, 예를 들어 '나는 슬프다'거나 '나는 행복하다'는 생각이 남아있다면 그에 어울리는 개체가 어렴풋하게라도 있다는 얘기다.

자, 이제 막연한 자기 알아차림마저 사라진다면? 그러면 무엇이 남을까? 답은 뻔하다. 의식 자체 말고 다른 무엇이 남을 수 있겠는가?

이것이 붓다 이후에 태어나 그를 전혀 이해하지 못한 사람들이 당면한 딜레마다. 인간의 모든 성품과 기질이 카르마의 소멸과 함께 사라지면, 아울러 모든 개체들이 사라지면, '니르바나nirvana'에 무슨 의미가 있으며 무엇이 남는가? 그렇다, 하나가 남는다. 의식 자체다.

모든 파도가 잠잠해져도 바다는 바다로 존재한다. 의식은 무엇의 산물이 아니다. 그것은 스스로 있다. 그로부터 만물이 나타나는 하나인 실재(the One Reality)가 의식이다.

많은 사람이 누가 하느님을 만들었느냐 묻는다. 답은 간단하다. 아무도 없다! 그럴 수 있는 무엇이 없다. 인과응보는 상대 세계에서만 가능한 것이다. 지존至尊이신 하느님은 상대 세계를 초월하신다. 하느님 말고는 아무것도 실재하지 않기 때문에 그분은 절대다. 따라서 어떤 무엇도 그분을 상대할 수 없다.

의식이 있다고 말하는 것 외에 그것을 정의할 다른 방법이 없느냐고 묻는 사람이 있을 것이다. 글쎄다. 문제는 나 자신을 어떻게 논리적으로 설명할 것이냐다. 이 상대 세계에서는 모든 사람이 자기가 경험하는 무엇으로 그에 반대되는 무엇을 암시한다. 평화는 그에 반대되는 갈등, 분쟁 또는 평화의 부재를 암시한다. 빛은 어둠을, 힘은 그것이 미칠 상대를, 에너지는 움직임을, 잠재된 에너지조차 잠재된 움직임을 암시한다. 행복 또한 그에 반대되는 불행을 암시한다. 사랑의 완성이라고 할 수 있는 지복만이 고요한 기쁨으로서 절대적인 것이다. 하나의 감정인 기쁨은 솟구치는 파도에 비길 수 있다. 파도가 솟구쳤다가 내려가듯이 기쁨 또한 때가 되면 슬픔으로 가라앉는다. 모든 감정이 끝없는 파도처럼 저와 저 아닌 것 사이를 왔다 갔다 한다.

여기서 논리 자체가 입증되는 무엇을 실제로 경험하기까지는 의심의 눈으로 볼 필요가 있다. 논리도 실재하는 무엇에 근거해야 하기 때문이다. 느낌도 그렇다. 그것도 실재하는 무엇에서 나오는 것이라고 해야 한다. 아무것도 없는 무無에서는 나올 수 없다. 있는 것이 없는 데서 나올 수 없듯이, 느낌도 이 연역의 범주에 포함되어야 한다. 어떤 느낌이 있다는 건 그것이 아무 느낌도 없는 데서가 아니라 실재하는 느낌의 '저장고'에서 나왔다는 말이다. 절대 의식이 존재한다면 느낌 또한 그 의식의 한 표현이어야 한다.

사람이 에고에서 나오는 감정으로서 경험하는 느낌의 파도가 잠잠해지면, 그것들은 느낌의 고요한 '저장고'로 가라앉아야 한다.

한 가지 질문이 남는다. 이 광대한 느낌의 본성은 무엇인가? 그것이 혹시 불행일 수 있는가? 천만에! 불행은 무엇이 결핍한 줄 아는 데서 오는 것이고, 그 앎이 없으면 있을 수 없다. 오직 절대적 충족만이 절대적 만족인 완전함을 줄 수 있다. 의식 자체가 스스로 존재하고 스스로 충만하다는 단순한 사실만이, 의식하는 느낌 또한 절대적이고 스스로 존재하고 자체로서 완전한 것임을 말해준다. 반면에 감정적인 기쁨은 절대적이지 않다. 그에 반대되는 슬픔을 동반하지 않을 수 없기 때문이다. 온갖 감정적인 오르내림이 사라진 뒤에 남는 것은 지복이다.

이렇게 논리는 우리를 멀리 이끌어 불가피한 결론으로 가는 길을 보여준다. 하지만 논리만으로는 완전한 만족이란 없다. 기껏해야 그 너머의 지복으로 가는 현관을 가리킬 따름이다. 그러므로 지복은 하나의 위없이 높은 진실, 설명할 수 없고 경험할 수 있을 뿐인 진실을 남겨둔다. 그것을 논리 전개로 추리할 수는 있지만 논리가 할 수 있는 일은 여기까지다. 그래서 상키야Sankhya 철학이 '이스와르 아쉬드하Iswar Ashidha'라고, 하느님은 설명되지 않으며 설명될 수 없다고 하는 것이다.

여기서 다시 우리는 '초의식적 경험'을 언급할 수밖에 없다. 자기 깨달음을 성취한 모든 성자들이 경험한 것은 동일하다. '하느님이다. 그렇다. 하지만 지복이신 하느님이다.'

무엇이 자기를 깨닫는 것인가? 우리는 보통 '자아'를 말할 때 자기 몸, 인품, 자신에 대하여 스스로 만든 몇 가지 정의를 머리에 떠올린다. 그 안에는 남들과 다른, 그들과 떨어진 자아에 대한 경험이 포함된다. 달리 말해서, 다른 사람들의 중심으로부터 떨어져있는 자신의 중심에 우리의 의식이 깔려있다는 얘기다. 어떻게든 남들로부터 떨어지면 자기를 소외시키는 상황이 벌어질 수밖에 없다. 대개 그 상황이 자신에 대해 이런저런 정의를 내리게 한다.

자, 이제 그 상황이 완전 종식되면 무엇이 어떻게 될 것인가? 파람한사 요가난다는 '어디에나 있는 중심, 어디에도 없는 변두리'라는 말로 그것을 서술한다. 우리에게 자신에 대한 정의를 내리게 만드는 상황들이 모두 사라지면 남는 건, 의식하는 지복이 저 자신을 알든 아니면 아무것도 모르든 둘 중 하나일 것이다.

자기 깨달음을 이룬다는 말은 더없이 깊은 바탕에서 자기가 그 영원하고 절대하고 무한하고 언제 어디서나 지복인 '자기(the Self)'임을 발견한다는 말이다.

여러 세기 전에 인도의 스와미 샹카라는 붓다를 비롯해 깨달음을 성취한 모든 스승들이 인정하는 위없이 높은 진실, 곧 하느님이 항상 존재하고 항상 깨어있고 항상 새로운 지복이라는 진실에 대한 깨달음으로 불교의 무신론 도그마에 맞섰다. 우리 모두 '절대 지복'의 개체적인 투영이다. 그래서 우리 모두 고통을 피하고 행복을 찾으려 애쓰는 것이다. 앞서 말했듯이 우리는 스스로 내린 자기 정의들로 에워싸여, 그것들이 우리 삶의 '환경'을 이룬다. 하지만 우리 안에는 그렇게 자기를 정의하는 무엇, 실재하는 무엇이 있다. 그리고 모든 자기 정의가 사라지면 그것들로 만들어진 환경도 함께 사라진다.

양파를 생각해보자. 양파 껍질을 모두 벗기면 아무것도 남지 않는다.

껍질과 껍질로 이루어진 게 양파다. 하지만 우리 안에는 무엇이 있다. 실재하는 무엇이다. 그 '실재하는 무엇'이 바로 스스로 의식하는 지복이다. 이 과정을 거친 모든 사람이 그게 영원토록 거기 있음을 '경험'으로 알고 있다. 지복이다. 물론 우주적 지복 또한 스스로 깨어있다.

당신과 나의 에고가 껍질을 벗고 본질로 돌아가면 더 이상 네 것 내 것이 없다. 우리 모두가 영원한 자아, 위없이 높은 영의 자기표현이다. 그래서 모든 영적 추구의 목표를 '자기 깨달음'이라는 합성어로 서술하는 것이다.

존재하는 모든 것이, 온갖 피조물과 에고로 사는 인간 존재들이, 지극히 복된 자기 알아차림(Self-Awareness)의 나타남으로 존재한다. 모든 영적 추구의 목표가 그 '무한 자아' 속으로 다시 흡수되는 것 말고 다른 것일 수 없다.

요가난다는 가스버너의 불꽃을 예로 든다. 모든 불꽃이 개별적으로 나타나 보이지만 그 모두가 하나인 가스의 자기표현임을 우리는 안다. 모든 불꽃을 그 나타난 모양으로만 보면 서로 다른 화학 입자들이 불꽃을 일으키는 것으로 볼 수 있다. 하지만 실은 그 모든 불꽃이 버너에 들어 있는 가스가 겉으로 그렇게 나타난 것이다.

이와 같이 우리 모두가 독특하다. 요가난다는 『어느 요기의 자서전』에서 '모든 원자가 개성을 부여받았다.'고 썼다. '위없이 높은 영'이 존재하는 모든 사람의 참 자아다. 어디에나 있는 중심인 '영원한 실재'가 개체적으로 나타난 모든 것들의 중심에 존재한다.

이 심오한 진실이 의미하는 바는 당신과 나와 우리 모두가, 우주에 존재하는 모든 것들이, 한 '실재'의 자기표현이라는 사실이다. 우리 모두가, 스스로 규정한 자기 정체의 작은 뭉치들이 서로 다른 개체를 벗어두고 자신이 무한하고 영원한 '지복의 자아'임을 깨쳐야 한다.

원자 한 알을 포함하여 존재하는 무엇을 아는 것은 존재 자체의 비밀을 아는 것이다. 하지만 우리는 자기 자신 말고 어떤 것도 알 수 없다. 거북이는 그림의 아름다움을 알 수 없고 섹스 중독자는 독신 생활에서 오는 내적 자유를 알지 못한다. 창조된 것들 가운데 우리가 경험으로 알 수 있는 것은 오직 자신의 자아, 본인의 에고뿐이다. 존재하는 무엇을 아는 것은 바다의 물거품 하나가 전체 바다를 아는 것과 같다. 한 인간이 바다의 광대함과 태풍으로 요동치는 바다의 무시무시한 힘을 안다고 말할 수는 없는 일이다. 인간 하나가 '절대 의식'에 이르는 것은 물거품 하나가 바다로 돌아가는 것과 같다.

모든 구도求道의 절정은 이어지는 깊은 명상 속에서 우리의 작은 자아를 하느님께 들어 바침으로써만 이루어진다. 깊은 영적 수련으로 마침내 하느님 안에 녹아들면 그 영혼은 전지전능해진다.

중요한 진실이 하나 더 있다. 전지전능한 가운데서도 사람은 자기가 일정한 기간 에고의 형태로 나타난 존재임을 잊어서는 안된다. 여기서 우리는 어떻게 모든 생명체가 자기 보존 본능을 깊숙이 지니고 있으면서도 그것을 스스로 놓아버리고 하느님 안에 녹아들어 영원한 목적을 이룰 수 있느냐는 딜레마가 해소되는 것을 본다.

그래서 예수 그리스도는 말씀하셨다. **"제 목숨을 지키려 하는 자는 잃을 것이고 나 때문에 자기 목숨을 잃는 사람은 얻을 것이오."**(마태오복음 10, 39). 그분이 '자기 십자가를 지라.'고 말씀하신 것도 일시적이고 완전할 수 없는 육신의 목숨을 하느님께 바치라는 게 아니라 더없이 깊은 뜻에서 자기를 바치라는 의미로 새겨들어야 한다. 그보다는 자신의 한정된 자기 깨어남 자체를 하느님께 들어 바치는 것이다.

하느님 안에서는 아무런 상실이 없다. 하느님은 우리의 더없이 깊은, 더 가까울 수 없이 가까운 실재다. 파람한사 요가난다는 그분을 가리켜 '더 사랑스러울 수 없이 사랑스러운 분'이라고 부른다. 신성한 전지전능에 도달한 영혼은 한때 동떨어진 자기 정체로 살았던 기억을 결코 잃어버리지 않는다.

그러니 예수 그리스도가 태어나셨을 때 그분으로 오신 것은 무한하신 하느님의 추상적인 나타남이 아니라 하느님의 '무한 의식'이 구체적 인간의 몸으로, 자기에 대하여 충분히 깨어있는 상태로 나타나신 것이었다. 요한묵시록에 기록된 대로 예수님이 **'내가 이기고 나서'**라고 말씀하신 것은 옳은 말이었다. 그분은 결코 분실될 수 없는 개체의 살아있는 나타남이었다. 어떤 의미로든 그분은 '추상적 절대'의 단순한 나타남이 아니었다. 비록 그분이 당신의 개체성을 깊은 뜻에서 초월하시긴 했지만, 그래도 그분은 인류를 구원하러 이 땅에 오셔서 사람들과 더불어 사셨다. 실제로 그분이 '온 인류를 구원하러' 오신 게 아니라면, 적어도 **"당신을 영접하고 당신을 믿는 자들"**(요한복음 1, 12)을 구원하러 오신 분이었다.

제11장

무엇으로부터의 구원인가?

'구원받는다'는 말이 무슨 뜻인가? 한번은 누가 나에게 물었다. "그리스도께서 당신 죄로 죽으셨음을 믿습니까?" 내가 그에게 되물었다. "하느님이 어떻게 죽지요?"

물론 그가 무슨 말을 한 건지, 어떤 사람이 구원받았느냐고 물을 때 무슨 뜻으로 그렇게 묻는 건지 우리는 안다. 그들은 예수 그리스도를 구주로 영접하느냐고, 또는 그분이 당신 죄를 사하시려고 십자가에 달려 돌아가신 것을 믿느냐고 묻는 것이다.

'구원받음'의 반대는 '영원한 지옥에서 벌 받음'이다. 그런 형벌을 받는 이유는 우리 죄가 너무 무거워서 우리를 지옥으로 끌어내리고 거기에서 벌을 받게 하기 때문이다.

자, 우리가 그 정도로 무거운 죄를 짓지 않았다면? 실제로 누가 아직 젖먹이였을 때 죽어서 죄 지을 시간조차 없었다면? 그렇다면 어찌 되는 건가? 아니면 요가난다의 말대로 우리의 선행과 악행이 균형을 이루어서 죽을 때 하늘로 올라가지도 않고 지옥으로 떨어지지도 않는다면? 모든 것이 수수께끼로 만들어진 퍼즐 같다. 사랑이신 하느님이 어떤 사람을, 그가 아무리 나쁜 죄를 저질렀다 해도 영원한 지옥 불에 던져버리신다는 끔찍한 교리를 어떻게 지성인이라는 사람들이 믿는단 말인가? 하기는 둥근 지구에서 아래로 떨어지는 건 우주 공간으로 들어가는 거라고 설명하는 지성인들도 있더라만. 지성인들도 때로는 말이 안되는 신조를 고집할 수 있다.

한번은 파람한사 요가난다가 에이미 셈플 맥퍼슨Aimee Semple McPherson이라는 유명 부흥사의 집회에 참석한 적이 있다. 그녀가 설교 도중에 열변을 토했다. "당신들 모두 죄인입니다. 무릎을 꿇으시오!"

요가난다가 나중에 말했다. "그 자리에 그냥 서있는 사람은 나 하나였소. 내가 죄인이라는 말을 받아들일 수 없었거든."

그는 늘 우리에게 말했다, "가장 고약한 죄는 자기 자신을 죄인이라고 부르는 것이다. 왜 자신이 저지른 잘못에 자신을 일치시키는가? 차라리 '잘났든지 못났든지 나는 하느님 자식이다.' 이렇게 말해라." 또 그는 말했다. "결코 자기를 포기하지 않는 죄인이 성자다." 자기가 죄인인 것을 강조하면 우리는 계속해서 죄를 지으려는 에고한테 핑곗거리를 제공할 따름이다. 하지만 예수께서 그러셨듯이 스스로 완전해질 가능성을 강조하는 것으로 우리는 마침내 완전해질 때까지 담대하게 물레질을 계속할 수 있다.

인간의 죄악을 받아들이는 것은 그것을 확고하게 굳히는 것이다. 실로 많은 사람이 자신의 겸손을 남에게 보여주려고 그렇게들 한다. 하지만 겸손은 자신을 부끄러워하는 것이 아니다. 어떤 사람이 계속해서 땅바닥에 뒹굴며 티끌을 머리에 뒤집어쓴다면 그의 마음이 땅과 티끌과 자기 머리에 있는 것이다. 반면에 누가 밤하늘을 우러러 자기가 얼마나 왜소한 존재인지를 일러주는 별들을 바라보는데 자신의 왜소함보다 그것을 일러주는 찬란한 별들을 생각한다면 그 사람은 아주 잘하는 거다. 자신의 왜소함을 통하여 무한하신 분을 바라보기 때문이다. 겸손의 비결은 '자기를 잊어버리는' 데 있다. 자신의 겸손을 큰 주제로 삼는 사람은 자기 자신을 큰 주제로 삼는 것이다.

내가 신참 제자였을 때, 뭘 좀 안다는 교만한 마음을 극복하려고 깜냥에 노력하던 시절이 생각난다. 어느 날 아침 잠자리에서 일어나다가 자신의 겸손에 스스로 자만하고 있는 나를 보고 깜짝 놀랐다.

요가난다는 자주 우리에게 말했다. "겸손은 아바위 속임수가 아니다!" 간단하다. 자기를 생각하지 않는 데서 오는 것이 겸손이다. 겸손에 대하여 당신이 뭐라고 말하느냐는 문제가 아니다. 아시시의 프란체스코 같은 성자들이 '나는 죄인이다.'라고 말하는 것은 그들에 대한 세상의 칭송을 비켜가려는 것이었다. 그런 점에서 요가난다도 자기를 비난하듯이 말하는 데 망설이지 않는다. 하지만 실제로 그의 겸손은 그의 눈길이 언제 어디서나 한 인간 존재인 자기 자신을 떠나 다른 데로 향하고 있음을 의미한다. 앞에서도 말했지만, 나는 그가 이렇게 말하는 것을 직접 들었다. "에고라는 의식이 없는데 어떻게 겸손할 수 있는가?"

분명 구원은 우주 안에 있는 에고 중심의 작은 한 점點, 오랜 세월 스스로 하느님한테서 분리되었다는 착각에 빠져 끝없이 이어지는 작은 몸으로 살도록 저주받은 인간 존재의 미망으로부터 구출되는 것이다. 많은 그리스도인들이 죽어 하늘나라에서 몸으로 영원히 사는 것을 구원이라고 상상한다. 만일 작은 몸뚱이와 인간성에 갇혀서 영원토록 사는 게 그들이 생각하는 구원이라면 지옥이 그보다 더 나쁘겠냐는 질문에 뭐라고 답할 것인가?

진실로 구원이 의미하는 바는 하느님이 유일하고 영원한 진실이고 모든 존재의 모든 행위, 모든 생각, 모든 느낌 그리고 우주의 무생물처럼 보이는 모든 것들 배후의 유일한 실재임을 깨달아 에고 의식으로부터 자유로워지는 것이다. 우리가 마침내 제한된 자아상相의 장벽을 무너뜨리고 의식을 확장시켜 '위없이 높으신 영'인 하느님, 항상 존재하고 항상 깨어있고 항상 새로운 지복과 하나가 되기까지 우리의 작은 에고 자아들은 우리와 함께 있을 것이다.

앞에서도 말했지만 우리의 '자기 알아차림'은 영원한 자유 안에서 결코 없어지지 않는다. 다만 무한하게 확장되어 '우주 영靈'과 하나로 될 뿐이다. 하느님 안에서는 아무것도 분실되지 않는다. 당신의 에고가 무한하신 분 안에서 해체되더라도, 여러 생을 거치면서 당신 몸 또는 다른 몸으로 살았던 어느 특별한 개체의 기억은 남는다. 예수처럼 깨달은 영혼이 다른 영혼들을 끌어올리려고 세상에 올 때, 그렇게 온 존재는 우주의 추상이 아니라 자신의 오랜 기억을 고스란히 간직한 바로 그 사람이다. 예수님이 **"하늘 아버지께서 온전하신 것처럼 그대들도 온전한 사람이 되시오."**(마태오복음 5, 48)라고 말씀하신 게 바로 그런 뜻이었다.

그러므로 구원은 예수를 영접하지 않으면 받는다는 영원한 지옥 형벌의 운명에서 벗어나는 게 아니다. 우리의 진짜 '운명(fate)'은 우리에게 지워진 '신성한 팔자(divine destiny)'라고 해야 할 것이다. 우리 모두 끝에 가서는 구원받지 않을 수 없다. 그때까지 얼마나 오래 걸리느냐는 우리 각자에 달린 문제다. 결국은 우리 모두 구원받는다. 마침내 진정한 자유를 받아들여 자기 에고를 그 앞에 항복시킬 때까지, 우리 모두가 유산으로 받은 신성神性은 결코 우리를 떠나지 않는다.

사람들이 일반적으로 받아들이는 지옥의 운명에 대하여 생각해보자.

여기 도시 빈민굴에서 한 아이가 태어난다. 아무도 그에게 어떻게 사는 것이 제대로 사는 건지를 가르쳐주지 않는다. 그가 아는 삶이란 도시 정글에서 살아남는 거다. 이득을 취하든지 아니면 이득을 빼앗기는 거다. 남을 거꾸러뜨리느냐 아니면 제가 거꾸러지느냐. 누구를 죽이느냐 아니면 누구한테 죽느냐. 그가 갱단에 들어가는 건 너무나 당연한 일이고, 그가 생각하는 건 오직 자기를 안전하게 지키는 것이 전부다. 그는 나이 열여덟에 갱들의 전쟁터로 뛰어들어 누군가를 죽이다가 결국 저도 죽는다.

생가해보자. 그리스도교 정통 교리에서 말하는 운명이 그를 기다리고 있다. 지옥의 영원한 형벌이다. 누가 그에게 묻는다. "자네 여기서 무얼 하고 있나?" 그가 뭐라고 대답하겠는가? "보면서 뭘 묻는 거야? 나는 아무 기억도 나지 않는다. 그저 모두가 겪는 일을 나도 겪는다고 생각할 뿐. 게다가 갈수록 여기에 익숙해지는 중이다."

유한한 원인은 절대로 무한한 결과를 낳지 못한다.

한번은 미국에서 파람한사 요가난다가 오렌지색 스와미 복장으로 열차를 탔다. 마침 같은 열차에 동승했던 그리스도교 설교자가 '이교도'를 보고 큰소리로 물었다. "당신 예수 그리스도를 믿소?" 요가난다가 답했다. "아, 예. 믿습니다." 어? 이건 기대했던 답이 아니잖은가? 그가 다시 물었다. "예수 그리스도를 당신의 유일한 구주로 영접했다고?"

스와미가 조용한 어조로 답했다. "나는 하느님을 내 구주로 모십니다. 그분이 예수 그리스도뿐만 아니라 깨달음을 성취한 여러 아들들을 이곳에 보내시어 당신의 구원 역사役事를 이루신다고 나는 믿어요."

그러면 그렇지! 설교자가 성난 목소리로 으름장을 놓았다. "예수 그리스도를 유일한 구주로 영접하지 않으면 당신, 지옥에 떨어질 거요!"

(그날 열차에 탄 사람들 모두가 둘의 대화를 귀 기울여 듣고 있었다.)

그리스도교 나라에 파송된 그리스도교 선교사가 그에게 말했다. "글쎄, 나는 어쩌다가 그리로 가게 될지 모르겠으나, 당신은 벌써 가있군요?" 그 성난 얼굴이 지금 자기가 '사람의 머리로 이해할 수 없는' 그리스도의 평화에서 한참 멀리 떨어져있음을 여실히 보여주고 있었다. 열차 안 사람들 모두 폭소를 터뜨렸다.

우리가 에고 의식으로 사는 한, 그래서 좋아하는 것과 싫어하는 것, 가까이하고 싶은 것과 멀리하고 싶은 것, 만족스러운 것과 실망스러운 것 따위에 휘둘리며 사는 한 자기가 만든 지옥에서 살 수밖에 없다. 에고 중심은 끝없이 이어지는 불만, 상실, 실패와 절망으로 우리를 초대한다. 요가난다는 자주 크리슈나를 인용해 탄식조로 말했다. "스스로 만든 고통과 재난의 바다를 떠나라!"

예수께서도 탄식하셨다. **"예루살렘아, 예루살렘아, 네가 예언자들을 죽이고 너에게 보내어진 이들을 돌로 치는구나. 암탉이 병아리를 날개 아래 모으듯이 내가 네 자식들을 품으려 한 것이 몇 번이더냐? 그러나 너희는 원치 않았다."**(마태오복음 23, 37).

스스로 지혜롭고 많이 안다고 생각하지만 자기 내면의 영적 본성에 관해서는 아는 바가 없는 사람들, 그들은 마침내 자신의 에고가 자기 안에 영원토록 거주하는 '참 자아'의 탈에 지나지 않는다는 신성한 진실을 깨칠 때까지 거듭되는 고통을 경험할 수밖에 없다.

진실의 옹근 전체가 한 경전에만 들어있다고 주장하는 것은 어리석다. 19세기 어느 무슬림 군주는 『쿠란Quran』에만 모든 진실이 담겨 있다는 확신에 차서 이집트 기자Giza의 거대한 피라미드를 대포로 공격하였다. 그의 눈에 거대한 기념물이 무함마드의 '완전한 계시'에 대한 도전으로 보였던 것이다. 하지만 그 거대한 돌무더기가 너무 완강해서 대포로는 끄떡도 하지 않아 결국 포기하고 말았다. 그 대포가 입힌 상처는 너무나 미약해서 거의 눈에 띄지도 않는다.

종교의 목적은 사람들을 하느님께 가까이 가게 하는 것이다. 어느 고대 문서가 우리한테 익숙한 가르침과 비슷한 내용을 새로운 각도에서 보여준다면 그것을 고맙게 받아들이지 않고 오히려 무시 또는 배척하는 까닭이 무엇인가? 왜 그것을 비난하고 탄핵하는가? 그 어떤 문명한테도 우주의 진실을 독점할 권리는 없다. 중요한 것은 하나인 '진실'이 여러 다른 방식과 언어로 자기를 나타낸다는 사실이다.

거듭 말한다. 오늘 이 시대보다 훨씬 더 오래 전에 기록된 인도 경전에 현대 과학이 발견한 우주에 대한 설명과 비슷한 내용이 들어있다면 어째서 '진실이 어디에 담겨있든, 누가 그것을 밝혔든, 아무튼 그것을 배울 수 있어서 행복하다.'고 말하지 않는가?

지질학자 J. H. F. 엄그로브Umbgrove는 자신의 논문 「지구의 심포니 *Symphony of the Earth*」에 이렇게 썼다. "이와 같은 현대의 생명과 물질에 대한 성찰이 사회와 종교의 체제 속으로 농축될 것인지 아닌지는 아무도 미리 말할 수 없다. 하지만 그것들이 『브라흐마 우파니사드*Brahma Upanishad*』의 어떤 내용을 우리에게 되새겨주기에는 충분하다."

이 책의 목적은 예수 그리스도의 가르침에 대한 새로운 견지, 종교적 도그마나 무슨 학자들이 받았다는 '계시'가 아니라 신성한 깨달음에 근거한 견지를 소개하는 데 있다. 하느님은 때로 인류 역사를 간섭하신다. 예수 그리스도의 강림을 통해서도 그리 하셨다. 그분의 가르침은 진실의 위없이 높은 계시에 바탕을 둔 것이었다. 예수 그리스도야말로 모든 진지한 구도자들의 깊은 존경을 받아 마땅한 위대한 스승이셨다. 하지만 당신께서 몸소 예견하셨듯이 그분의 가르침이 훗날 사람들의 무지로 인해 일그러지고 뒤틀린 것은 그리스도교 역사의 커다란 비극이었다.

인류가 정신과 육체와 영적인 면에서 오랜 세기 지속된 암흑기를 거치며 물질만이 유일한 실재라고 확신하게 된 무렵 그리스도교가 세상에 알려졌다.

따라서 그리스도인들은 자기네 종교를 유물론적 세계관에 결부시켰다. 인간의 지식이 발달하여 우주가 얼마나 광활하고 미세한지 알게 되면서 사람들은 자신들이 아는 것과 현실이 얼마나 다른지를 발견하고 그 신앙이 흔들리기 시작했다. 하지만 그런 와중에도 인간의 정교한 재능은 도전에 맞서 겨루었다. 그리하여 대다수 그리스도인들은 진실이 두 가지 형태, 하나는 영적으로 다른 하나는 과학적으로 존재한다는 결론을 내렸다.

하지만 근래 많은 학자와 소설가들이 예수 그리스도의 신성에 대한 사람들의 믿음을 흔들어 놓자 '이게 우리 그리스도인의 신앙이 맞는가?'를 묻는 사람들이 늘어났다. 우리는 진지한 그리스도인들이 하느님과 예수 그리스도를 사랑하는 마음에서 이성까지 젖혀 둔 채 전승 받은 신앙을 붙잡고 그것을 유지하려 애쓰는 모습을 볼 수 있다. 그래도 그들 마음속으로 '과연 우리가 정확하게 무엇을 믿을 것이냐' 하는 질문이 파고드는 것은 막을 수 없다. 그들은 하느님과 성경, 그리고 예수 그리스도의 삶과 가르침이 진실하다는 것을 마음속으로 알고 있다. 그 '앎'이 그들의 종교와 신앙의 중심을 이루는 건 사실이다. 그럼에도 갈수록 과학자뿐 아니라 많은 사람들이 그리스도의 역사적 사실에 관하여 이른바 '새로운 계시들'을 쏟아내는 통에 그들의 지성이 흔들리는 것도 엄연한 사실이다. 무엇이 진짜 사실인가? 무엇이 진실인가?

하느님은 여러 차례 인류 역사에 간섭하셨다. 그분의 간섭이 절실히 필요한 때가 있다면 바로 지금이다. 그러므로 내가 이 책에서 이루려는 목적은 신성한 깨달음에 바탕을 둔 영적 뒷받침을 그리스도인들에게 제공하는 것이다. 누가 해도 해야 할 일이다.

제12장
과연, 예수는 특별한 존재가 아니었던가?

지복에 대한 샹카라Sankara의 정의를 파람한사 요가난다가 설명한 대로, '진실'의 매력적인 점은 늘 새롭다는 데 있다. 예수 그리스도의 가르침은 이 세상 어느 한 곳에서 '사나아탄 다르마'로 전해졌을 뿐 아니라, 시간 안에서 영원하고 방법은 달라도 언제나 같은 내용이라는 점에서 완전 일치하는 사나아탄 다르마였다.

한번은 내가 구루에게 물어보았다. "선생님께서 가르치는 것이 새로운 종교입니까?" 그가 조심스레 말을 바꾸어 대답했다. "새로운 표현이지."

예수 그리스도의 가르침 또한 새로운 것이었다. 동시에 그것은 오랜 세월을 거치며 위대한 스승들이 가르쳐온 영원한 진실에 부합되는 것이었다. 하느님의 진실은 결코 썩지 않는다. 그것은 항상 놀랍고 신선하면서 끊임없는 영감으로 가득하다.

그러므로 이렇게 덧붙여 말해야 한다. 예수께서 가르치신 내용이 고대 전승에 포함된 것이었고 당신 스스로도 거듭 유대교 경전을 언급하셨지만, 그 대부분이 새로운 옷을 입은 것이었다. 그분은 오래되었으면서 언제나 새로운 진실을 말씀하셨다. 실로 그것은 새로운 시각時角에서 배워야 하는 오래된 가르침이었다.

대부분 물려받은 고귀한 전통을 그대로 유지하는 데 주력한 인도 고대의 선생들과 달리 그분의 선교에서 볼 수 있는 특이한 점은, 당신의 새로운 전통을 만드셨다는 것이다. 하지만 그것은 사나아탄 다르마에서 조금도 벗어난 것이 아니면서 당대 사람들에게 필요하고, 그들이 잘 이해할 수 있도록 배려해 특별하게 표현된 것이었다.

위없이 높으신 영의 한결같은 새로워짐에는 놀라운 매력이 있다. 한 구도자가 깨달음을 얻어 자신의 에고를 '무한하신 이' 속에 녹여 해체했어도 인간 존재로서의 그가 지닌 특별한 질質(quality)은 상실되지 않는다. 오히려 반대로 자기 영혼으로 표현된 하느님의 실제적이고 영원한 특이성을 마침내 '발견'한다.

정확하게 똑같은 눈송이 두 개는 없다고 한다. 하느님은 저마다 다른 원자들, 요가난다의 말대로 '개성을 부여받은' 원자들 속에 중심을 두실 뿐 아니라 저마다 다른 모든 사람을 통해 당신의 특별한 선율을 노래하신다. 그 어떤 영적 스승도 다른 스승과 똑같은 방식으로는 신성한 영을 표현하지 않는다. 물론 그들 모두가 신성한 완전함, 예컨대 우주 보편적이고 어느 한 인간의 사유물일 수 없는 완전한 사랑의 본질을 표현하고 있다는 건 사실이다. 하지만 동시에 깨달음을 얻은 스승들이 신성한 영을 표현하는 방법은 저마다 독특하다.

이 말은 모든 성자와 스승들이 모든 주제에 관하여 서로 합의한다는 뜻인가? 천만에 말씀! 그렇지 않다. 그들 모두가 '사나아탄 다르마'에 연관된 근본 주제에는 합의하지만 인품과 견해는 사람마다 다르다. 나는 벙어리처럼 말이 없으면서 잘 웃고 떠드는 다른 성자를 좋지 않게 보는 성자를 본 적이 있다. 나의 구루가 한번은 부동산 투기에 대하여 긍정적으로 말한 적이 있는데 그의 제자인 라자르시 자나카난다Rajarsi Janakananda는 노골적으로 그에 동의하지 않았다.

반면에 보통 사람들은 영적으로 깨어나지 못하고 완전 에고 중심으로 살기 때문에 거의 모든 가치관, 견해, 몸짓, 반응하는 방법들을 남한테서 빌려온다.

부모를 일찍 떠나 전혀 낯선 문화 풍토에서 자란 아이는 자기 혈관에 흐르는 것과 다른 새로운 환경의 영향을 내비칠 것이다. 하지만 유전으로 받은 형질이 사람의 세계관, 행동 방식, 인품을 형성하는 데 큰 몫을 담당하는 것 또한 엄연한 사실이다. 그가 자신의 과거 생들로부터 지녀온 기질도 마찬가지거나 심지어 더하다. 그래도 많은 사람들이 현재 처한 주변 환경과 거기 가득한 것들의 영향을 받을 수밖에 없다.

셰익스피어Shakespeare의 연극들은 당대 사람들이 어떻게 살았는지 잘 보여준다. 귀족 집안에서 태어난 아이는 농부 집안에서 자랐어도 어딘지 고상한 품위를 몸으로 보여준다. 반대의 경우도 마찬가지다. 농부 집안에서 태어난 아이는 궁중에서 자랐어도 어떻게든 농부 티를 낸다. 반면에 시골 촌뜨기들 사이에서 자란 귀족 자식은, 뜻밖에 신분이 밝혀져서 자신의 과거로부터 자유로워지기 전까지는 촌스러운 몸짓을 그대로 보여줄 것이다. 본성이 수다쟁이인 마누라는 궁중에서 자랐어도 수다를 떨거나 바가지를 긁는다. 천박한 사람들이 유전으로 물려받은 질質보다 고상한 신분으로 태어나 사는 것은 우리가 주변에서 흔히 보는 현상이다.

언젠가 인도 서부 벵골의 한 기차역에서 무더기로 모인 거지들을 보았다. 저마다 손을 내밀어 적선을 구하고 있었다. 그 틈에 어린 소녀가 있었는데, 역시 손을 내밀기는 했지만 나머지 거지들과 달리 그 눈빛과 태도가 스스로 이렇게 말하는 것 같았다. '뭐야 이거? 내가 지금 뭘 하고 있는 거지? 여긴 내가 있을 자리가 아니라고!' 그녀는 자신의 카르마 때문에 지금 이렇게 비천한 신세인 줄을 마치 아는 것 같았다.

미국에서 우리는 이런 말을 자주 듣는다. "어쩌라고? 이게 나야!" 사람들이 말하는 그 '나'가 누구인가? 그것은 '이게 나'라고 정의하는 생각의 꾸러미에 지나지 않는다.

인간은 운명처럼 낙천적일 수 있다. 얼마 전에 본 만화가 생각난다. 한 남자가 지옥에서 무거운 연자매를 돌리는데 뭐라고 흥얼거리며 콧노래를 부르고 있다. 지나가던 마귀가 그를 가리키며 친구 마귀에게 말한다. "저 인간, 아예 생각이라는 게 없구먼!"

물론 운명처럼 비관적이고 슬프고 화나는 사람도 있다. 이런 얘기를 들었다. 어떤 사람이 식당에서 주문한 음식을 맛보고는 버럭 소리를 질렀다. "이게 사람 먹으라고 만든 건가? 나는 이 식당 주인도 알고 이 마을 유지도 모두 아는 사람이야. 시장도 알고 시의원도 알지. 그런 내게 이런 잡탕을 먹으란 말인가?" 주방장이 새로 음식을 장만해서 직접 가지고 나왔다. 하지만 그 남자, 여전히 화가 잔뜩 난 얼굴로 음식을 노려보다가 이렇게 말하더란다. "치워버려! 정말 사람 미치겠네!"

누구는 행복할 수 있고 누구는 음울할 수 있다. 하지만 스스로 만들어 놓은 자신의 에고를 벗어버리기 전에는, '신성한 빛'이 자기를 관통하여 환히 빛나게 하기 전에는, 아무도 하느님이 주신 본성을 맑게 나타낼 수 없다. 모든 인간이 햇빛을 흐릿하게 통과시키는 때묻은 유리창과 같다. 빛을 환하게 통과시키려면 유리창을 맑게 닦아야 한다. 그래야 비로소 하느님 의식의 빛이 우리를 관통하여 맑고 아름답게 빛날 것이다.

완벽한 자기 자신으로 존재하는 이 땅의 유일한 존재가 성자라고 할 수 있다. 그렇지 못한 사람이 '나는 그저 사람'에 불과하다고 상투적으로 말한다면 이런 대꾸를 듣게 될 것이다. "아니, 당신은 아직 사람이 아니다. 아직 궁극에까지 깨달은 것도, 최고의 잠재성을 발휘하는 것도 아니기 때문이다."

수 세기 전 카시미르Kashmir의 성자 랄라 요기쉬와리Lala Yogishwari는 몸에 아무것도 걸치지 않았다고 한다. 마을 사람들이 왜 옷을 입지 않느냐고 묻자 그녀가 대답했다. "왜 옷을 입지 않느냐고? 주변에 남자들이 없어서 그런다." 그녀 눈에 남자라고 할 만한 사람이 보이지 않았던 거다. 모두가 미망에 사로잡혀 살고 있었기 때문이다. 그러던 어느 날 남자 성인이 그녀를 만나러 왔다. 그녀는 그를 맞아들이기 위해서 급히 몸에 옷을 걸쳤다.

성자들에게도 인품이 있는가? 물론이다. 누구든 인간 존재로 살아가려면 반드시 있어야 하는 게 인품이다. 한번은 나의 구루가 이렇게 말하는 것을 들었다. "다시 환생하게 되었을 때 내가 이번에 지니게 될 인품을 보는데 여름날 입는 코트처럼 거북해 보였다. 하지만 전에 사용해본 것이기에 그냥 그대로 받아들였다."

성자는 결코 에고 의식으로 움직이지 않는다. 이 점에서 성자의 인품과 아직 깨치지 못한 사람의 인품에 차이가 난다. 에고를 하느님께 들어 바치라는 말을 들으면 사람들은 어떻게 그럴 수 있는지 방법을 모르겠다고 한다. 에고 없는 행위라고 해서 아무 움직임이 없는 건 아니다. 에고에서 해방된 성자는 신성한 빛이 자기를 관통하여 흐르는 것을 즐긴다. 그는 다만 에고로 이루어지는 행동을 하지 않을 따름이다. 성자도 분명 자기 몸을 움직여 일한다. 하지만 그 일이 반드시 해야 하는 중요한 일이라서 억지로 하는 게 아니다. 그냥 그 일이 자기를 통하여 이루어지는 것을 바라볼 따름이다. 성자는 앞서 예로 들었던 때문은 유리창처럼 맑게 닦여서 에고로 생겨나는 불순한 것들에 방해받지 않고 자기 본성의 색깔을 그대로 드러내는 사람이다.

여러 해 전에 나는 안방에서 사무를 본 적이 있는데 책상 위로 창이 있어 아름다운 바깥 정원을 내다볼 수 있었다. 하루는 비바람이 심하게 몰아쳐 창문을 온통 진흙으로 더럽혀 창밖이 보이지 않았다. 그 상태로 며칠 지내다가 하루 시간을 내어 밖으로 나가서 그것을 깨끗이 닦았다. 일을 마치고 방안으로 들어왔을 때 맑아진 창을 보고 '오, 아름다운 창이여!' 감탄하던 일이 생생하게 기억난다.

그날 나는 웃으며 깨달았다. 창을 아름답게 하는 것이 곧 선명하게 밖을 볼 수 있는 방법임을! 그때 내가 본 것은 창이 아니라 창 너머 아름다운 정원이었다.

인간도 성자도 마찬가지다. 한 사람이 하느님 은총의 맑은 통로가 될 때 그는 아름다워진다. 하지만 그가 아름다운 것은 다만 그의 인품이 깨끗해져서 너머에 있는 신성한 아름다움을 보여주기 때문이다.

성자들은 세상의 진정한 기인奇人들이라고 할 수 있다. 그들이 '나를 보라!'고 소리쳐서가 아니라 조용한 음성으로 '나를 넘어 진실을, 모든 사람 가슴에 숨어있는 진실을 보라.'고 말하기 때문이다. 성자들은 어떤 의미로든 자기중심으로 살지 않는다. 하지만 그들은 자기 안에 있는 '신성한 자아'에 중심을 두고 다른 사람들의 견해나 자기 자신의 견해에도 크게 마음 쓰지 않는다.

마태오복음 9장에 보면 요한의 제자들이 요한과 예수를 비교하여 두 스승의 길이 서로 다른 이유를 질문하는 대목이 있다.

"요한의 제자들이 와서 예수께 물었다. '우리도 금식하고 바리사이파

사람들도 금식하는데 선생 제자들은 왜 금식하지 않는 거요?' 예수께서 이르셨다. '혼인잔치에 온 사람들이 신랑과 함께 있으면서 슬퍼할 수 있겠소? 하지만 머잖아 신랑을 빼앗기는 날이 올 터인즉, 그날에는 그들도 금식할 것이오.'"(마태오복음 9, 14-15).

이 대목은 두 가지 흥미로운 점을 보여준다. 하나는 앞서 말했듯이, 모든 스승들이 저마다 영원하고 완전한 존재들이지만 하느님과 그분의 진실 앞에 자기를 온전히 바치는 것 말고는 반드시 같아야 할 이유가 없다는 점이다.

다른 하나는 예수 그리스도가 '특별히' 독특하다는 점이다. '특별하다'는 형용사가 좀 의아스럽게 여겨지는 문법학자도 있겠지만 여기서는 정확한 표현이다. 그분만큼 드러내놓고 자기 역할을 영웅적으로 감당한 스승이 참으로 드물다. 예수는 정말 특별한 분이셨다. 그분의 일은 '영원한 진실'에 대한 새로운 가르침을 펼치고, 그로써 새로운 전통을 창조하는 것만이 아니었다. 오래되어 낡은 전통들을 전혀 새로운 방향으로 '비트는' 것이 그분의 역할이었다. 그래서 그분은 말씀을 이렇게 이어가신다.

"낡은 옷을 새 헝겊으로 깁는 사람은 없소. 새 헝겊이 낡은 옷을 당겨서 더 찢어질 테니까. 아무도 새 술을 낡은 가죽부대에 담지 않소. 부대가 터져 술이 쏟아지고 부대도 망가질 테니까. 새 술은 새 부대에 담아야 둘 다 온전하게 보존되는 법이오."(9, 16-17).

예수께서는 당시 사람들에게 진실을 '새 술'로 소개하셨다. 그들 대부분이 '낡은 가죽부대'였다. 그들은 그분의 가르침을 받아들일 수 없었고, 받아들였다면 망가졌을 것이다. 인간 예수는 사랑과 기쁨이 충만하고 매력적이며 대단히 놀라운 인품이었다. 단순한 보통 사람들에게는 저절로 마음이 끌리는 사람이었다. 그분은 또한 놀랄 만큼 담대하고 권위적이었다. '낡은 가죽부대'인 바리사이파가 그분을 맹렬하게 배척한 것은 별로 놀라운 일이 아니다. 오히려 그렇게 당신 속을 드러내어 밝힘으로써 저들의 분통을 자극했고, 결국 십자가의 길을 자초했다고 말해도 크게 틀리지 않을 것이다.

"내가 세상에 평화를 주러 온 줄로 알지 마시오. 평화가 아니라 칼을 주러 왔소. 아들이 아비에, 딸이 어미에, 며느리가 시어미에 맞서 다투게 하려고 내가 온 것이오. 집안 식구들이 곧 원수들이오. 아비나 어미를 나보다 더 사랑하는 자는 나와 어울릴 수 없는 사람이고 아들이나 딸을 나보다 더 사랑하는 자도 나와 어울릴 수 없는 사람이오."(10, 34-38).

이어서 그분은 앞에서 인용한 '불후의 말씀'을 던지신다. **"누구든지 제 목숨을 지키려 하는 자는 잃을 것이고 나 때문에 자기 목숨을 잃는 사람은 얻을 것이오."**(10, 39).

예수님은 당신 말씀을 듣는 사람들에게 자신의 에고를 온전히 하느님께 들어 바치라고 명하신다. 이런 말씀이 믿지 않는 사람들에게 대중 선동 아닌 무엇으로 들리겠는가? 하지만 그분은 겟세마네 동산에서 베드로에게 말씀하셨다. **"칼을 도로 칼집에 꽂으시오. 칼 쓰는 자 칼로 망하는 법."**(마태오복음 26, 52).

예수님이 지르려고 하신 불은 저속한 매력과 집착들을 불사르고 거침없이 타오르는, 하느님께 바치는 순수한 사랑의 불이었다. 몇몇 현대 주석가들의 말대로 그분은 어중이떠중이 대중을 흥분시키는 화톳불 정도로 만족할 수 없으셨다. 오히려 대단한 용기와 기쁨, 그리고 흔들리지 않는 신념으로 말씀하셨다. 적당하게 살아가는 세속의 대중에게는 스승들이 '사회에 불편한' 존재들로 보일 수 있다. 하지만 복음서를 보면 예수께서 개인적인 분노로 말씀하신 적은 단 한 번도 없다. 성전에서 환전상들을 추방하셨을 때처럼 하느님의 신성한 분노를 표출하신 건 사실이다. 그분은 상황에 따라 격하게도 말씀하셨다. 영적인 높은 진실에 관해서는 한 치도 양보하거나 타협하지 않으셨다.

'부드럽고 상냥한' 성자를 좋아하는 사람들에게 예수는 당황스러운 스승일 수 있다. 실제로 어떤 사람에게는 그분이 유별나게 공격적인 사람으로 보일 것이다. 하지만 하느님의 진정한 남자와 여자들 가운데는 그런 사람들이 적지 않다. 오히려 '온유하고 유순한 예수'라는 표현이 어색한 사람도 있을 것이다. 여기서 그분이 '온유하다'는 말은 조화롭다는 뜻이다. 예수님은 당신 자신을 위해 무엇을 명하거나 바라지 않으셨고, 언제나 신성하신 아버지의 뜻에 어울리는 행동을 취하셨다. 그분이 유순하다는 말은 엄청난 스트레스를 받아도 친절하고 사랑 어린 자세를 잃지 않으셨다는 뜻이다. 그분은 요가난다가 『어느 요기의 자서전』에서 인용한, 베다Veda 경經의 '하느님 사람'에 딱 들어맞는 분이셨다. '친절을 베풀 자리에서는 꽃보다 부드럽고, 원리 원칙을 지킬 자리에서는 천둥 번개보다 단호한 사람!'

예수 당시는 매우 굳어진 사회였다. 그분은 거칠고 교리적이고 편협한 세상에서 당신 일을 감당하셔야 했다. 신성한 벼락을 쳐야 하는 자리에서는 망설임 없이 사자후獅子吼를 토하셨다. 훗날 추종자들이 그분의 사자후를 시늉하는 모습을 보자면 가관이다. 대개 그들의 외침은 장난감 총이나 폭죽을 터뜨리는 것 비슷하다. 남들의 모자람을 지적하느니 그리스도와 하느님께 바치는 자신들의 충성을 성찰하는 게 차라리 마땅할 것이다. 예수께서 우리에게 요구하시는 것은 개인적인 진정성이다. 남들이 우리를 어떻게 생각하고 어떻게 말하는지는 문자 그대로

'내가 알 바 아니다!'

예수는 모든 사람이 당신께서 보여주신 것과 같은 열정으로 하느님을 찾기 원하셨다. 언제고 모든 사람이 자기 어머니, 아버지, 가족, 이웃, 세상 친구들을 실망시키고 영원한 가치를 찾아서 '혼자만의 길'을 갈 거라고 하셨다. 세상은 제 그물에서 벗어나려는 사람을 그냥 놔두지 않는다. 구도의 길을 가려는 사람은, 한 사람이 하느님 안에서 자유로워지면 그 집안 일곱 세대가 구원을 받고 그들의 영적 진화가 어떻게든 이루어진다는 영원한 진실에서 위로받을 일이다.

개중에는 자기가 이미 깨달아 자유로워졌으니 누구를 구루로 모실 필요가 없다고 장담하는 사람들이 있다. 그들은 자신이 오해의 족쇄에 묶여있다는 사실을 모른다. 스스로 해방된 사람, 오직 하느님의 뜻대로 살려는 사람이 자기와 같은 사람을 만나면, 둘이 근본은 같지만 그것을 나타내는 방식이 각자 다르다는 사실을 알게 될 것이다.

깨치지 못한 사람들이 계속 저지르는 잘못은, 세례자 요한의 제자들처럼 새로 등장하는 스승을 보고 '그러나 그는 우리와 다르다.'라고 비판하는 것이다. 아시시의 프란체스코 성인은 온 인류에게 청순 고결한 삶의 모범을 보여주셨다. 나의 구루는 그분이 당신의 '수호성인'이라고 자주 말했다. 제자 하나가 어째서 그분의 길과 선생의 길이 이토록 다르냐고 물었을 때 그가 대답했다. "바로 그것이 그대와 나를 통해서 일하시는 하느님의 방법이오."

하느님은 당신을 향해 깨어있는 모든 영혼들에게 저마다 다른 노래를 부르게 하신다. 하지만 그 노래의 질質은 모두 동일하다. 언제 어디서나 하느님의 완벽한 사랑과 지복을 나타내기 때문이다. 그 모든 선율이 신성한 아름다움을 저마다 독특한 방식으로 동시에 노래하는 것이다.

제13장
사람 아들 대對 하느님 아들

예수께서 이르셨다. **"아버지와 나는 하나요."**

"유다인들이 또 돌을 들어 치려고 하자 예수께서 그들에게 물으셨다. '내가 아버지께서 맡기신 좋은 일들을 많이 하였거늘 그중 어떤 일이 못마땅하여 나를 돌로 치려는 것이오?'

유다인들이 말하였다. '네가 좋은 일을 했는데 우리가 돌을 들어 치겠느냐? 사람인 주제에 스스로 하느님과 같다고 하니, 그토록 불경스러운 말을 하는 너를 어찌 그냥 둔단 말이냐?'

예수께서 말씀하셨다. '당신네 율법에 기록되기를, 내가 너희를 신이라 불렀노라.' 하지 않았소? 이렇게 하느님 말씀을 받은 사람들을 모두 신이라고 불렀소. 성경은 폐할 수 없는 것이오. 그런데 지금 당신들은 아버지께서 거룩하게 하시어 세상에 보내신 사람이 내가 하느님 아들이라고 말했다 하여 그가 불경스러운 말을 했다고 하는 것이오? 내가 아버지의 일을 하지 않는다면 나를 믿지 않아도 좋소. 하지만 내가 지금 그 일을 하고 있으니, 나는 믿지 않더라도 내가 하는 일은 믿어야 할 것 아니오? 그러면 아버지께서 내 안에 계시고 내가 아버지 안에 있음을 당신들이 깨달아 알게 될 것이오.'"(요한복음 10, 30-38)

여기 첫 구절은 앞 장에서 인용한 적 있다. 거기서 내가 강조한 것은 본디 인간에게 있는 영원한 신성이었다. 같은 말을 다시 인용한 것은 예수의 말씀에서 보이는 두 가지 흥미로운 점에 주목하기 위해서다.

먼저 그분의 유쾌하고 동시에 담대하며 고상한 유머 감각을 다시 한 번 말하고 싶다. 당신이 현장에 있다고 상상해보라. 지금 유대인들은 예수가 신성을 모독했다며 돌을 들어서 치려고 한다. 그런데 그 다급한 상황에서 그는 어떻게 대처하고 있는가? **"내가 아버지께서 맡기신 좋은 일들을 많이 하였거늘 그 중 어떤 일이 못마땅하여 나를 돌로 치려는 것이오?"** 문제를 제기하는 쪽에 대처하기로는 어디에도 치우치지 않고 용감하게 모든 걸 털어놓는 것보다 좋은 방법이 없다. 이처럼 어디에도 얽매이지 않는 초연함으로 그에게서 멋진 유머가 나오는 것이다. 생각해보라. 당장 눈앞에 성난 군중이 살기등등해 눈을 부라리고 있다. 그가 자기를 변명하여 사정하듯이 말해야 했을까? ("내가 당신들한테 해준 일을 생각해보시오. 고작 이것이 그에 대한 감사 표시란 말이오?") 천만에! 그분은 그들에게 '도전'하셨다. 그것도 거지반 웃으면서.

내가 말하려는 다른 하나는 그분의 말과 태도가 이른바 '상위 계층'에서 흔히 나올 수 있는 게 아니었다는 점이다. 그분은 당시 사람들이 그런 처지에서 자신의 '괜찮은 모습'을 동료 지지자들에게 보여주려고 짐짓 자기를 낮추는 대신 오히려 담대하게 맞서서 군중이 자기들이 한 말을 삼키고 당신 말에 귀 기울이게 하셨다.

우리는 신약에서 자신에 대한 언급에 조금도 망설이지 않는 예수의 모습을 거듭 목격한다. 어떤 때는 당신이 '사람의 아들'이라 하시고 다른 때는 '하느님 아들'이라 하신다. 영국 귀족 사회에서는 자기를 가리켜 '어쩌다가 괜찮은 모습 보여드립니다.'라든가 '뻣뻣한 작대기는 아니올시다.'라는 말을 가끔 한다. 이들 사회의 사다리 꼭대기에 있는 사람들 눈에 예수는 당돌하게 밀어붙이는 사람으로 보였을 것이다. 사실 그분은 과연 밀어붙이는 사람이었다. 하지만 그가 밀어붙인 것은 자기 자신이 아니라 하느님이고 '신성한 진실'이었다. 그러나 제자들은 자기네 스승이 무엇을 밀어붙이는지 이해하지 못했다. 그분은 세상에 길을 내는 사람, 조각가, 오지 정복자로 오셨다. 사회에서 얼버무려 통하는 절제된 자기소개 형식은 그분에게 필요한 것이 아니었다.

예수님은 당신을 가리켜 말할 때 **'사람의 아들'**과 **'하느님 아들'**이라는 두 가지 용어를 함께 쓰셨다. 여기서 내가 한 번도 눈여겨보지 않았고 생각조차 못했던 중요한 사실을 파람한사 요가난다가 찾아냈다. 그분이 '사람의 아들'이라는 말로 가리킨 것은 당신의 인간 자아(hu-man-Self), 몸, 인격, 에고에 중심을 둔 '나'였다고 요가난다는 말한다. 그분이 '하느님 아들'이라는 말로 가리킨 것은 그리스도, '하느님의 기름 부으신 이' 또는 '피조물로 반영된 위없이 높은 영', 그러니까 '그리스도 의식(Christ-consciousness)'이었다. 나는 신약성경을 썼거나 베끼고 번역한 사람들이 이 미묘하고 중요한 차이를 알았을지 의심스럽다. 어쩌면 잘못 사용했을 수도 있다. 하지만 이 구절을 읽는 독자들은 아무쪼록 이해력과 분별력을 총동원하여 의식적으로 이 부분에 유념할 필요가 있다. 그만큼 중요하고, 예수의 말씀과 가르침을 더 깊이 통찰하는 데 도움을 줄 것이기 때문이다.

예수께서 제자들에게 "사람들이 사람의 아들(Son of man)에 대하여 뭐라고 말하더냐?"고 물으셨을 때 사용하신 '아들(son)'이라는 단어는 소문자(s)로 표기되었어야 하는 것이다. 그런데 그렇지 않다. 왜냐하면 이때 그분이 가리키신 것은 신성한 의식이 인간의 모습으로 표현된 것이지 '무한하신 그리스도'가 아니었기 때문이다.

우리는 다시 읽는다. **"유혹자가 와서 그분께 말하였다. '네가 정녕 하느님 아들이면 이 돌들한테 빵이 되라고 명해보아라.'"**(마태오복음 4, 3).

다시, **"갑자기 그들이 소리치기를, '하느님의 아들이여, 당신이 우리와 무슨 상관이오? 때가 되기도 전에 우리를 괴롭히려고 여기 온 거요?' 하였다."**(마태오복유 8, 29).

물 위로 걷는 기적을 보여주신 뒤에 **"배에 탔던 사람들이 모두 엎드려 절하며 말하였다. 참으로 하느님의 아들이십니다."**(마태오복음 14, 33).

대사제가 다시 물었다. "살아계신 하느님의 이름으로 맹세하여라. 그대가 정녕 하느님의 아들 그리스도인가?"(마태오복음 26, 63). 그 뒤 문장에서 우리는 읽는다. "당신이 그렇게 말했소."

또 마태오는 이렇게 썼다. **"백부장과 함께 예수를 지키던 사람들이 지진을 비롯하여 다른 여러 가지 일들이 일어나는 것을 보고 크게 두려워하며 말하였다. '이 사람이야말로 진정 하느님의 아들이구나!'"**(마태오복음 27, 54).

마르코복음은 이런 말로 시작된다. **"하느님의 아들 예수 그리스도에 관한 복음의 시작."**(마르코복음 1, 1).

뒤에 우리는 읽는다. **"더러운 귀신들도 예수를 보기만 하면 그 앞에 엎드려, '당신은 하느님의 아들입니다!'하고 소리를 질러댔다."**(마르코복음 3, 11).

루가복음 1장 35절이다. **"천사가** [예수 어머니 마리아에게] **말하였**

다. '성령이 그대에게 내려오시고 위없이 높으신 분의 기운이 그대를 덮으실 것이오. 그렇게 해서 태어날 아이를 사람들이 거룩하신 하느님의 아들이라 부르게 될 것이오.'"

"해질 무렵, 사람들이 갖가지 병자들을 데려왔고 예수께서는 그들 한 사람 한 사람에 손을 얹어 모두 고쳐주셨다. 귀신들도 여러 사람한테서 떠나며 소리를 질러댔다. '당신은 하느님 아들이오!' 예수께서 그들을 꾸짖으며 말하지 말 것을 명하셨다. 그분이 그리스도인 줄을 그들은 알았던 것이다."(루가복음 4, 40-41).

요한복음에서 우리는 세례자 요한이 이렇게 말하는 것을 읽는다. "…나를 보내어 물로 세례를 베풀게 하신 이가 말씀하시기를, '성령이 내려와 누구 위에 머무르는 것을 보거든 그가 곧 성령으로 세례를 베푸실 분인 줄 알라.'고 하셨다. 이제 내가 그 광경을 보았기에, 이분이 곧 하느님의 아들이심을 증언하는 바이다."(요한복음 1, 33-34).

요한은 이렇게 증언한다, "하느님이 세상을 극진히 사랑하시어 외아들을 주셨으니 이는 저를 믿는 사람마다 영원한 생명을 얻게 하려 하심이오. 하느님이 아들을 세상에 보내신 것은 세상을 심판하기 위해서가 아니라 그를 통하여 세상을 구원하기 위해서요. 그를 믿는 사람은 심판을 받지 않지만 믿지 않는 사람은 벌써 심판을 받았으니 하느님의 외아들을 믿지 않기 때문이오. 빛이 세상에 왔으나 사람들은 그 행실이 악한 까닭에 빛보다 어둠을 더 사랑하고, 바로 그것이 그들한테 내려지는 심판이오. 악을 행하는 자마다 빛을 미워하여 빛으로 오지 않는 것은 자기 행실이 드러날까 두려워서 그런 것이고 진실을 좇아서 사는 사람이 빛으로 오는 것은 자기의 모든 행실이 하느님을 믿고 의지한 데서 온 것임을 보여주고 싶어서 그런 것이오."(요한복음 3, 16-18).

분명 여기에서 말하는 심판은 사람이 예수를 믿지 않아서 받는 심판이 아니라 그분 안에 계시는 '신성神性'을 믿지 않아서, 그러니까 사람이 자기 안에 있는 '더 높은 참 자아(true higher Self)'를 믿지 않아서 받는 심판이다. 다시 말해 우리가 심판받는 것은 자기 안에 잠재된 높고 영적인 능력을, 우리 모두 지복을 누리게 해주는 신성한 영의 현존을 믿지 않기 때문이다.

다시 요한은 증언한다. **"예수께서는 여기에 기록되지 않은 다른 표적들도 제자들 앞에서 많이 행하셨다. 이것을 기록한 목적은 당신들로 하여금 예수가 그리스도시요 하느님의 아들이심을 믿고, 그렇게 믿어서 그분 이름으로 생명을 얻게 하려는 것이다."**(20, 30-31).

제14장

사탄은 존재하는가?

사탄Satan은 인도의 '사나아탄 다르마'가 가르치는 것 가운데 하나다. 히브리어로 사탄은 적대자, 원수, 고발자라는 뜻이다. 영적으로 말해서 사탄은 사람에게 영향력을 행사하여 그가 죄를 짓게 하거나 그 영혼이 성숙하지 못하도록 가로막는 악惡의 힘이다. 또한 사탄은 세상에서 선한 일을 펼쳐보려는 인간의 진지한 노력을 방해한다.

인도에서는 사탄의 힘이 '마야maya' 또는 미망에 대한 가르침에 암시되어있다. 하지만 대부분 사람들의 '마야'에 대한 인상印象은 사람들이 스스로 자기를 함정에 빠뜨리는 마음 상태가 있다는 것을 아는 정도다. 사람들 스스로 함정에 빠지게 하고 자기를 미망에 빠뜨리려는 간교한 술책에 방심하도록 만드는 '무엇'이 실제로 있다는 데까지는 생각이 미치지 않는다. 히브리 사람들이 생각하는 사탄은 우주적이면서 개체적인 하나의 실체로, 사람들을 일삼아 악의 길로 끌어들인다.

마태오는 광야에서 사십일 금식한 예수에게 나타난 그를 '유혹자'라고 부른다. 이 호칭은 예수의 의지 너머에서 간교한 영향력을 행사하는 외부의 무엇이 있음을 암시한다. '유혹자'가 처음으로 예수에게 말한 것은 무엇을 먹으라는 것이었다.

"사십 일 밤낮을 금식하고 배가 몹시 고픈 참인데 유혹자가 와서 그분께 말하였다. '네가 정녕 하느님 아들이면 이 돌들한테 빵이 되라고 명해보아라.'

"예수께서 말씀하셨다. '성경에 사람이 빵만 먹고 사는 게 아니라 하느님 입에서 나오는 말씀을 먹어야 산다고 하지 않았더냐?'"(마태오복음 4, 2-4)

여기 '하느님의 입'이라는 표현은 뒤에 좀 더 상세히 다루게 될 것이다. 뜻이 매우 중요하고 밀교적密敎的이라서 독자들 마음의 준비가 필요하다. 여기서는 일단 '유혹자'라는 말에 집중하기로 한다. 심리학을 조금이라도 공부한 사람이면 '유혹자'가 어디 있다는 말에 곧장 반발할 것이다. '사십일 굶은 사람한테 먹고 싶은 마음이 드는 건 유혹자가 없어도 되는 일이다. 배고픈 사람에게 음식이란 유혹할 만한 무엇이 아니다.' 과연 우리는 성경이 말하는 '유혹자'를 인간 본연의 '욕망'으로 대체할 것인가? 아마도 유혹자를 우리가 쉽게 납득할 수 있는 인간의 욕망으로 설명하는 데 기꺼이 동의하는 성경 주석가들도 많을 것이다.

하지만 여기서 나는 파람한사 요가난다로부터 직접 들은 말을 독자들에게 전해야겠다. 그가 나에게 말했다. "한때 나도 사탄을 하나의 정신적 개념으로 보았지. 그러나 하느님을 알게 된 지금은, 사탄이 존재하고 인간의 영적 파멸을 끊임없이 의도적으로 꾀한다는, 나보다 먼저 살았던 모든 선배들의 증언에 기꺼이 동의하네."

나도 처음 구루한테서 가르침을 받을 때 그분의 말을 은유적으로 해석하는 쪽이었다. 세상의 온갖 아름다운 것들을 상쇄하려고 사탄이 온갖 더럽고 흉한 것들을, 예컨대 사랑스러운 꽃에는 해로운 잡초를, 약초에는 독초를, 사람의 의식을 위로 끌어올리는 영감에는 감각을 마비시키고 에고를 더욱 강화하는 마약, 포르노, 알코올 따위를 만들어 제공한다는 식이다. 하지만 지금은 이런 논리적 가르침을 받아들이면서 한 걸음 나아가 사탄의 존재가 인도에서 전해져 내려온 '사나아탄 다르마'의 큰 그림에 어떻게 부합되는지를 알고 있다.

달리 말해서 사탄의 존재는 새로운 가르침이 아니다. 오히려 오래되고 영원토록 바뀌지 않는 진실인 '사나아탄 다르마'의 '새로운 표현'이다.

오래된 가르침들은 '위없이 높은 영'의 바다가 수면에서 움직임을 만든다고 설명한다. 그 움직임은, 이원二元의 물결 또는 우주 진동인 '옴 AUM(거룩한 영)'을 일으켜 온갖 존재하는 것들을 겉으로 나타나게 하는, '마야'의 폭풍으로 설명할 수 있다. 은혜의 하느님이 모든 사람을 영혼 안에서 '무한 바다'로 돌아와 하나 되라고 끊임없이 부르신다. (수많은 문서들이 인간의 중심에 말없이 숨어 쉬지 않고 작용하는 '신성한 영'의 현존을 말한다.)

하지만 생각 있는 많은 사람들에게 사탄은 사람을 안으로 당기는 신성한 사랑의 힘에 대한 변칙적이고 돌발적인 저항 세력으로 보이는 것 같다. 과연 신성한 의지에 저항하는 힘이 우주에 실제로 존재하는가? 그 힘은 어디에서 오는가? 하느님과 사탄이라는 서로 영원히 적대하는 두 세력이 존재할 수 있는가? 사탄은 하느님과 완전 다른 무엇인가? 참으로 사람을 어리둥절하게 하는 질문들이다.

우리는 앞에서 히브리 성경을 인용한 예수의 말씀을 읽었다. **"첫째 계명은 '이스라엘아, 들어라. 주 곧 우리 하느님이 유일한 주님이시다. 네 마음을 다하고 목숨을 다하고 뜻을 다하고 힘을 다하여 주님이신 네**

하느님을 사랑하라.' 이다." (마르코복음 12, 29). 하느님은 '단일 실재(the Sole Reality)'다. 그러므로 '하나' 아닐 수 없다. 그런데 그 '하나'인 하느님이 어떻게 당신에 맞서 반대하는 힘을 창조할 수 있단 말인가?

거꾸로, 만일 하느님이 모든 것을 창조하셨다면 그분이 사탄도 창조하셨어야 하는 것 아닌가? 이 질문이 아무리 불편하고 불쾌해도 그렇다, 물론이다. 그분이 그렇게 하셨다고 답할 수밖에 없다. 사탄은 신성한 경륜經綸(scheme)의 불가피한 부분이다. 하느님이신 한 실재의 일부다. 사탄 없이는 창조가 있을 수 없다. 그 무엇도 밖으로 나타날 수 없다. 우주도 없고, 우주 드라마도 없다. 요가난다가 말했듯이 "연극에는 악당이 있어야 한다. 누가 악역을 맡아야 한다. 그가 없으면 최후의 선善을 대신하는 주인공의 애틋하고 아름다운 사랑을 감상할 수 없다."

철학적으로 말하자면 사탄 또는 악한 의식은 '보이지 않는 영'을 겉으로 나타나 보이게 하는 외향적 창조력을 의미한다. '옴(ॐ)'에는 두 얼굴이 있다. 하나는 속 얼굴인데 깊은 명상 가운데 들리는 우주 소리(cosmic Sound)다. 이 '옴'을 산스크리트어로 '파라프라크리티Paraprakriti', 순수 진동이라고 한다. 안에서 부르는 '어머니 자연'이 하느님을 사랑하고 그분 은총의 자력磁力에 끌려 올라가는 영혼들을 당기신다.

밖으로 드러나게 창조하는 '옴'을 산스크리트어로 '아파라프라크리티Aparaprakriti'라고 하는데 그것이 감각들을 통해 사람을 밖으로 끌어내고 속세의 쾌락을 탐해 가짜 만족을 찾게 만든다.

밖으로 나타내는 힘은 소극적이지 않다. 속에서 '더없이 향기로운' 신성의 지복으로 당기는 힘도 마찬가지다. 창조된 모든 것의 힘은, 좋은 힘이든 나쁜 힘이든 적극적이다.

그러므로 사탄은 모든 것의 바깥으로 드러난 상태를 유지하고, 인간이 그렇게 나타나 보이는 것들에 반응하는 상태를 지속시키려고 적극적으로 노력한다.

하느님이 일단 당신의 신성한 의식에 시동始動을 걸고 더 멀리, 더 밖으로 나가는 추진력 또는 의지를 만들 필요가 있으셨다고 할 수 있겠다.

그리스도교는 사탄을 '타락한 천사'로 본다. 다른 천사들과 함께 하느님의 하늘 보좌 앞에 있었는데 자기 능력에 스스로 우쭐해져 하느님께 반항하다가 '바깥 어두운 곳'으로 쫓겨난 천사가 사탄이라는 거다. 그 안에 기본적인 진실이 담긴 훌륭한 은유다. 하지만 은유는 은유일 뿐. 우리가 사는 이 문명사회에서는 은유의 진실에 대한 좀 더 석연한 해설이 필요하다.

요가난다는 창조된 세계를 바다 물결에 견주어 설명한다. 높은 물결은 미망의 폭풍으로 크게 솟구쳐 오른 사람들이다. 그들은 바다 밑바닥으로부터 가능한 멀리 떨어져 다른 누구보다 자기가 낫다는 교만의 폭풍으로 에고의 힘을 세상에 떨친다. 낮은 물결은 스스로 겸손해져서 하느님 가까이 살고, 그분의 힘만이 자기를 살아있게 하는 유일한 근원이라는 것을 깨친 성자들이다.

다른 비유는, 사람을 일삼아 속이는 힘(사탄)이 곧 바다에서 물결을 솟구치게 하는 폭풍이라고 보는 것이다. 바다에서 '쇼show'가 계속 펼쳐지려면 반드시 그 힘이 있어야 한다. 그것이 없으면 모든 것이 아래로 가라앉아 신성한 영과 하나가 될 것이다.

하느님이 사탄을 창조하셨는가? 그렇다!

하느님은 사탄 창조를 원하셨는가? 그분이 무엇을 원하실(want) 수 있다는 전제 하에 말한다면, 그렇다. 그분은 당신의 우주 드라마를 창조하려고 그것을 원하셨다!

그러면 하느님이 선하신 그만큼 악하신 건가? 단연코 그렇지 않다! 선과 악은 '마야'의 이원적 경계 안에서만 존재하는 것들이다. 하느님은 그 둘을 함께 초월하신다.

거듭 말하지만 하느님은 '위없이 높으신 선善'이시다. '마야'의 경계에서 말하는 선은 하느님, 곧 '위없이 높으신 선'을 지향할 따름이다. 거꾸로 악은 하느님을 등지고 더 큰 괴로움과 아픔으로 나아가는 반대쪽을 지향한다.

하느님은 상대적인 선善 너머에 계신다. 하지만 그 상대적인 선이 하느님을 지향한다고 말할 수 있다. 하느님은 선과 악 너머에 계시지만, 악은 갈수록 두터워지는 휘장으로 신성한 실재를 덮고, 선은 '위없이 높으신 선'을 덮은 그 천박한 휘장을 거둔다.

철학적으로 생각하는 사람들, 추상으로 추리하기를 좋아하는 사람들은 악의 존재 자체에 대해 도대체 무슨 소리를 하는 거냐고 혼란스러워할지 모르겠다. 최근 미국의 꽤 널리 알려진 그리스도교 종파에서는 '하느님은 악을 모르신다.'고 가르친다. 이 말에 요가난다는 이렇게 대꾸했다. "그렇다면 하느님이 바보구먼!"

실제로, 무엇이 악인가? 우리 눈에 악으로 보이는 것이 더 큰 안목으로 보면 악이 아닐 수도 있다. 호랑이는 살기 위해 토끼를 죽여야 한다. 그게 그의 본성이다. 그러기에 호랑이가 토끼를 죽였다 해서 그를 악하다고 말해서는 안되는 거다. 하지만 인도 정글에서 헤매는 사람에게는 같은 호랑이가 위험한 짐승이고, 따라서 악하게 보일 수 있다. 결국 그것이 사람에게 어떤 작용을 하느냐에 따라서 선과 악이 결정된다.

이 생각을 좀 더 발전시켜 이렇게 말할 수 있을 것이다. 무엇이 사람을 자기 안의 신성한 근원에서 멀어지게 하면 그건 악이다. 같은 근원으로 돌아오게 하면 그건 선이다. 나아가 어떤 사람이 악에 절어있다면, 그의 선행이 그 영성의 수준보다 높다고 할 수 있다. 반대로 어떤 사람이 이미 하느님을 향해 오르는 중이라면, 같은 선행이 그 영성의 수준보다 훨씬 아래일 수 있고, 따라서 전혀 선하지 않다고도 할 수 있다.

한 걸음 더 나아가, 성자가 선행으로 명성을 얻는 것은 그 자체가 잘못이다. 그러나 물질의 힘을 숭배하는 사람이 선행으로 명성을 얻는 것은 당연한 권리다. 개인의 선행에 대한 믿음이 그를 부추겨 더 나은 사람이 되게 할 수도 있다. 그의 입장에서는 거리의 부랑자에게 동전 한 닢 던져주는 것이 훌륭한 선행이고 그것으로 자신의 이름을 높일 수 있는 것이다. 하지만 같은 부랑자에게 백 달러를 주는 것이 성자에게는 우스꽝스러운 짓이다.

알코올 자체는 악한 게 아니다. 수술할 때 술로 감각을 웬만큼 마비시키는 것은 좋은 일이다. 하지만 술에 취해 정신을 잃고 자기가 뭘 했는지 모른다면 그 때의 술은 피해 마땅한 악이다.

도둑질이 나쁜 이유는 법을 어겨서가 아니다. 남을 배려하지 않고 자기한테로 오므라들어 인간의 고귀한 본성을 스스로 거역하기 때문이다.

에고가 자신에게로 오므라들게 하는 모든 것이 고통을 준다. 도둑이 도둑질로 자기 품위를 높일 수 있으면 괜찮지 않느냐는 말은 엉터리 궤변이다. 일단 자신에게 오므라든 사람은 자기가 그러고 있는 줄을 모른다. 사람이 도둑질하지 않는 분명한 이유는 그것이 무엇보다도 자기를 해치는 짓임을 알기 때문이다. 그러나 이미 그 안에 발을 들인 사람은 그를 덮은 에고 껍질이 갈수록 두꺼워질 뿐이다. 그의 심리에서는 정신적 감각마저 무뎌지거나 아예 사라질 수 있다. 하지만 세상에는 법이라는 게 있고, 경찰이 그래서 있다.

모든 사람에게 정신적 감각이 공평하게 주어졌다는 사실을 감안하고 말하자면, 온갖 도덕적 범죄 행위가 잘못인 까닭은 그것이 인간의 고귀한 본성을 거역하는 짓이기 때문이다. 세상에는 도둑질, 거짓말, 속임수, 살인, 심지어 식인食人까지도 암묵적으로 인정하는 문화가 있다. 하지만 자기 본성을 거역하는 모든 행위가 다른 누구 아닌 본인에게 고통을 안겨주는 것은 아무도 피할 수 없는 법칙이다. 자기가 자기한테 입히는 해害는 겉으로 잘 드러나지 않는다. 그래서 쉽게 견딜 수 있는 듯 웃어넘기며 이렇게 말하기도 한다. "은행 턴 죗값은 나중에 갚겠다. 하지만 그때까지는 돈 한번 진탕 주물러봐야겠다!"

많은 사람들이 보지 못하는 것은 천국과 지옥이 모두 '사람 안'에 있다는 사실이다. 그것들은 어떤 장소가 아니다. 인간의 자아 속에서 흐르는 에너지와 의식의 방향이다. 예수께서 '안에' 있다고 하신 '하느님 나라'로 다가가게 하거나 멀어지게 하는 고속도로가 바로 척추脊椎(spine)다.

모든 종교 전통이 천국은 '위에 있는 어디'로 지옥은 '아래에 있는 어디'로 묘사한다. 하지만 실제로 이런 믿음을 입증해줄 증거는 없다. 어떤 망원경으로도 구름 사이에서, 또는 우주 공간에서 노니는 천사들을 볼 수 없다. 어떤 석유 탐사기로도 지하에서 마귀들을 찾아낼 수 없다. 미국에서 '위'가 호주에서는 '아래'다. 우주 공간에서는 위아래라는 것이 아무 의미가 없다. 그것은 보는 사람의 위치에 따라서 정해지는 방향일 뿐이다. 무엇이 우리 의식을 끌어올리거나 확장시켜 에고보다 큰 세계로 들어가게 한다면, 그래서 더 큰 행복과 만족을 맛보게 해준다면 그건 좋은 것이다. 무엇이 우리 의식을 끌어내리거나 자기 에고에 밀착시켜서 주변 세계와 다른 존재들로부터 자신이 동떨어져있다고 착각하는 에고 의식을 더욱 강화시킨다면, 그것은 우리 안에 이미 존재하는 아프고 괴롭고 답답한 느낌을 증폭시킬 따름이다.

외부의 영향이 우리를 끌어올리거나 끌어내리려면 먼저 우리가 무엇을 느끼거나 생각해야 한다. 친절, 관용, 희망 같은 것들은 우리 의식 수준을 위로 끌어올려준다. 반대로 이기심, 분노, 탐욕, 불친절, 교만 같은 것들은 우리 의식 수준을 아래로 끌어내린다.

하지만 이 모든 것보다 더 깊은 차원이 있다. 요가난다 자서전의 한 문장에 그것이 암시되어 있다. 그는 이렇게 썼다. "생각과 충동들은 한 사람의 마음에서 나오는 게 아니다. 그것들은 '무한'에 뿌리내리고 있다."

하느님과 사탄이 함께 영향력을 행사한다. 사람이 어느 쪽을 향하느냐에 따라서 그 안에 있는 하느님과 사탄의 움직임이 비롯된다. 사람이 어느 쪽을 치느냐에 따라 소리가 증폭되는 징이라고도 할 수 있다. 한 사람이 내뿜는 생각이나 느낌이 긍정적이냐 부정적이냐에 따라서 우주 의식의 신성한 흐름이 힘을 받느냐, 악한 흐름이 힘을 받느냐가 결정된다.

천사와 악마들이 아울러 실재한다. 사람을 끌어올리는 힘과 높은 진동들이 있는 곳, 예를 들어 교회나 사원처럼 깨끗하고 순수한 환경에서는 선한 힘이 풍성하다. 반면에 사람을 끌어내리는 힘과 낮은 진동들이 가득한 곳, 예컨대 나이트클럽이나 도박판처럼 무거운 의식들이 가득한 곳으로는 악한 힘들이 모여든다.

한번은 크리야 요가 수련장에서 요가난다가 감동하여 말하는 것을 들었다. "오늘 이 자리에 수천 명의 천사들이 다녀갔다!" 낮게 잠수하는 마귀들은 실제로 악한 힘을 발휘한다. 악마와 마귀들은 단순한 상상의 산물이 아니다. 그것들은 살아있고, 살아서 의식하는 실체들이다. 스스로 악에 깊숙이 들어가 제 속에 배어있는 악한 생각과 느낌을 밖으로 투사한다.

1930년대 티베트에 살았던 어느 미국인이 쓴 글을 읽은 적이 있다. 하루는 그가 원주민 한 사람과 함께 검은 마술사들의 모임에 잠입했다. 서로 누군지 알 수 없게 망토를 둘러쓴 사람들이 원형으로 둘러앉아 악령을 초대하는 노래를 불렀다. "야만 타카, 야만 타카Yaman Taka, Yaman Taka" 빙 둘러앉은 그들 가운데로 먼저 나타난 것은 흉측한 모습의 마귀들이었다. 그 무시무시한 마귀들이 인간의 어떤 성질을 보여주는지 금방 알 수 있었다. 저마다 분노, 질투, 욕정, 복수심, 탐욕 따위 저열한 인간의 모습이었다. 마침내 두목 악령이 모습을 드러내었다. 그가 엄청난 자력磁力으로 거기 모인 사람들을 장악하기 시작했다. 이러다 걷잡을 수 없는 지경에 이르겠다 싶어 사람들이 정신력을 모아 악령을 물리치기 시작했고, 서서히 악령은 물러갔지만 그들의 의식 속에는 여전히 악한 무엇이 남아있음을 느낄 수 있었다. 잠시나마 그들이 악령의 힘에 압도당했던 건 의심할 수 없이 분명한 사실이었다.

무서운 얘기지만 무서운 진실이 담겨있다. 사탄은 실재한다. 당신이 사탄에게 자신을 열어주면 그것이 들어와서 악한 병을 심어줄 것이다. 사탄은 신정한 힘들보다 준비가 더 잘 되어있다. 어떻게든 인간을 장악하려고 열심이기 때문이다. 반면에 천사들은 자신들을 드러내기 전에 선과 진실에 대한 우리의 사랑이 과연 순수한지, 이기적이지는 않은지 알고 싶어 한다.

어둠의 세력들과 더불어 장난하지 말라. 그것들은 실재한다. 그리고 당신이 행복을 향해서 위로 오르거나 불행과 절망을 향해서 아래로 내려가는 데 결정적으로 작용할 수 있다. 우주 장기판에서 인간은 졸병보다 조금 높은 계급이다. 전쟁은 먼저 하늘의 선한 세력과 악한 세력 사이에서 벌어진다. 인간은 땅에서 둘 중 어느 한쪽을 편들 수 있다. 그런데 대부분이 한쪽을 편들기보단 중간에서 왔다 갔다 하며, 이를테면 '양다리'를 걸친다. 그러면서 기껏 '선한 행위'를 할 수 있는 다음 생을 기다리는 것이 전부다. 이런 사람들을 두고 예수께서 말씀하셨다. **"죽은 사람 장례는 죽은 자들한테 맡겨라."**(마태오복음 8, 22).

그러므로 무엇보다도 당신이 할 일은 선善을 당신에게 초대하는 것이다. 당신의 선행이 당신한테서 비롯되는 게 아니라, 세상에서 일하시는 신성한 사랑과 지복의 도구가 되기를 스스로 선택할 뿐이라는 사실을 알 때, 전쟁의 반은 이긴 셈이다.

예수님은 씨 뿌리는 사람 비유에서 길바닥에 떨어진 씨에 대하여 말씀하신다. **"씨가 길바닥에 떨어졌다는 건 말씀을 듣자마자 사탄이 와서 마음에 뿌려진 말씀을 빼앗아가는 경우를 말한 것이고…"**(마르코복음 4, 15). 보통 사람들은 이 대목을, 자기 안에 미망의 세력이 너무 커서 세속의 일에 골몰하느라고 진리를 듣고도 깊이 받아들이지 못하는 사람들의 게으름을 말씀하신 것으로 해석한다.

요가난다는 자주 이렇게 말했다. "금이 한 줄 그어져있다. 한쪽에는 하느님이 있고 다른 쪽에는 사탄이 있다. 어느 쪽도 네가 먼저 자기한테로 고개를 돌리기 전에는 힘을 쓸 수 없다. 하지만 어느 쪽으로든 네가 고개를 돌리면 그 쪽에서 바로 너에게 힘을 쓸 수 있다." 바로 당신이 선수先手를 잡고 있다는 얘기다. 당신이 먼저 신호를 보내면 하느님이나 사탄이 곧장 다가와서 당신이 택한 방향으로 당신을 밀어줄 것이다.

"열두 제자 가운데 하나인 가리옷 사람 유다 안으로 사탄이 들어갔다. 유다가 대사제들과 성전 경비대 장교들한테 가서 예수 넘겨줄 방법을 의논하였다."(루가복음 22, 3-4).

최근 『유다복음서The gospel of Judas』라는 책이 세상에 나왔다. 예수의 측근 제자인 유다가 썼다는 책이다. 거기 보면 예수님이 유다와 함께 당신을 배신하도록 음모를 꾸몄다는 말이 나온다. 어이없는 난센스다. 더 읽어보려 했지만 결국 책을 덮고 말았다. 더욱 가관인 것은 예수께서 유다에게 하느님이 열아홉이나 있다고 가르치셨다는 거다. **"주 곧 우리 하느님이 유일한 주님이시다. 네 마음을 다하고 목숨을 다하고 뜻을 다하고 힘을 다하여 주님이신 네 하느님을 사랑하라."** 예수께서는 히브리 전통에 따라 분명 하느님은 한 분이라고 가르치셨다. 열아홉 하느님이 있다고는 하지 않으셨다.

언젠가 나의 구루와 유다에 관하여 흥미로운 이야기를 나눈 적이 있다. 그가 나에게 말했다. "유다는 예언자였네." 내가 깜짝 놀라 소리쳤다. "예? 유다가 예언자였다고요?"

"그래, 그래서 열두 제자 가운데 하나로 뽑혔던 걸세." 구루는 잠시 말을 끊었다가 다시 이었다. "나는 이번 생生에서 그를 보았네. 예수님이 수난당하시고 이천 년 뒤에 인도의 한 스승에게 나타나시어 이번에 환생한 유다를 해방시켜주라고 부탁하셨지."

당연하게도 나는 더 알고 싶었다. "그 유다가 어떻게 하고 있던가요?"

구루가 말했다. "언제나 말이 없고 혼자였어. 아직도 돈에 집착하고 있었지. 스승의 다른 제자들이 그를 놀리자 스승이 '그러지 마라. 그를 혼자 있게 놔두어라.'고 하시더군."

이번 생에서 보여준 유다의 돈에 대한 집착은 전처럼 탐재貪財 때문이 아니라 스승이 죽은 뒤 그 부인의 생계를 위하여 돈을 비축해두려는 것이었다.

비록 유다가 사탄의 꾐에 빠져 스승을 배신하긴 했지만 (요한복음 13

장에 보면 예수께서 그에게 **"그대가 하는 일을 어서 하시오."**라고 말씀하신다.)
그의 이야기는 아직 끝나지 않았고, 그가 하느님께로부터 영구히 떨어
져 나간 게 아니라는 사실을 알아야 한다. 유다의 배신행위가 큰 잘못
이긴 했지만, 나의 구루 말에 따르면 '꽤 나쁜 카르마'였지만, 그 열매는
일시적인 것이었다. 유다는 본디 크고 참된 제자였다. 문제는 청산되어
야 할 몇 가지 허물이 아직 그 속에 남아있다는 것이었다.

우리가 알아야 할 것은 아무리 여러 번, 아무리 멀리 떨어져 나가도
하느님은 우리가 당신께 돌아올 때까지 두 팔 벌리고 기다리신다는 사
실이다. 세상에서 물질적으로 크게 성공한 사람들보다 영적으로 실패
한 사람들이 무엇보다 더 앞서있다.

그러니 결코 두려워하지 말고 당신이 할 수 있는 만큼 자신을 하느
님께 내어드리라. 나머지는 그분이 하실 것이다.

제15장
새로운 계시

예수 그리스도께서 19세기 히말라야의 위대한 '요기 그리스도Yo-gi-Christ' 바바지에게 나타나셔서 말씀하셨다. "내 종교에 무슨 일이 일어났는가? 나를 따르는 자들이 좋은 일을 많이 하고 있지만, 대부분은 하느님과의 내적이고 직접적인 통교에 관한 나의 메시지를 망각하였다. 저들이 하느님과 통교할 수 있도록 서양에 비교秘敎(secrets)를 보내기로 하자."

예수님 말씀을 풀면 이런 뜻이다. '나를 따르는 자들이 다시 한 번 내 메시지를 이해하고 그 가치를 제대로 알게 해줄 가르침을 서양에 보내자.' 전에도 몇 번 그런 일이 있었지만, 그것은 하느님이 때로 인간 역사에 간섭하신다는 진실의 또 다른 사례였다. 예수 그리스도께서 바바지에게, 그들이 함께 계획한 사명을 이룰 수 있도록 참된 스승을 서양에 보내라고 부탁하신 것이다.

인도는 오랜 세월 수많은 성자와 구루들을 배출한 땅이다. 인도의 고대 종교는 사람들에게 자기가 이해한 것을 정교하게 다듬어진 도그마의 틀에 가두지 않고 가르칠 자유를 주었다. 그들이 그 자유를 누릴 수 있었던 것은 힌두교가 체계화된 종단으로 사람들의 삶과 생각을 통제하는 종교가 아니기 때문이었다. 사이비 교사들이 있다면 그들은 머잖아 자신의 가르침이 오랜 전통의 강한 바람에 휩쓸려 사라지는 것을 제 눈으로 보아야 했다.

요가난다의 구루인 스와미 스리 유크테스와르가 자기 스승 바바지를 처음 만났을 때 들은 말을 제자 요가난다에게 전했다. "바바지께서 내게 말씀하시기를 '그대 스와미 지ji가 동서양 사이에서 조화롭게 교환할 일이 있다고, 수년 뒤 그대에게 제자 하나를 보낼 텐데 그를 훈련시켜 요가를 서양에 전파할 사람이 되게 하라고, 그곳에서 길을 찾는 영혼들의 진동이 밀물처럼 밀려오고 있다고, 나는 장차 깨어날 때를 기다리는 성자들이 미국과 유럽에 있음을 알고 있다.'고 하셨다. 아들아, 수년 전 바바지께서 나에게 보내마고 약속하신 그 제자가 바로 너란다."

앞에서도 말했지만, 서양에서 요가난다에게 주어진 사명은 '예수 그리스도의 본디 가르침을 복원하는 것'이었다. 그는 여기에다 『바가바드기타』에 담긴 크리슈나의 요가에 대한 본디 가르침을 덧붙였다.

삶에 무슨 이유가 따로 없다며 영적 진실 탐구를 노골적으로 경멸하는 현대 과학자들의 주장은 어떻게 할 것인가? 진화는 완전 우연이고, 따라서 주목할 만한 목적이 따로 없다는 게 그들의 주장이다. 나는 베다와 구루의 가르침을 바탕으로 두 권의 책을 써서 그 주장들을 비판했다. 『미궁 밖으로Out of the Labyrinth』와 『더 나은 세상을 희망하며 Hope for a better world』가 그것이다. 이 책에서 나는 물질주의 과학의 발견에 근거한 최근 학자들 및 철학자들의 주장과 인간의 영성에 상처를 입히는 과도한 합리주의를 검토해보았다. 아울러 그들의 논리를 바탕으로 훨씬 더 희망을 불러일으키는 다른 해석들을 '그들의 술어로' 제시하였다.

예수 그리스도의 말씀에 대한 파람한사 요가난다의 주석註釋은 오늘날 자신들에게 던져진 문제들, 오래된 종교 신조와 넓어진 현대 지식의 지평 사이에 생겨나는 갈등, 근동 지역에서 발굴되어 홍수처럼 쏟아져 나오는 고대 문서들에 대한 해석, 예수를 평범한 보통 사람으로 보려는 학자들의 견해 등을 생각하고 답해야 하는 모든 그리스도인에게 심오하고 설득력 있으며 더할 나위 없이 값진 영감을 안겨줄 것이다. 그 어느 때보다 현대 사람들은 그리스도의 가르침과 현대 과학의 우주에 대한 이해를 일상에 어떻게 적용할 것인지 고민하게 되었다. 사실 영적 진실들은 물질과학보다 훨씬 더 깊고 친밀하게 우리의 일상에 관련돼 있다.

안타깝게도 그리스도의 가르침을 믿는 대다수 그리스도인이 자신들의 주장을 당당하게, 공개적으로, 확신을 품고 세상에 천명하기보다는 그것을 소극적으로 방어하는 모습을 보이고 있다. 자기가 그리스도를 믿는다는 사실을 겸연쩍어하면서 자조를 띠고 이렇게 말하는 거다. "음, 어쩌다 보니 내가 아직도 하느님을 믿는 사람이구먼." 우주가 어떻게 비롯되었는지, 그 넓이와 크기가 얼마나 상상 초월 광대한지, 그 앞에서 인간이 얼마나 왜소한지, 이런 신지식들 앞에서 그들이 알고 있는 종교 전통은 든든한 배경이 되어주지 못할 뿐 아니라 더는 신성한 완전함에 도달할 가능성과 구원받을 기회도 제공하지 못한다.

그리스도인들은 교회에 가서 찬송도 부르고 기도도 하고 교회가 하는 사업에 동참하기도 한다. 하지만 그렇게 그리스도인의 임무를 다하면서 감히 하느님께 가까이 가려 하지는 않는 것 같다. 그들은 자신을 하느님 앞에서 청원하는 자로 여기며 탄원의 몸짓으로 두 팔을 들거나 무릎을 꿇는다. 그들의 노래와 기도가 하느님을 향한 진심 어린 애정에서 나오는 것이면 얼마나 아름다운 정경이겠는가! 실제로 그런 심정에서 노래하고 기도하는 사람들도 물론 있을 것이다. 하지만 교회에서 부르는 찬송이 과연 하느님께 직접 가서 닿는지는 의문이다. 그들 대부분은 하느님을 찬양하는 게 아니라 '하느님에 대한(about God)' 찬가를 부르고 있다. 어떤 그리스도교 찬송은, 예컨대 〈하느님은 우리의 만세 반석〉 같은 찬송은 소름이 돋을 만큼 아름답다. 하지만 그 안에서 어린 아이처럼 천진하고 친밀한 하느님을 향한 신뢰가 느껴지지는 않는다. 무엇보다도 저 위 높은 곳에 하느님을 모시고 부르는 그들의 노래에서 온몸으로 자기를 하느님께 바친 사람의 영감을 찾아보기 어렵다.

우리가 루마니아 성공회에서 부르던 음울한 노래, 멜로디도 슬프지만 가사는 더욱 슬픈 그 찬송은 이렇게 시작되는 것이었다.

> 저 멀리 푸른 언덕이 있네.
> 성벽도 없는 언덕.
> 거기서 사랑하는 우리 주님이
> 우리를 구원하려고 십자가에 달리셨네.
>
> 그분의 그 아픔을 우리는
> 알 수도 없고 말할 수도 없지만,
> 그래도 우리는 믿네,
> 그분이 거기 십자가에서 우리 위해 고난당하셨음을.

몇 절 더 있다. 어떤 절은 가슴을 애잔하게 울리기도 한다. 하지만 그 찬송의 전체 내용은 예수님이 언덕 꼭대기에서 우리를 구원하려고 십자가에 달려 말 못할 고난을 당하신 끝에 돌아가셨다는 것이다. 이 찬송에 담겨있는 신학은 등골이 오싹하다. 그분이 우리를 무엇으로부터 구원하려고 돌아가셨는가? 무엇이 우리를 기다리고 있다는 건가? 영원한 지옥 형벌? 이 노래는 하느님의 사랑에 대하여 뭐라고 말하는가? 진정한 영적 승리는 초월을 의미한다. 온갖 고통에 대한 면역력을 사람에게 주는 것이어야 한다. 그리스도의 고난이 당신 자신을 위한 것일 수는 없다. 그분이 고난당하신 것은 개인적인 이유 때문이 아니라 인류를 위해서였다. 예수께서 거룩한 도성을 내려다보며 탄식하신 대목을 다시 읽어보자.

"예루살렘아, 예루살렘아, 네가 예언자들을 죽이고 너에게 보내어진 이들을 돌로 치는구나. 암탉이 병아리를 날개 아래 모으듯이 내가 네 자식들을 품으려 한 것이 몇 번이더냐? 그러나 너희는 원치 않았다."(마태오복음 23, 37).

그분의 고난은 매우 심한 것이었지만 당신 때문에, 또는 당신을 위해 받으신 게 아니었다. 그분의 가슴을 가득 채운 것은 하느님을 몰라서 고통 받는 사람들, 에고의 욕망과 집착으로 인한 불행과 비극에 사로잡힌 사람들을 향한 자비와 고뇌였다.

이 찬송의 노랫말에 견주어 요가난다의 단순한 송가頌歌를 보자. 노랫말과 멜로디가 사람의 영혼을 울린다.

구름 색깔 그리스도여, 오소서!
오, 구름 색깔 그리스도여, 오소서!

오, 나의 그리스도!

오, 나의 그리스도!

예수 그리스도여, 오소서!

믿고 싶은데 제대로 믿어지지 않아서 안타까운 사람들은 파람한사 요가난다의 글과 그분에 연관하여 내가 쓴 책들에서, 영적 진실이 과학의 발견보다 훨씬 높고 영적 직관直觀이 철학의 논리적 추론보다 높다는 확신의 근거를 발견할 것이다.

요가난다가 육신의 허물을 벗은 지도 오십여 년 세월이 흘렀다. 그분이 생시에 가르친 내용이 반세기를 지난 오늘 우리에게 더욱 절실히 다가온다. 두뇌 활동으로 만들어진 무언가가 아니라 '의식'이 존재하는 모든 것의 '본질'임을 이해하는 쪽으로 현대 과학이 그 방향을 틀고 있다. 이 근본 진실이 그리스도의 가르침을 바로 이해하는 데 필요한 열쇠다.

나는 이 책에서 결국 '모든 것이 하느님의 의식을 나타낸다.'는 마지막 말에 도달할 것이다. 크리슈나가 『바가바드기타』에서 무신론자도 하느님을 나타낸다며 모든 것에 나타나시는 하느님을 말했는데, 거기에 요가난다는 이 말을 덧붙였다. "무신론자 안에서, 내가 그의 무신론이다!"

그리스도의 가르침을 바로 이해하는 데 또 하나 중요한 것은, 그 진실은 비록 우주 보편적인 것이지만 각 사람이 개인적으로 받아들여야 한다는 점이다. 외형적인 종교는 하나의 사회적 현상으로 남을 것이다. 하지만 상대적으로 자기를 높이 끌어올려주되 진실을 실현하려고 너무 고생하지 않아도 될 만한 가르침을 더 좋아하는 대중이 받아들이려면 웬만큼 묽어져야 한다. 종교가 대중에 수용되려면 사람들이 쉽게 받아들일 수 있는 진실을 제공함으로써 그들의 평범한 의식을 존중해야 하기 때문이다.

반면, 사람들에게 성자가 되라고 촉구하는 진실은 여전히 주인 없는 상태로 남아있게 마련이다. 그러기에 예수께서도 말씀하시지 않았던가? **"들을 귀 있는 사람은 들으시오."** 대중 종교는 높은 수준의 진실이 담긴 비타협적 가르침을 일반인에게 제공할 수 없다.

그래서 힌두 경전들은 '카마kama'와 '아르다arda'를, 쾌락(특히 섹스)에 대한 욕망과 재물에 대한 욕망을 아울러 시인한다. 이런 욕망들은 정당하게만 채워진다면 경전이 인정한 것들이다. 물론 욕망 자체는 하느님을 찾는 데 장애물이지만 어차피 사람이 욕망을 품고 살 바에야 그것들을 하느님께 들어 바치고 정당하게 충족하도록 인도하는 것이 중요하다. 누구도 '사나아탄 다르마'의 보편적인 원리들을 완벽하게 실천할 수 없다. 그러나 불행히도 사람들 대부분이 현재 상태로는 높이 올라갈 준비가 되어있지 않다.

물론 그리스도교는 본질적으로 회중 예배만을 위한 종교가 아니다. 신도의 모임인 교회들은 그리스도교에서 반드시 있어야 하는 부분이다. 하느님을 믿는 ('하느님을 겁내는'이라는 말은 피하자.) 여자와 남자들은 적어도 하늘의 원리에 스스로 충실하려 노력한다. 하지만 사람들이 '완전한 그리스도의 메시지'라 부르는 것을 '하느님을 겁내는' 태도로 받아들이면 위없이 높은 진실이 희석되어 묽어질 수밖에 없다. 그리스도교 또한 위없이 높고, 우주 보편적이고, 장엄한 진실들을 표현하는 종교다. 무엇보다도 하느님과의 직접적인 소통을 갈망하는 사람들에게 더욱 그렇다.

요가난다가 중요한 예언을 했다. "교회에 커다란 변화가 오고 있다. 참 영혼들이 때가 되면 그리로 갈 것이다." 회중 예배는, 그것이 사람을 부추겨 '기쁜 소리로 주님을 찬양하기'보다 그분과의 내밀한 통교를 추구하게 해준다면 아주 좋은 것이다. 또 회중 예배는, 영지주의 시대에 그랬던 것처럼 사람들이 개인적인 미혹을 무너뜨리게 할 수도 있다. 그래서 사람들이 한 자리에 모여 하느님을 예배하는 것은 필요한 일이다.

한번은 요가난다가 유명한 그리스도인 합창단 공연에 초대받았다. 공연을 마치고 사람들이 그에게 물었다. "어떻습니까? 즐거운 시간 보내셨나요?" 그가 말했다. "음, 좋았습니다." 그런데 그 말투가 좀 심드렁했다. 물론 그들이 기대한 것은 열렬한 칭송이었을 것이다. 누가 뭐래도 명성이 자자한 합창단 아닌가?

그들이 다그쳤다. "노래가 별로였습니까?" 정직한 대답 말고는 할 말이 없음을 깨닫고 요가난다가 대꾸했다. "테크닉으로 말하면 완벽했어요. 그런데 당신들은 누구를 즐겁게 해주려고 공연했나요? 그 음악이 누구를 위해서 만들어졌나요? 물론 하느님을 위해 만들어진 음악이겠지요. 그러니 당신들은 노래하면서 그분을 생각했어야 합니다. 다음엔 부디 청중을 위해서 노래하지 말고 하느님을 위해서 노래하십시오."

그가 내다본 그리스도교는 하느님과 하느님 안에 있는 사람들을 깊이 사랑하는 쪽으로 움직여가는 그리스도교였다.

그가 네 복음서에 대한 주석을 썼다. 흥미롭게도 그가 육신을 벗은 바로 그달, 1952년 3월, 이십 년 넘도록 발행된 「자기 깨달음 매거진 *Self-Realization Magazine*」에 그의 마지막 성서 주석 본문이 실렸다. 얼마나 절묘한 우주적 타이밍인가!

나는 이 책에서 그 주석 가운데 중요한 내용들을 소개할 것이다. 주석의 전체 내용은 『예수의 재림*The Second Coming of Christ*』이라는 방대한 책 두 권에 모두 실려 있다. 여기서 내 목표는, 말하자면 그 위에 떠있는 거품을 거두어내는 것이기도 하다.

솔직히 나는 그 책에 불만이 좀 있다. 그 책은 내 제자 몇 명이 수년 간 작업한 것인데 편집이 좀 지나치고 읽기도 쉽지 않다. 파람한사 요가난다가 나에게 당신이 쓴 글들을 편집하라고 하셨는데, 이 책에서 최소한 그 주석의 핵심을 소개해야 한다는 의무감을 느낀다. 그의 성서 주석 전체를 다시 손본다는 건 내 나이 여든에 무리지 싶다. 그래도 관심 있는 독자들은 직접 그 방대한 책을 한번 읽어보는 게 좋겠다. 그 복잡한 여정에서 무슨 보석 같은 문장을 발견하면 스스로 굉장한 지형을 탐색한다는 생각이 들 것이다. 그러니 한 번 읽어보기를 권한다.

나는 좀 더 짧은 책『영원불멸의 약속 The Promise if Immortality』을 썼는데 거기서 요가난다의 주석에 대한 나의 생각들을 토대로 성경 구절과『바가바드기타』구절들을 비교했다. 현재 그 내용이 책 한 권이다. 나머지 한 권도 제때 완성되기를 희망한다.

이런 질문을 할 수도 있다. 왜 나는 제자들의 편집 작업에 관여하지 않았는가? 내 인생을 아는 사람들은 이해할 것이다. 운명은 우리가 서로 다른 밭을 갈게 했다.

아무튼 요가난다가 서양에 전한 예수 그리스도의 핵심 가르침을 내가 이 책에서 잘 소개했으면 좋겠다. 이 가르침에는 인생이 바뀌고 하느님께 더 가까워지게 해주는 힘이 있다고 진심으로 믿는다.

이 책은 갈릴래아의 위대한 스승 예수 그리스도의 가르침에 대한 요가난다의 주석을 소개하는 데 목적이 있다. 이제부터 읽게 될 것은 그 위대한 가르침의 핵심에 대한 하나의 개관槪觀이다.

제2부

그리스도의 가르침 안에 있는 원석原石들

Gem-stones in Christ's Teachings

제16장

모든 것이 어떻게 비롯되었나?

"맨 처음, 하느님께서 하늘과 땅을 지어내실 때 땅은 꼴 없이 텅 비었고 어둠이 깊음을 덮었고 하느님의 바람이 물 위를 휘돌았다. 하느님께서 말씀하셨다, '빛이 있어라!' 그러자 빛이 생겨났다. 빛이 하느님 보시기에 아름다웠다. 하느님께서 빛과 어둠을 나누시고 빛을 낮이라, 어둠을 밤이라 부르셨다. 저녁이 되고 아침이 되니, 첫째 날이다."(창세기 1, 1-5).

과학과 종교가 각자의 '신봉자'들로 인해 서로 다른 무엇으로 취급되는 것은 슬픈 일이다. 그러므로 진실, 특히 종교의 진실을 가르치는 일에서는 모든 것이 어떻게 비롯되었는지, 무엇이 객관적 실재의 본질인지, 인간이 우주에서 차지하는 자리가 어디인지를 토론하는 것으로 논의를 시작하는 것이 자연스럽겠다.

그래서 성경의 첫째 책인 창세기 첫 장을 인용했다. 앞의 구절은 이렇게 이어진다.

"하느님께서 말씀하셨다, '물들 가운데 둥근 지붕이 있어 물들과 물들을 갈라놓아라.' 하느님께서 둥근 지붕을 만들어 그것으로 지붕 아래의 물들과 지붕 위의 물들을 갈라놓으시니 그대로 되었다. 하느님께서 둥근 지붕을 하늘이라고 부르셨다. 저녁이 되고 아침이 되니, 둘째 날이다."(1, 6-8).

여기 '둥근 지붕'은 무엇을 말하는가? 파람한사 요가난다는 그것을 공간(space)으로 설명한다. 그가 말하는 공간은 천계(astral realms)와 물질, 위에 있는 물(하늘)과 아래에 있는 물(땅)을 갈라놓는 진동振動(vibration)이다.

네 복음서 가운데 가장 신비로운 요한복음도 예수 그리스도의 선교에 관련해 우주의 시원始原을 말하는 것으로 시작된다.

"모든 것이 비롯되기 전에 말씀이 있었다. 말씀은 하느님과 함께 계셨고 하느님과 같은 분이셨다."(요한복음 1, 1). 유대인과 그리스도인 모두가 성경을 하느님의 말씀에 일치시킨다. 하지만, 어떤 경전이 우주가 창조되기 전에 있었겠는가? 말이 안된다!

과연 하느님 말씀이 입술에서 나오는 것이었을까? 어떻게 그럴 수 있는가? 수많은 은하계를 지으신 이가 사람의 꼴을 하고 사람의 말을 한다는 상상 자체가 너무나 유치한 환상 아닌가?

우리 모두 알고 있듯이 말은 생각이 밖으로 저를 나타내는 진동이다. 그래서 이성理性이 우리를 알 수 없는 무언가에 부딪쳐 발가락을 다치지 않게 하면서 아주 멀리까지 데려가는 것이다. 하지만 인류가 존재하기 전부터, 사람들이 혀로 말하기 전부터 '말'은 전혀 다른 의미를 지닌 것이었다. 요한복음의 '말씀'은 우주적 진동(Cosmic Vibration) 자체를 가리킨다. 그것은 '영원한 삼위일체'의 한 위位고 따라서 하느님의 한 얼굴이다.

하느님 '말씀'은 그분 '생각'의 진동이다. 그 생각이 거룩한 진동을 통하여 광활한 우주를 낳았다. '무한하신 영'이 당신 의식의 표면에서 움직임을 일으켜 천지창조를 꿈꾸신 거다. 진동이 있는 곳 어디든 운동이 있다. 진동은 중앙의 절대 안정 상태로부터 반대편 양쪽으로 이루어지는 운동이다. 그렇게 해서 우주적 진동이 이원二元을 낳는다. 전체 바다의 수면에 아무 영향도 미치지 않으면서 물결이 오르내리는 것처럼, '위없이 높은 영' 안에서 우주적 진동이 중앙의 절대 안정 상태로부터 위아래로 오르내리는 것이라 할 수 있다. 하지만 이원으로 이루어지는 운동이 아니라 중앙의 절대 안정 상태가 그것들의 진정한 실재다.

진동은 특히 두 가지로 저를 나타낸다. 소리와 빛이 그것들이다. 창세기 첫 장은 이렇게 말한다. **"하느님께서 말씀하셨다, '빛이 있어라!' 그러자 빛이 생겨났다."** 성 요한은 거룩한 진동을 '말씀'으로, 달리 말해 '소리'로 서술한다. 우리는 깊은 명상 속에서 이 두 현상, 소리와 빛을 경험할 수 있다. 실제로는 우주의 소리를 듣는 것이 내면의 빛을 보는 것보다 더 깊은 울림을 준다. 노래가 그림보다 깊고 내밀한 영향을 우리에게 미치는 것과 같다.

요한은 계속해서 말한다. **"모든 것이 그분을 통하여 있게 되었고 그분을 떠나서는 아무것도 있지 못하였다."** '옴AUM'으로부터, 거룩한 영으로부터 모든 것이 생겨났다. **"있게 된 모든 것이 그분의 생명을 나누어 받았는데, 그분의 생명은 사람들의 빛이었다."** 사람의 생명과 의식도 우주적 진동, 말씀 또는 거룩한 영으로부터 생겨난 것이다. 우리가 이렇게 존재하는 것은 그 진동 때문이다. 우리가 저마다 따로 존재한다는 생각도 의식이, 거룩한 진동이 만들어낸 환각이다.

"그 빛이 어둠 속에서 비추고 있거니와 어둠이 빛을 이겨본 적이 없다." 닫힌 눈의 어둠 뒤에서 여전히 거룩한 영의 빛이 번뜩이고 있다는 말이다.

예수께서 말씀하셨다. "눈은 몸의 등불, 눈이 밝으면 온몸이 밝겠거니와 눈이 어두우면 온몸이 어두울 것이오."(마태오복음 6, 22). 여기 '눈이 밝으면'을 사람들이 여러 가지로 다르게 번역한다. '눈이 온전하면', '눈이 건강하면', '눈이 선善을 보면(이건 필자만의 번역이리라)', 기타 등등. 탓할 사람은 없다. 누구든 자기가 아는 것을 남에게 말할 따름이니까. '어둠 속에서 비추는' 빛이 영적으로 잠든 사람에게는 보이지 않는다. 그의 의식이 무지로 어두워져있기 때문이다.

구약성경에 흥미로운 구절이 있다. "그 후에 그가 나를 데리고 문에 이르니 곧 동향한 문이라. 이스라엘 하느님의 영광이 동편에서부터 오는데 하느님의 음성이 많은 물소리 같고 땅은 그 영광으로 인하여 빛나더라."(에제키엘 43, 1-2).

히브리어로 '동편'은 '케뎀kedem'인데 '앞에 있는 것'을 의미한다. 같은 말이 '몸'을 가리키기도 하고 '앞이마'를 가리키기도 한다. (신비주의 문서에서 '북'은 정수리, '남'은 척추 기저면, '서'는 연수 부위 즉, 에고 의식이 있는 뒤통수다.)

『바가바드기타』에서는 '영靈의 눈'이 이마 양미간에 있다. 육체 기관은 아니지만 실제로 보이는 빛, '어둠 속에서 비추는 빛'이 거기 있다. 명상을 깊이 하는 사람은 그 빛(영의 눈)을 통해서, "이스라엘 하느님의 영광이 동편에서부터 오는데 …그 영광으로 인하여 빛나더라."고 말하는 에제키엘처럼 '물질보다 미묘한 무엇'을 들여다볼 수 있다.

수년 전, 이탈리아 아시시Asisi 근처 아난다Ananda 상가僧家에서 새로 사원을 지었는데, 그 제단에 '영의 눈' 복제품을 놓아두고 싶었다. 아난다 사람들이 유리 공예로 소문난 도시 무라노Murano에서 이름난 장인匠人에게 자신들이 원하는 물건을 설명했다. 장인이 어리둥절하여 물었다. "빛이라면 우리가 평생토록 보아온 게 건데? 말해보시오. 당신들이 말하는 그 빛이 뭡니까?" 그는 경건한 그리스도인이지만 요가의 가르침에는 문외한이었다. 아난다 사람들이 그에게 '내면의 빛'을 설명해주자 자기도 그 빛을 보고 싶다고 했다.

많은 요가 수련생들이 그런 게 있다는 말을 듣기도 전에 그 빛을 실제로 보았다고 우리에게 말해주었다. 그 빛은 주관적인 기대로 생기는 환영幻影이 아니다. '영의 눈'은 모든 사람에게 처음부터 있다. 마음을 깊게 모아 고요해지면 누구든 볼 수 있다.

영의 눈이 무엇처럼 보이는가? 그것을 옹글게 보면 은백색 오각五角 별이 있는, 깊고 푸른 중심을 에워싼 황금빛의 배광背光이다.

'영의 눈'은 사람 몸에 들어와 그것을 유지시켜주는 우주 에너지의 투영이다. 뇌의 기저부에 있는 연수(숨골, medulla oblongata)가 그 입구다. 지금 나는 어쩌다가 심오하고 밀교적이지만 근본적이고 중요한 영적 진실을 설명하고 있는데, 요가의 가르침에서는 잘 알려져 있지만 정통 그리스도인들에게는 낯설게 들릴 것이다.

이런 질문이 가능하겠다. '몸에 들어온다는 그 에너지라는 게 도대체 무엇인가?' 앞에서 우리는 예수님이 사십일 금식하셨을 때 유혹자(사탄)에게 하신 말씀을 인용했다. 사탄이 예수에게 돌로 떡을 만들어 배고픔을 채우라고 꾀었다. 사람이 자기를 위해서 기도하는 것은 가장 높은 기도 방법에 어긋나는 것이다. 자신의 에고 의식에서 벗어나는 것이 인간의 마지막 임무기 때문이다. 자기를 위해서 기도하는 것이 언제나 잘못이라는 말은 아니지만, 예수님처럼 완전한 깨달음을 얻은 사람에게는 더 높은 영적 차원이 있는 법이다.

내가 구루한테서 직접 들은 이야기가 생각난다. 인도의 한 성자가 병들었다. 제자들이 그에게 말했다. "선생님은 우리가 병들었을 때 우리를 위해 기도해주셨습니다. 그런데 왜 병을 고쳐달라고 신성한 어머님께 기도하지 않으십니까?" 성자는 곰곰 생각 끝에 그들의 말이 옳지 싶었다. 그래서 우주의 신성한 어머니 하느님께 병을 고쳐달라고 기도드렸다. 신성한 어머니가 굳은 표정으로 나타나 그에게 말씀하셨다. "다른 건 다 관두고, 너는 네가 나와 하나임을 깨친 사람이다. 그런데 어쩌자고 그 높은 데서 내려와 너의 작은 자아를 위해 기도한단 말이냐? 부끄러운 줄 알아라!" 물론 성자는 서둘러 기도를 취소했다.

베르나데트Bernardette 성인도 기적의 루르드Lourdes 샘물로 치유 받기를 거부했다. 그 샘은 본인이 기도하다가 황홀경에 들어 발견한 것이었다. (그녀가 임종하는 자리에서 이렇게 말했다고 한다. "샘물이 나에게는 흐르지 않았다.")

이제 우리는 예수님이 사탄에게 답하신 말씀을 이해할 수 있게 되었다. **"성경에 사람이 빵만 먹고 사는 게 아니라 하느님 입에서 나오는 말씀을 먹어야 산다고 하지 않았더냐?"**

앞에서 나는 이 구절을 인용하며 '하느님의 입'에 대한 설명을 뒤로 미루었다. 파람한사 요가난다는 이렇게 설명한다. 우리 몸에는 우주 에너지를 받아들이는 입구가 둘 있다. 하나는 입인데, 음식을 먹는 곳이다. 다른 하나는 연수(숨골)다. 그리로 우주에 가득한 생명 기운과 우주 에너지가 우리 몸에 들어온다.

실제로 성경은 '순수 요가'라고 부를 만한 밀교적 가르침들로 가득하다. 어떻게 안 그럴 수 있겠는가? 진실은 단순하다. 하나인 사실(fact)이다. 앞에서 여러 번 말했듯이 진실은 우주 보편적이다. 그리스도교 아닌 다른 종교에 속한 사람이 신앙 고백 내용이 틀렸다는 이유로 자동 제외되는 '그리스도교의 참 진실'이란 없다. 우리가 경험해야 하는 신성한 진실은 무엇을 어떻게 믿는다는 입술의 고백이 아니라 고요하고 순결한 마음에서 나오는 생각과 느낌으로 얻을 수 있다.

"나를 보고 '주님, 주님.' 부른다 해서 모두 하늘나라에 들어가는 것이 아니고, 삶으로 하늘 아버지의 뜻을 이루어드리는 사람이라야 들어갈 수 있소."(마태오복음 7, 21).

같은 그리스도인들이 저마다 자기 나랏말로 듀Dieu, 고트Gott, 디오Dio, 여호와Jehovah라고 하느님을 부른다. 하느님이 진심 어린 마음과 참된 사랑으로 당신을 부르는 사람들을 기뻐하시리라는 건 분명한 사실이다. 그분은 우리가 그리스도의 이름으로 사랑하든 다른 위대한 스승의 이름으로 사랑하든, 진심으로 당신을 사랑하기만 한다면 그런 걸 문제 삼지 않으신다. 누구든지 하느님을 참으로 사랑하면 자신의 의식이 확장되고, 신성하고 무한한 의식의 입구가 자기 몸에서 열리는 것을 볼 것이다.

그래서 우리는 다시 묻게 된다. '하느님 입에서 나오는 말씀을 먹는다는 게 무슨 말인가?' 현대인은 두뇌 활동으로 사람의 의식이 생성된다는('나는 생각한다, 고로 나는 존재한다'), 몸이 우리에게 생명을 주며 몸에 필요한 에너지를 음식물이나 공기로 섭취한다는 믿음에 여전히 속고 있다. 아니다. 먼저 의식이 있고 그것이 인간의 뇌를 생각하게 하는 거다. 내적이고 미묘한 근원, 신체의 모든 기관을 움직여주는 참된 근원에서 오는 에너지가 없으면 우리는 먹지도 못하고 먹은 것을 소화하지도 못한다. 음식을 입에 대지도 않고 수년을 살았던 독일의 테레제 노이만을 포함하여 수많은 성인들이 이를 입증해준다.

바로 그 에너지로 우리가 사는데, 우리는 스스로 의식하는 것보다 훨씬 많은 에너지를 끌어당기고 있다. 요가난다는 그 에너지를 의식적으로 끌어당기는 비결이 의지력에 있다고 말한다.

우리가 의지의 힘으로 에너지를 끌어당기는 한 가지 예를 생각해보자. 당신은 독신이다. 어느 날 잔뜩 지친 몸으로 직장에서 돌아온다. 속으로 '오늘 저녁은 그냥 이대로 침대에 쓰러져 잠들어버리자.' 하고 말한다. 그때 전화벨이 울린다. 오래 못 본 고향 친구가 급한 용무로 읍내에 와있는데 내일 아침 일찍 떠난다며 시간 좀 내어 만날 수 있겠느냐고 묻는다. 당신은 어떻게 반응하겠는가? 당신은 물론 그 친구가 보고 싶다. 그 친구가 읍내에 있다는 사실이 너무나 반갑다. 당장 일어나 그 친구를 만나러 읍내로 갈 수 있다. 그러면 밤늦게 집으로 돌아올 것이다. 하지만 친구와 함께 보낸 '행복한 저녁'을 회상하며 이튿날 아침 당신은 기운차게 자리에서 일어날 것이다.

파람한사 요가난다는 말한다. "의지의 힘이 클수록 그만큼 강한 에너지가 흐른다." 그는 우주 에너지로 사는 법을 몸으로 익히려고 본인의 의지력으로 우주 에너지를 끌어당기는 '에너지 활성화 수련법'을 우리에게 가르쳐주었다. 그 수련법을 규칙적으로 익힌 덕분에 우리는 외부의 물리적 조건에 덜 휘둘리며 살 수 있었다.

척수는 직접 움직일 수 없는 우리 몸의 한 부분으로, 몸 안에 있는 생명의 자리다. 그리로 에너지가 우리 몸에 들어온다. 척수는 이마 양미간에 있는 영의 눈에서 반영된다. 영의 눈 중심에 오각별이 있고 그것을 황금빛이 에워싼 것은 우리의 미묘한 천계天界의 몸과 인과因果의 몸

(causal body), 그리고 척추의 알아차림 채널들하고 관련이 있다.

좋다. 여기서 나는 '이왕 시작한 일 끝까지 가자.'고 할 것인가? 당신이 헤엄칠 줄 아는 사람인지 아닌지도 모르면서 어떻게 이 깊은 물로 당신을 끌어들이겠다는 것인가. 음, 그래도 일단 시도는 해보자.

성경(창세기)에 이런 구절이 있다. **"하느님께서 말씀하셨다, '우리 형상으로 우리 닮은 사람을 만들자.' …하느님의 형상으로 사람을, 남자와 여자로 사람을, 지어내셨다."**(창세기 1, 26-27). 이 문장은 보통 하느님이 사람처럼 생겼다는 의미로 읽힌다. 하지만 앞에서도 말했듯이 그건 불가능이다. 이 문장을 자세히 들여다보면 하느님이 사람 형상을 하신 게 아니라 사람이 하느님 형상으로 창조되었다는 뜻임을 알 수 있다. 실제로 우리 몸에는 하느님의 형상으로 만들어졌음을 보여주는 표시가 있다.

영의 눈 중심에 있는 오각별은 우리 마음이 하느님 나라로 들어가는 입구다. 다섯 꼭짓점은 흥미롭게도 인체의 모양을 가리킨다. 두 팔을 수평으로, 두 다리를 양쪽으로 벌리고 서서 고개를 곧추 세우면 그대로 다섯 꼭짓점을 가진 별이다. 우리 몸은 처음부터 영의 눈 중심에 있는 별에 바탕을 둔 것이었다. 문자 그대로 우리가 '하느님 형상으로' 빚어졌다는 얘기다. 우리 안에 잠재된 특별한 능력을 암시하는 시적詩的 이미지가 아니다. 정통 종교의 도그마가 주장하듯이 인간에게만 영혼이 있다는 뜻도 아니다. 실제로 우리는 영혼이다. 영혼들이 저마다 육체를 가지고 사는 것이다.

앞에서 나는 '베들레헴의 별'을 언급한 적 있다. 그것은 영의 눈에 보이는 별이었고, 그것을 좇아 동방의 현자들이 예수 그리스도를 경배하러 왔던 것이다. 그것이 하늘에 있는 별이라면 베들레헴의 어느 마구간 위로만 빛을 비출 수는 없는 일이다. 여기서 말하는 별은 대단히 깊은 밀교적 의미를 지닌 별이다.

동방의 현자들 이야기에 담긴 의미는, '들을 귀(또는 볼 눈) 있는 사람들'이 놀라운 진실, 곧 주님이 몸소 예수 그리스도를 통하여 사람 모양으로 육화肉化하셨음을 알아보았다는 것이다. 그들이 본 신성한 빛은 위없이 높으신 영으로부터 내려온 빛이었다. 그것을 이해할 수 있는 사람들에게 성경의 이야기는 예수 그리스도가 평범한 신생아가 아니라 사람 모양으로 이 땅에 내려오신 주님이었음을 암시한다. 이 장엄한 사실을 세상에 알리려고 하느님께 발탁된 사람들이 동방의 현자들이었다.

그러므로 영의 눈에 대하여 깊이 명상하고 기도하면 하느님의 빛을 보고, 만물이 그 빛 안에서 존재한다는 것을 알게 된다. **"땅은 그 영광으로 인하여 빛나더라."**(에제키엘 43, 2). 이에 앞서 에제키엘은 다른 현상을 말한다. **"하느님의 음성이 많은 물소리 같고…"** 거룩한 바람(거룩한 영)이 소리를 내었다는 얘기다. 요한묵시록에도 기록돼있다. **"일곱째 천사가 나팔을 불자 하늘에서 큰 음성이 들려왔다."**(묵시록 11, 15). 이 '소리'가 다른 경전들과 마찬가지로 성경에도 다양하게 서술되었다. 사도행전에 보면 성령을 보내겠다는 예수님의 약속을 받은 제자들이 오순절 다락방에 모였는데 **"갑자기 위에서 세찬 바람이 부는 것 같은 소리가 들리더니 그들이 앉아 있는 집안을 가득 채웠다."**(2, 2). 실제로 깊은 명상에 잠긴 사람들이 불어오는 가벼운 바람을 느낄 경우가 있다. 바깥 공기가 들어오지 못하는 밀폐된 방에서도 그런 경험을 할 수 있다. 그 바람 또한 '옴AUM'의 자기표현이다.

깊은 침묵에 잠겨있는 곳에 가본 적이 있는가? 그때 그 고요함 속에서 소나무 가지 사이로 불어오는 미풍 같은 소리가 들리지 않던가? 그

소리도 거룩한 바람 또는 거룩한 영이 내는 '옴' 소리일 수 있다.

하지만 그것이 항상 부드럽게 들리는 소리라고는 생각하지 말라. **"하느님은 당신 음성을 기이하게 내시고 우리가 알 수 없는 큰일을 행하신다."**(욥기 37, 5).

또 성경은 말한다. **"네가 환난 중에서 부르짖을 때 내가 너를 건져주었고 천둥치는 은밀한 곳에서 너에게 응답하였으며…"**(시편 81, 7).

'옴'은 모든 사람이 들을 수 있고 모든 사람이 얼마간 그 속에 잠길 수 있는 소리다. 그것과 더 깊이 통교하는 법에 익숙해지면 도움이 될 것이다. **"내가 그대에게 하늘나라 열쇠를 줄 터인즉…"**(마태오복음 16, 19). 이 구절에 대해서는 더 상세히 말할 기회가 있겠으나 여기서는 요가난다의 설명을 소개하는 것으로 넘어간다. 예수님이 베드로에게 주겠다고 약속하신 '열쇠'는 하느님의 참된 구도자들이 그것으로 하느님과의 합일이라는 최후 목적을 이룰 수 있는 '영적 기법'이라는 게 그의 설명이다.

요가는 아주 오래된 과학이다. 보편적으로 널리 알려진 인간 본성에 그 바탕을 두고 있다. 요가의 테크닉과 가르침은 상당히 수준 높은 과학이다. 여기서는 요가에 대한 일반적이고 단순한 두 가지 인식을 말해 보겠다.

1) 요기들은 사람의 의지, 지능, 집중의 '자리(seat)'가 이마 양미간에 있다고 말한다. 사람이 무슨 일에 마음을 집중하거나, 생각을 골똘히 하거나, 어려운 문제를 풀 때 앞이마에 주름이 잡히는 건 누구나 아는 현상이다. 이로써 우리는 사람의 마음 에너지가 양미간에 집중된다는 사실을 알 수 있다.

그러면 앞이마에 특별한 무엇이 있는 건가? 아니다. 그렇지 않다. 바로 그 부위 안쪽의 뇌 속에 '무엇'이 있다. 사람 두뇌에서 앞으로 볼록 나온 부분(전두엽)은 지능 작용, 높은 수준의 정신 작용에 연관돼있다. 사람이 의식을 높이려 할 때 마음을 집중시키는 정확한 영역이 바로 앞이마 뒤 전두엽에 있다는 건 널리 알려진 사실이다. 그 부위에 마음을 모으면 눈동자가 자연스럽게 위로 향한다. 깊은 명상에 잠긴 성자들의 시선이 위를 응시하고 있는 건 우연이 아니다.

2) 요기들은 정서적 느낌, 깊은 사랑, 직관의 중심이 모두 가슴(heart, 마음, 심장)에 있다고 말한다. 사람의 느낌이 모두 거기서 나온다는 건 누구나 아는 사실이다. 가슴은 여성의 유방이 있는 곳이기도 하다. 여성이 느낌에 민감한 건 당연하다. '사랑에 멍든 젊은이'가 '가슴이 찢어진다'고 하지 '무릎이 아프다'고는 하지 않는다.

두뇌보다 가슴의 신경 조직이 훨씬 복잡하고 섬세하다는 말을 들었다. 어쨌거나 가슴은 심장을 펌프질하여 온몸에 피를 돌게 하는 역할만 하는 데가 아니다.

요기들은 심장 바로 뒤쪽 척추의 한 점에 느낌의 중심이 있다고 말한다. 요가는 에너지를 가슴에, 심장 뒤쪽 척추에 두는 것이 중요하다고 가르친다. 느낌의 질質이 깨어나야 하는 데가 바로 거기다. 느낌 에너지가 거기서 앞이마 양미간까지 위로 올라가는데 그 자리에 묶여있어야지 밖으로 넘쳐 감정으로 소모되거나 척추 아래로 내려가서는 안된다. 에너지가 척추 아래로 흘러 내려가면 사람의 의식이 낮은 수준으로 떨어진다.

이런 경험은 모든 사람이 겪는 일반적인 것들이다. 사람이 이것들에 민감해질 때 성경과 예수 그리스도의 가르침을 더 깊이 들여다볼 수 있을 것이다.

예수께서 이르셨다. **"그대들은, '넉 달 더 있어야 추수할 때가 온다.'고 말하지요? 눈을 들어 밭을 보시오. 진정으로 말하는데, 낟알이 여물어 거둘 때가 되었소."**(요한복음 4, 35). 다시, 시편 121편 1, 2절이다. **"눈을 들어 언덕을 본다. 어디에서 나의 도움이 오는가? 나의 도움이 주께로부터 오는구나."** 가슴에 관해 예수께서 말씀하셨다. **"가슴이 깨끗한 사람한테 복이 있으니 그들이 하느님을 뵙겠기 때문이오."**(마태오복음 5, 8). 그 어떤 숨겨진 에고의 동기에서도 자유로워져 하느님의 사랑에 온전히 흡수될 때 비로소 사람은 하느님을 알 수 있다.

다시, 예수께서 이르셨다. **"누구든지 제 속에 가득 찬 것을 입으로 내놓게 마련이니, 선한 사람은 제 속에 쌓아둔 선을 내고 악한 사람은 제 속에 쌓아둔 악을 내는 것이오."**(마태오복음 12, 35). 요가는 가슴(마음)을 착한 생각, 고요한 느낌, 어떤 것도 집착하지 않음, 경건한 헌신 같은 '선한 것들'로 가득 채우라고, 그게 중요하다고 가르친다. 반면에 '악한 것들'은 가슴(마음)을 무겁게 하고 에너지를 아래로 끌어내린다. 그래서 성경이 예수를 배신한 유다에 대해 이렇게 말하는 것이다. **"악마가 이미 가리옷 사람 유다의 마음에 예수를 넘겨주겠다는 생각을 넣었더니…"**(요한복음 13, 2). 누구를 배신하려는 충동은 사람 가슴(마음)에 있는 '악한 것들' 가운데 하나다. 그것을 악하다고 말하는 이유는 그냥 속으로 생각만 하는 게 아니라 그 생각을 실천에 옮기라는 악마의 꾐에 넘어가기 때문이다. 그것은 가슴(마음)이 미혹으로 돌아선 사람의 초대를 받아서 악마가 그 속으로 들어갔음을 보여준다. 나쁜 동기는 갈수록 짙어지는 정신적 암흑으로 사람의 의식을 끌어내린다.

성경에서 악마가 유다 마음에 '생각을 넣었다'고 표현한 것이 흥미롭다. 실제로 그럴 수 있는 것은, 요가난다의 말대로 '생각이란 인류 보편적인 것'이라서 어느 개인에 뿌리내린 것이 아니기 때문이다. 우리는 먼저 잘못된 생각을 하고 잘못된 욕망을 품는 것으로 우주 의식의 문을 두드린다. 그러면 그 생각과 욕망의 자력이 선하기도 하고 악하기도 한 우주 의식을 끌어당긴다. 우리가 어느 쪽을 향하느냐, 어느 쪽을 초대하느냐에 따라서 그것이 우리를 하늘로 끌어올리거나 고통과 어둠이 기다리는 아래로 끌어내리거나 하는 것이다.

내면의 불순한 생각들을 없애고 순결한 마음을 강화하고 싶은 사람에게 최선의 길은 우선 자기 안에 있는 불순한 생각들을 일축하는 것이다. 그런데 사람들은 오히려 그것을 이해하고 거기서 놓여나는 방법을 찾겠다는 명분으로 그것들과 더불어 노닥거리기 쉽다. 그러지 말고 가슴에서 목구멍을 통해 양미간까지 자기 느낌을 끌어올려라. 본인의 느낌들을 조화시켜 양미간에 있는 영의 눈('그리스도 센터')으로 끌어올리면 내면의 불순한 동기들을 밖으로 실현하려는 마음이 완전 바뀔 것이다. 그 사람은 거의 자동으로 순결해진다.

예수님이 '천국 가는 열쇠'라고 하신 이러한 미묘한 테크닉 없이는 사람이 영적으로 성숙하기 어렵다. 온 마음으로 하느님을 사랑하려 백방으로 노력하지만 이런저런 감정에 휩쓸려 수만 가지 방향으로 치달리는 자기를 볼 따름이다.

내 조카 하나가 심장에 이상異狀이 있는 아기를 낳았다. 어미로서 간절히 기도하지 않을 수 없었다. 그녀가 나를 찾아와 말했다. "너무나 절망적이에요. 마음을 모아서 아기를 위해 기도하고 싶은데 온갖 생각들이 이리저리 끌어당깁니다. 우유 배달하는 사람이 제 시간에 배달해줄까? 점심은 뭘 먹지? 아이 아빠가 직장에서 곧장 집으로 오면 좋겠는데… 아이 생각을 하면 마음이 아픈데 도대체 기도 한 번 제대로 못하고 있네요."

나는 그녀에게 요가를 하라고, 그래야 한다고 말해주었다. 요가는 부자연스럽고 이교도적인 무엇이 아니다. 당신이 스스로에게 낯설지 않은 만큼 낯설지 않은 수련법이다. 사람이면 누구나 익숙한 방법을 제대로 사용하도록 연습하는 것이다. 요가에서 쓰는 말이 다르니까 비非그리스도적이라고? 터무니없는 소리다.

다시 한 번 요한복음 첫 장 말씀을 읽어본다. **"아무도 하느님을 보지 못하였으나 아버지 품 안에 계시는 하느님의 외아들이 우리에게 하느님을 보여주셨다."**(1, 18). 자기가 본질적으로 하느님과 다른 존재라 믿고, 예수 그리스도를 영접하여 그분이 우리 죄를 위하여 죽으셨음을 믿지 않으면 영원한 지옥 형벌을 받으리라 생각하는 사람이 이 구절을 읽으면 마음이 아플 것이다.

내가 열여섯 살에 더 이상 어머니랑 교회에 가지 않겠다고 했을 때 어머니 눈에서 흐르던 눈물이 지금도 기억난다. 그날 어머니가 내 방에 들어와 울면서 말했다. "내 아들이 스스로 영원한 지옥 형벌을 받겠다고 하니 어미 가슴이 찢어지는구나." (어머니는 뱃속에 나를 가졌을 때부터 지극한 하느님 사랑으로 나를 돌보신 분이었다.) 며칠인가 지나서 한결 편안해진 얼굴로 어머니가 나에게 말했다. 먼저 하느님을 등진 사람만이 하느님을 진짜로 영접한다는 글을 어디선가 읽었다는 것이었다.

"이제 아셨군요." 이렇게 답했지만 내 깊은 영적 탐구에 대해서는 누구와도, 어머니하고도 얘기를 나눌 수 없었다.

그리스도의 가르침에 대한 요가난다의 중요한 메시지는 인간이 하느님의 자녀라는, 그렇지 않을 수 없다는 것이다. 천지만물 가운데 하느님 의식의 표현 아닌 것이 없다. 나의 구루는 자주 우리에게 말했다. "자기를 죄인이라고 부르는 바로 그것이 가장 큰 죄다!"

인간의 눈은 하느님을 볼 수 없다. 사실이다. 오직 영의 눈만이 그분을 알아본다. 위에 인용한 구절은 뜻이 깊지만, 많은 오해를 초래할 수 있는 뒷부분 **"아버지 품 안에 계시는 하느님의 외아들이 우리에게 하느님을 보여주셨다."**는 어떤 도그마에 맞추어 다듬어진 느낌이 든다. 하지만 본의本意는 진실이다. 다만 영원히 참된 종교, '사나아탄 다르마'에 결부시켜 깊이 이해할 필요가 있다. 그렇다. 하느님이 온전히 계시되는 건 오로지 '그리스도 의식(Christ consciousness)' 안에서만 가능한 일이다. 하지만 우리 모두가 그리스도 의식에 이를 수 있고 마침내 이르러야 한다는 것 또한 분명한 진실이다.

깊은 명상 속에서 무슨 일이 일어나는가? 우선, 성스러운 '옴AUM' 진동이 오른쪽 귀에서, 그리고 온몸에서 들린다. 명상이 더 깊어지면 본인의 의식이 '우주 진동 소리'에 스며드는 것을 알게 된다. 동시에 그것이 하나인 참 자아임을 깨닫는다. 온몸에서 울리는 진동을 듣고 느낀 다음 본인의 의식이 우주를 포용할 만큼 확장되는 것이다.

그때 그는 자기 몸에서 울리는 진동과 함께 그리스도 의식이 몸으로 투영되는 것을 느낀다.

그것은 진정 '외아들'의 의식이다. 창조된 것들 가운데 창조 너머의 고요하고 움직이지 않으며 진동하지 않는 영을 반영한 사람이 그분 말고는 없기 때문이다.

명상이 깊어지면 인간의 의식이 모든 곳에서 그리스도 의식을 받아들일 만큼 확장된다. 그래서 창조된 모든 것들 가운데 없는 곳이 없다. 그가 바로 성경이 말하는 자기 몸으로 하느님을 반영함으로써 그분을 '보여주는' 그리스도, 하느님의 외아들이다.

실로 모든 사람이 '새로운 언어'를 배워야 한다. 얼마나 많은 거짓 개념들이 요가난다가 말하는 '교회교(Churchianity)'에 가득 차있는지! 새로운 언어를 배워야 하는 첫째 이유는, 그러지 않으면 우리가 진심으로 얻으려는 것을 등지게 되기 때문이다.

오늘의 그리스도교를 위협하는 세력이 참으로 많다. 현대 과학의 새로운 발견, 이른바 학자로 자처하는 사람들, 진화론적 세계관 따위가 교회로 발길을 옮기는 사람들의 발목을 잡아당긴다. 우리가 새로운 언어 – 영적 깨달음이 담겨있는 고대 언어 – 를 배워야 하는 가장 큰 이유는 그것 말고 대안이 없어서다. 다른 방도를 말하는 사람이 있으면 그에게 셰익스피어의 대사를 들려주고 싶다. "그것들을 강철 띠로 네 영혼에 비끄러매어라." 하지만 그것들은 쓸 만한 대안이 못된다. 모두가 덫이고 속임수일 뿐이다. 진정으로 행복한 과학자를 나에게 데려와보라. 내가 말해주겠다. "저 과학자는 왜 행복한가? 그가 과학자면서 동시에 성자기 때문이다."

많은 사람이 헤아릴 수 없는 환생을 거치면서 하느님을 밖에서 찾으려 애쓴다. 하지만 모두들 실패로 끝나고 만다. 말 그대로 출구는 하나다. 하느님을 자기 안에서 찾는 것이다. 그리로 가게 해주는 하느님의 언어를 우리에게 가르쳐주려고 온 사람이 파람한사 요가난다였다. 예수께서 쓰신 언어도 바로 그것이었다. 그것은 영혼의 언어다.

제17장

척추대로 脊椎大路

예수께서 말씀하셨다. **"안식일이 사람을 위해서 만들어진 것이지 사람이 안식일을 위해서 만들어진 것은 아니오. 그러므로 사람아들이 안식일의 주인이오."**(마르코복음 2, 27).

모두 잘 아는 얘기다. 예수님 제자들이 안식일에 밀 이삭을 잘랐는데 그것을 본 바리사이파 사람들이 안식일 법을 어기고 추수를 했다며 그들을 비난했다. 이에 대한 예수님의 대꾸는 인생사 모든 경우에 해당되는 것이다. 법이란 법조문을 위해서 있는 게 아니라 인간을 위해서 있는 것이기 때문이다. 하지만 이 얘기의 궁극적 결론에까지 사람들의 관심이 연결되는 경우는 아주 드물다. 예수의 모든 가르침이 실은 외형적인 무엇이 아니라 인간 내면의 실재를 겨냥한 것이기 때문이다. 무엇보다도 종교가 존재하는 목적은 우리가 하느님의 명령을 잘 지키도록 하는 데 있는 게 아니라 우리를 영적으로 높이 끌어올리는 데 있다.

앞에서 인용한 구절이다. **"하느님 나라는 눈으로 볼 수 있게 오는 나라가 아니오. '여기 있다.' 또는 '저기 있다.'고 말할 수도 없으니, 하느님**

나라는 바로 당신들 안에 있소."(루가복음 17, 20-21). 내가 아는 한 지상의 모든 종교들이 천국은 '저 위' 어디에 있고 지옥은 '저 아래' 어디에 있다고 생각한다. 우주의 안목으로 볼 때 말이 안된다. 이쪽에서 '아래'로 보이는 데가 저쪽에서는 '위'로 보이고, 이쪽에서 '위'로 보이는 데가 저쪽에서는 '아래'로 보이고, 사람들은 어디에서나 물구나무로 걷지 않기 때문이다. 안식일의 경우와 마찬가지로 천국과 지옥은 인간의 몸에서 에너지가 어느 쪽을 향하고 있느냐로 결정되는 것이다.

우리 의식을 위로 끌어올리는 것은 무엇이든 우리를 행복으로 데려간다. 우리 의식을 아래로 끌어내리는 것은 무엇이든 우리를 불행하게 만든다. 행복한 사람이 '붕 뜬 기분이야' 또는 '하늘을 나는 것 같다'는 것은 흔히 들을 수 있는 말이다. 반대로 불행한 사람은 자신의 의식이 아래로 내려가는 것을 느끼고 '땅이 꺼졌어' 또는 '바닥으로 떨어졌다'고 말한다.

그리스도교의 진실은 무엇보다도 인간적이면서 보편적인 실재와의 관계 속에서 이해되어야 할 것이다. 모든 경전이 추상적인 개념보다 실제로 사람한테 영향을 미치는 진실에 훨씬 더 많은 관심을 보인다.

내가 젊었을 때 많은 사람들이 경전이라면서 읽었고 지금도 읽는 책이 있다. 제목이 『유란시아서*The Urantia Book*』인데 천사들의 다양한 계급 구조 같은 것이 기록돼있다. 나는 그 책을 다 읽지 않았지만 독파할 마음도 없었다. 공상 과학 소설 좋아하는 독자라면 혹할 내용이 가득 담겨있지만 진정한 경전의 품위는 찾아볼 수 없는 책이다. 예수 그리스도의 메시지를 비롯하여 참된 경전의 메시지는 인간의 의식을 위로 끌어올리고, 무엇이 사람을 하느님께로 향하게 하는지에 관심을 둔다. 또한 그리스도의 메시지는 사람을 하느님의 지복에서 떨어져 나오게 하는 것들에 대한 경고를 담고 있기도 하다.

제배대오Zebedaios의 두 아들 어머니가 예수께 와서 청한다. **"제 두 아들을 주님의 나라에서 하나는 오른편에 하나는 왼편에 앉게 해주십 시오."** 예수께서 그녀에게 대답하신다. **"…내 오른편 자리와 왼편 자리 는 내가 맘대로 줄 수 있는 자리가 아니오. 우리 아버지께서 누구를 위 하여 마련하셨는지 모르지만 그가 그 자리에 앉을 것이오."**(마태오복음 20, 20-22). 참으로 어리석은 청탁이다. 오랜 세월 사람들은 법정에서처 럼 높은 보좌에 앉아 계시는 예수님과 아버지 하느님의 모습을 상상해 왔다. 하지만 신성한 의식은 없는 곳이 없다. 밖에서 인식되지는 않아도 왕이든 신하든 평민이든 모든 사람 안에 이미 있다. 달팽이, 딱정벌레, 심지어 바윗돌에도 '신성神性'은 있다. 그것이 한 곳에 영원히 앉아있을 수는 없는 일이다.

예수께서 한번은 하늘나라를 겨자씨에 비유하셨다. **"하늘나라는 어 떤 사람이 자기 밭에 뿌려놓은 겨자씨와 같소. …싹이 터서 자라면 어느 푸성귀보다 커져서 공중의 새들이 날아와 가지에 깃들일 만큼 큰 나무 로 되오."**(마태오복음 13, 31-32). 이 말씀에서 겨자씨가 싹을 틔워 천계 天界로 도약하는 것을 본 사람이 있을까? 있다면 내 작은 뇌로는 만들어 낼 수 없는 도약이다. 예수께서 이 비유로 말씀하려 하신 것은 사람이 자신의 의식을 끌어올리고 확장하여 아니 계신 곳 없는 하느님과 영적 으로 하나 될 수 있는 잠재 능력에 관한 것이었다. 그 확장은 에고의 온 갖 제한을 이루고 있는 자기 엄폐의 장막을 하나씩 둘씩 벗기는 것으로 완성된다.

예수께서는 당신이 율법과 예언을 완성하러 왔다고 하셨다. **"내가 율 법과 예언을 없애러 왔다고 생각하지 마시오. 없애러 온 게 아니라 완성**

하러 왔소."(마태오복음 5, 17). 이 말에서 우리는 예수의 가르침에 암시
된 내용을 말한 고대 예언자들을 떠올리게 된다.

예언자 이사야가 말했다. **"외치는 자의 소리여, 빈들에서 야훼의 길
을 준비하라, 우리 하느님의 대로를 평탄케 하라, 골짜기마다 돋우어지
며 산마다 작은 산마다 낮아지며 고르지 않은 곳이 평탄해지며 험한 곳
이 평지가 된다고 말하여라."**(이사야 40, 3-4). 이사야가 평탄해질 것이
라고 말한 '하느님의 대로大路'는 인간의 척추(spine)다. '고르지 않은
곳'은 이원二元(dwaita)의 오르막 내리막이다. 그것들은 인간의 의식이
마침내 참 자아의 중심에서 안식할 때 평탄해진다.

여기서도 일반 상식에서 높은 깨달음을 연상할 수 있다. 곧게 세워진
척추가 올곧고 정직하고 드높은 이상을 품은 사람을 가리킨다는 건 누
구나 알고 있다. 반면에 의지의 힘이 부족한 사람을 보통 '줏대가 없다'
또는 '등뼈가 휘었다'고 한다. 영어권에서는 정직하지 않은 사람을 가리
켜 '꼽추'라고 한다. 등뼈가 곧지 못한 사람이라는 뜻이다. 불행하게도
곧게 세운 척추가 본인의 영적 성숙에 얼마나 중요한지를 아는 사람이
참으로 드물다.

몸을 두고 말할 때 이것 하나는 분명하다. 척추가 굽으면 폐로 공기
를 마시기가 어려워지고, 그러면 호흡이 거칠어진다. 정신적으로나 육
체적으로나 곧은 척추는 용기를 말해준다. 반대로 용기가 없거나 의지
가 부족한 사람은 등이 구부정하다. 곧은 척추가 몸의 에너지를 위로
끌어올리는 데 중요하다는 사실은 누구나 쉽게 알 수 있다. 굽은 척추
는 몸의 에너지와 깨어있는 의식을 아래로 끌어내린다.

에너지가 가슴, 그러니까 심장 뒤쪽 척추 부위에 중심을 잡으면 느낌
이나 감정이 거기로 모여든다. 느낌은 속에서 자연 발생으로 일어나기

도 하고 외부의 자극으로 생겨나기도 한다. 감정이 일어나는 것은 무슨 이유로든 느낌이 흥분돼있다는 증거다. 고요한 느낌만이 참되고 직관적인 인식을 가져다준다.

느낌이 위쪽을 향할 때, 특히 양미간에 있는 '그리스도 센터'를 향할 때 사람은 하느님을 사랑하고 싶어진다. 특별히 신중한 노력으로 에너지가 뒷목의 척추 부위에 집중될 때 사람은 고요해지고, 속에서 에너지가 커지는 것을 느낀다.

연수(숨골)에 집중된 에너지가 양미간에 있는 뇌 전두엽의 긍정적 극판極板으로 끌어올려져야 한다. 이 에너지가 올라가다 막히면 그것이 무거운 에고 의식으로 쏠리게 된다. (그래서 에고이스트들이 '자기 코끝을 내려다본다.'고 말하는 것이다.) 척추 아래쪽 센터로 집중된 에너지는 마음을 끌어내려 물질에 집착하도록 만든다.

무용수의 몸짓도 사람의 마음 상태를 다양하게 보여준다. 예를 들어 엉덩이를 앞뒤로 흔드는 동작은 성적 욕망을 암시한다. 발과 다리를 힘차게 벋는 동작은 세속에 대한 집착을, 두 팔을 우아하게 위로 들어 올리는 동작은 영적 의식의 높아짐을 보여준다. 머리 동작도 겸손이나 오만을 보여준다. 오만함은 고개를 뒤로 젖히는 동작으로 나타나는데, 팝가수들한테서 자주 볼 수 있다. 물론 고개를 뒤로 젖혀 경멸하는 마음을 보여주기도 한다. 고개를 공손히 숙이는 몸짓은 뒷목의 긴장을 풀어 앞이마의 '그리스도 센터'로, 또는 하느님께로 의식을 끌어올리거나 누군가를 존중하는 마음의 표시다.

요한묵시록은 말한다. **"나는 주님의 날에 성령의 감동을 받아 등 뒤에서 들리는 나팔소리 같은 큰 음성을 들었다. '나는 알파와 오메가, 처음과 나중이다, 네가 보는 것을 책으로 기록하여 아시아 일곱 교회에 보**

내라.'"(1, 10-11). 여기 '큰 음성'을 파람한사 요가난다는 '옴AUM'의 힘 찬 소리로, '일곱 교회들'을 '들을 귀 있는 자들'로 본다. 묵시 문학은 단순히 미래를 예견하는 책이 아니다. 그 미래라는 것이 사람이 장차 얻게 될 깨달음이 아니라면.

본문은 계속된다. **"누가 나에게 그런 말을 하는지 알아보려고 몸을 돌이켜 보니, 황금촛대가 일곱 개 있고 그것들 사이로…"**(1, 12). 여기 '돌이키다'라는 말이 무슨 뜻인가? 뒤에 뭐가 있는지 보려고 고개를 돌린 것으로 읽을 수도 있지만, 무슨 목적이 있어서 요한이 '안으로 돌아선' 것이라고 읽을 수도 있다. 보통 사람들의 에너지는 다섯 감각 기관을 통해서 바깥 세계로 흘러나간다. 사람이 에너지를 안으로 돌린다는 말은 그것을 자기 안으로 되돌린다는 뜻이다.

음성은 눈으로 '보는' 무엇이 아니다. 여기서는 요한이 그 음성을, 자기 안에서 들리는 '옴'의 소리를 눈으로 보았다기보다 인식했다고 말하는 게 옳겠다. 사람은 자기 척추의 미묘한 센터들을 보거나 들을 수 있다. 그렇게 인식한다. 그 센터들의 맨 꼭대기는 척추보다 높은 정수리에 있다. 영적인 센터의 수數는 일곱 개다.

본문은 이어진다. **"그것들 사이로 사람처럼 보이는 이가 발끝까지 내려오는 긴 옷을 입고 가슴에 금띠를 띠고 서있는데, 그 머리와 머리털은 양털처럼 또는 눈처럼 희었고 눈은 불꽃같았고 발은 도가니에서 연단되는 놋쇠 같았고 목소리는 큰물이 넘쳐흐르는 것 같았고 오른손에는 별이 일곱 개 있고 입에서는 날카로운 쌍날칼이 나왔고 얼굴은 대낮의 해처럼 빛나고 있었다. 내가 그분을 뵙고 죽은 사람처럼 그 발 앞에 엎드러지자…"** 성경은 계속해서 이런 경험들로 얻은 축복을 열거한다.

'죽은 사람처럼 그 발 앞에…' 요가난다는 이 말에 미묘한 뜻이 있다고 본다. 사람의 에너지가 몸과 감각에서 완전 빠져나와 그 영혼이 무한 공간으로 자유롭게 날아오르는 황홀경에 들어간다는 것이다. 이 대목에서 요가난다는 자주 성 바울로의 말을 인용한다. **"그대들과 함께 그리스도 안에 있는 동료로서 자랑스럽게 말하는데, 나는 날마다 죽습니다."**(고린토전서 15, 31). 많은 그리스도교 성자들이 깊은 명상 중에 자기 몸이 실제로 '죽어있는' 것을 경험했다고 증언한다.

여기에서 말하는 '사람처럼 보이는 이'는 하느님의 아들 예수가 아니라, 육신의 몸과 비슷하지만 실은 육신의 몸 아닌 요한 자신의 천계의 몸(astral body)이다. (육신의 몸이 천계의 몸의 모작模作이다. 그 반대는 아니다.)

"그 머리와 머리털은 양털처럼 또는 눈처럼 희었고 눈은 불꽃같았고 발은 도가니에서 연단되는 놋쇠 같았고…" 이 구절 또한 천계의 몸을 묘사한 것이다. 정수리에 있는 가장 높은 센터를 요가에서는 '사하스라라sahasrara' 또는 '천 줄기 빛살의 연꽃'이라고 부른다. 거기서 뿜어 나오는 빛살이 사방으로 번친다고 해서 그렇게 부르는 것이다. 요한묵시록은 그 정수리 차크라를 **'양털처럼 또는 눈처럼'** 희다고 묘사한다. 천계의 몸에서 뿜어져 나오는 순수한 빛이 거기서 생겨나기 때문이다.

그의 눈은 **'불꽃같다.'** 거대한 에너지가 눈을 통해 밖으로 나오기 때문이다. 그 에너지의 질質은 그것을 만든 생각과 느낌들로 정해진다.

그의 발은 **'도가니에서 연단되는 놋쇠 같다.'** 그것이 놋쇠 같은 이유는 천계의 몸에서 가장 낮은, 따라서 상대적으로 가장 흐릿한 에너지가 발에서 생겨나기 때문이다.

'오른손에는 별이 일곱 개 있고…' 이것들은 척추의 센터들(산스크리트어로 '아그야 차크라agya chakra'라고 하는 '영의 눈'을 포함하여)을 가리킨다. 사람 몸의 일곱 번째 센터는 정수리, '사하스라라'에 있다. 하지만 이 센터는 영의 눈을 통해서만 열릴 수 있다. **'입에서는 날카로운 쌍날칼이…'** 모든 차크라에서 몸의 상응하는 부분을 지탱하려고 에너지가 흘러나온다. 여기 '입'은 육신의 입이 아니라 척수 또는 '아그야 차크라'다. 육신은 입으로 음식을 먹고 산다. 하지만 천계의 몸은 척수로 받아들인 에너지로 살아간다. 척수에서 나오는 두 줄기 빛살은 몸 밖으로 나가는 게 아니라 몸 안으로 들어온다. 이 두 줄기 빛살은 산스크리트어로 '이다ida'와 '핑갈라pingala'로 알려진 천계의 척수를 따라 흐르는 신경계다. 이 두 신경계가 숨을 쉬려는 충동을 유발하는데, 그것 없이는 사람이 숨을 쉴 수 없다. 천계의 척수에 있는 '이다'를 통해서 위쪽으로 흐르는 에너지가 들숨의 원동력이다. 날숨의 원동력은 '핑갈라'를 통해서 아래쪽으로 흐르는 에너지다.

두 신경계를 통해 위로 아래로 흐르는 에너지는 바깥 세계에 반응하는 우리의 정서에 부합한다. 긍정적으로 반응할 때는 에너지가 위로 흐르고, 부정적으로 반응할 때는 아래로 흐른다. (이 또한 우리가 경험으로 잘 알고 있는 것들이다. 무슨 일로 기분이 좋으면 사람들은 숨을 들이쉰다. 그리고 몸을 곧추 세운다. 반대로 슬프거나 울적하면 한숨을 내쉬고 다시는 숨을 들이마시지 않겠다는 듯이 몸을 앞으로 수그린다.)

아이가 태어나면서 처음으로 하는 일이 우는 거다. (요가난다는, 다시 한 번 물질세계에 태어난 것을 탄식해서 터뜨리는 울음이라고 말한다.) 하지만 실은 울기 전에 먼저 숨을 들이쉬어야 한다. 사람이 죽으면서 마지막으로 하는 일은 숨을 길게 내쉬는 것이다.

최고 수준의 요가라고 할 '크리야 요가'는 먼저 들숨과 날숨으로 흐르는 호흡을 통제하고, 그것들을 중립화시켜 무호흡 상태로 들어가는 수련을 한다. 그 상태에 들면 완벽한 고요가 몸의 에너지를 전부 척추 중심으로 불러들인다.

그 깊은 척추 중심에는 삼중三重의 에너지 채널이 서로 통하며 흐른다. 황금색 빛의 테두리, 그 안에 있는 푸른 색 원형의 장場, 그 중심에 있는 은백색 오각별이 그것들인데 이것들이 합쳐 '영의 눈'을 이룬다.

"누구든지 나에게 들으며 날마다 내 문 곁에서 기다리며 문설주 옆에 서있는 자는 복이 있다."(잠언 8, 34). 여기 **'문설주'**는 그곳을 통해서 에너지가 깨달음을 향해 위로 올라가는 척추의 센터들이다. **'나에게 들으며'**는 '옴AUM'과 그것을 구성하는 모든 차크라에서 나는 소리를 듣는다는 말이다.

비록 육체의 한계가 있지만 우리를 전율시키는 소리들이 있다. 에너지가 가장 낮은 센터(꼬리뼈)에서 자극 받으면 드럼 소리(또는 벌들이 윙윙거리는 소리)가 들린다. 둘째 센터(엉치등뼈)에서 자극 받으면 피리 소리(또는 귀뚜라미 소리나 시냇물 소리)가 들린다. 셋째 센터(허리등뼈)에서 자극 받으면 하프나 다른 현악기 줄 뜯는 소리가 들린다. 가슴 뒤쪽(등뼈)에서 자극 받으면 징소리가 들린다. 소나무 가지 사이로 부는 바람 같은 소리가 들리면 에너지가 뒷목 경부頸部에 집중돼있다는 얘기다. 에너지가 '아그야' 또는 척추나 '영의 눈' 안에 있는 차크라의 극판極板에 집중되면 이 모든 소리의 교향곡이 들린다.

"날마다 내 문 곁에서 기다리며…" 이 말은 차크라를 명상한다는 말이다. 명상 속에서 각 차크라에 멈추어 '옴'을 세 번쯤 음송하고 거기에서 뿜어져 나오는 빛을 상상해보라. 각 차크라에서 '옴'을 음송하면 그것들을 통해 에너지가 뇌 쪽으로 올라간다.

"발끝까지 내려오는 긴 옷을 입고…" 여기 긴 옷은 '오라aura'로 알려진, 천계의 몸을 감싸고 있는 빛이다.

"가슴에 금띠…" 여기서 말하는 금띠는 가슴 부위를 둘러싼 사랑 에너지다.

"원수(사탄)가 홍수처럼 밀려들 때 야훼의 영이 깃대 높이 세워 그를 대적하리라."(이사야 59, 19). '깃대'는 인간의 척추다. 그것을 곧추 세워 원수를 대적하고, 그렇게 해서 에너지가 뇌로 흘러 오르게 해야 한다.

"네가 하느님의 에덴동산에 있었고… 하느님의 거룩한 산에 있었으며… 불돌들 사이에서 오르내렸다."(에제키엘 28, 13-14). '하느님의 거룩한 산'은 그리스도교 신비가들이 '카르멜carmel 산'이라고 부르는 영적 통달의 정상頂上이다. '불돌들'은 저마다 독특한 빛을 내는 척추의 차크라들이다.

마지막으로 **"네가 하느님의 에덴동산에 있었고…"**는 무슨 말인가? 수많은 그리스도교 학자들이 에덴동산의 위치를 찾으려는 수고를 아끼지 않았다. 하지만 사실 에덴동산은 '우리 모두의 안에' 있는 동산이다! 인간의 의식이 앞이마에 있는 '영의 눈'으로 온전히 집중될 때, 거기서 에덴동산이 발견된다.

아담과 하와는 '뱀'의 농간에 놀아났다가 영적으로 추락했다. 그 결과 에덴동산에서 쫓겨났다. 여기서 뱀은 성적인 생식과 쾌락에 대한 본능적 욕구에 탐닉하라는 유혹이다. (이 주제는 다음 장에서 좀 더 자세히 다루게 될 것이다.)

지금은 바울로가 인용한 예수의 말씀으로 돌아간다. **"주는 것이 받는 것보다 복되다."**(사도행전 20, 35). 우리가 무엇을 남에게 줄 때, 그것은 우리 자신을 밖으로 확장시키는 몸짓이다. 남들에게 무엇을 준다는 것 자체가 복이다. 그것이 우리에게 더 큰 복을 안겨주기 때문이다. 자기 자신의 안녕과 행복을 확장시켜 남들의 안녕과 행복을 그 안에 품는 것이기에, 그래서 우리를 더욱 행복하게 해준다.

그 반대 또한 마찬가지다. 자기 것을 움켜잡고 놓을 줄 모를 때 우리는 불행해진다. 그렇게 해서 자기를 더 좁은 인간으로 만들기 때문이다.

하지만 주는 데도 다른 얼굴이 있다. 우리가 무엇을 남에게 주면 그렇게 자기를 확장시키기는 하지만, 그것으로 자신의 작은 자아에서 해방되는 건 아니다. 연민과 동정을 베푸는 일이 자기 품위를 높여주는 건 사실이다. 하지만 그것이 우리 영혼을 해방시켜주지는 못한다. 그러기에는 부족하다. 우리가 에고로부터 완벽하게 해방되려면 밖으로 남들에게 줄 뿐 아니라 위로 하느님께 드려야 한다.

가슴의 에너지가 척추를 통해 위로 오르고 척수를 통해 '영의 눈'까지 자유로이 흐르면 척수에 중심을 둔 '에고 의식'이 해체되어 '영혼 의식'으로 바뀐다.

의학적으로 말하면 가슴과 척수는 서로 연결되어있다. 척수가 심장박동을 통제한다. 영적으로 말하면, 가슴 부위에 중심을 둔 느낌들이 공기처럼 가벼워질 때 그 에너지가 자연스럽게 위로 올라간다. 그럴 경우에 척수도 가벼워진다. 위로 흐르는 에너지를 받아들여 그것을 앞이마에 있는 '영의 눈'까지 전해주기 때문이다.

반대로, 가슴의 느낌들이 무거워지면 척수 안에 있는 에고 의식으로 끌어내려지고, 그 결과 본인의 자아의식이 낮은 척추 센터로 내려간다. 그렇게 무거운 느낌들이 의식을 더욱 낮아지게 하는 것이다.

우리가 정말 하느님을 사랑하고 그분의 아들 예수 그리스도의 가르침을 사랑한다면, 우리 자신이 행복해지기를 원한다면 할 일은 가슴의 느낌과 에너지를 높은 쪽으로, 예수께서 우리 '안에' 있다고 하신 하느님 나라 쪽으로 끌어올리는 것이다.

제18장
뱀의 힘

"광야에서 모세가 들어 올린 뱀처럼 사람아들도 높이 들어 올리어야 하는데, 저를 믿는 사람마다 영원한 생명을 얻게 하려는 것이오."(요한 복음 3, 14-15).

이 말씀을 하신 분이 예수님이었다는 사실을 특별히 강조해야겠다. 그 내용이 당신의 십자가에 관련된 것도 분명하다. 하지만 그분의 입에서 아직 한 번도 들어보지 못한 십자가를 이 말씀에서 떠올리는 것은 무리다.

우리는 그리스도의 이런저런 말씀들을 후대에 기록자들이 편집했다는 사실을 타당한 추론으로 받아들여야 한다. 하지만 기록자가 제 마음대로 말을 만들거나 삭제했다는 얘기는 물론 아니다.

광야에서 모세가 뱀을 들어 올렸다는 이야기는 대단히 밀교적이다. 거듭 말하는데 '사람의 아들'에 관한 언급은 보편적인 의미를 지닌 것이고, 모든 사람에게 연관된 것이다. 그 말씀의 본질이 보편적 진실이기 때문이다. 다만 이 구절의 뒷부분은 잘못된 결론인 것 같다. 모세가 광야에서 뱀을 들어 올린 이야기를 그리스도의 십자가 사건에 연결시키는 것 자체가 어떻게 봐도 무리다. 더군다나 예수를 뱀에 견주고 있지 않은가! 무엇보다도 갈보리는 광야로 묘사될 만한 곳이 아니고 광야에 근접한 곳도 아니다.

지성적인 분석은 사람을 진실에서 멀어지게 할 수 있다. 그래도 나는 구루와 나누었던 대화를 기억한다. 한번은 내가 그에게 물었다. "모세는 진짜 스승이었나요?"

그가 곧장 대답했다. "아, 물론! 그는 광야에서 뱀을 들어 올린 사람이었지!" 그의 어조에서 나는 그가 분명하게 계시된 지혜를 말한다는 느낌이 들었다. 요가난다는 모세를 영혼으로 알고 있었다. 모세가 광야에서 뱀을 들어 올린 것은 그가 하느님 안에서 신성하게 깨어났다는 말이라고 나중에 구루가 설명해주었다. 그가 뱀을 들어 올린 것은 십자가 처형처럼 눈에 보이는 사건과는 무관한 것이었다.

'광야'는 동양에서 영적 상징으로 자주 사용되는 말이다. 우리는 요가난다가 자주 일깨워준 대로 예수 그리스도께서 유럽 사람들이 생각하는 '동양(the East)'에 사셨다는 사실을 유념할 필요가 있다. 이 대목에서 '광야'는 깊은 명상의 완벽한 고요를 상징한다. 거기서는 세속의 번잡한 들꽃들이 피어나지 않는다.

요가난다가 깊은 영감을 받아서 해설한 11세기 페르시아 경전 『오마르 카얌의 루바이야트』에 이런 사행시가 있다.

여기 큰 나뭇가지 아래 한 덩이 빵.
포도주 한 잔에 시집 한 권.

그리고 광야 내 곁에서 노래하는 그대.

광야는 이미 충분한 낙원.

이 구절을 요가난다는 이렇게 풀어 읽는다. '너의 생명 기운(살아있게 해주는 빵과 에너지)을 거두어 생명나무 중심인 척추에 간직하고 서늘한 평안의 그늘에 두어라. 소란한 감각들이 죽어 사라질 때 경건의 잔에서 지복의 포도주를 마시고 신성한 연인과 은밀히 통교하라. 그리고 고요 속에서 들어라. 노래하는 지복이 네 가슴을 채워주고 온전한 지혜의 선율로 영원히 너를 즐겁게 해주리니.'

'시집 한 권'은 한때 안절부절 불안하던 감정들이 가라앉아 고요한 느낌으로 변화한 가슴의 책에서 솟아나는 영감들이다.

모세가 광야에서 뱀을 들어 올리는 대목을 직접 보자. **"야훼께서 모세에게 이르셨다. '불의 뱀을 만들어 장대에 달아놓아라. 그것이 움직일 때 뱀에 물린 자마다 그것을 쳐다보면 살 것이다.' 모세가 놋으로 뱀을 만들어 장대에 달아놓았다. 그것이 움직일 때 뱀한테 물린 자들이 그것을 쳐다보면 살았다."**(민수기 21, 8-9).

놋은 빛나는 물질이다. 여기서는 척추를 타고 오르내리는 에너지 빛을 상징한다. 이 이야기는 대단히 밀교적이다. 앞 장에서 나는 허리를 꼬며 흔드는 무용수의 동작을 잠시 언급했다. 그 동작 뒤에 숨어있는 건 성적인 초대다. 둥글게 원을 그리는 동작은 둘째 차크라 또는 엉치 등뼈 센터에서 아래로 내려가는 에너지를 암시한다. 그 센터가 자극을 받아 거기 있는 에너지가 밖으로 흘러나가면 몸에서 성욕이 깨어난다.

우리가 처음 태어날 때로 돌아가 생각해보자. 처음 잉태될 때 부모의 정자 세포와 난자 세포가 만나 하나로 되면서 우리 몸이 구성되기 시작한다. 그 창조 행위는 척수에서 비롯되는데, 계속해서 생명의 자리로 몸 안에 남는다. 바로 그 지점에서 에너지가 위로 올라가고 아래로 내려가 며 뇌, 척추, 신경계, 그리고 몸의 나머지 부분들을 만들어내는 것이다.

생명 에너지가 척추를 완성시키면 아래로 향한 흐름이 척추의 기저 基底에서 멈춘다. 가장 아래에 있는 센터(꼬리뼈)에서 생긴 신경이 배설 기관과 팔다리, 손발로 흘러간다. 척추의 바닥이 막대자석 같은 자석의 부정적(negative) 극판極板이 되는 것이다.

막대자석은 저마다 북남(north-south)을 함께 지닌 분자들이 북남을 아울러 지향하면서 존재한다. 그것들이 아무데도 향하지 않을 때 막대 자석은 중립이다.

고대 연금술 문서에 '위에서와 같이 아래에서도(as above, so be-low)'라는 말이 있다. 이 말이 사실임은 우리 주변에서 쉽게 확인할 수 있다. 이 말은 물질이나 정신에서 두루 통하는 말이다. 막대자석의 자 성磁性은 인간 척추의 자성과 함께 사람의 정신적으로 끌어당기는 여러 힘과 비교된다. 물질세계의 중력은 사랑의 끌어당기는 힘과 같다. 겉으로 나타나는 육체의 쾌락은 안으로 맛보는 영혼의 기쁨에 대비된다.

태양을 둘러싼 행성들의 움직임은 하느님과 맺는 개인들의 관계를 연상시킨다. 행성은 태양의 중력에 붙잡혀있다. 안으로 당겨진다고 할 수도 있겠다. 하지만 동시에 태양을 돌면서 생겨나는 원심력 때문에 계속 밖으로 나가려 한다. 하느님의 신성한 사랑은 행성이 계속 자기 주 위를 돌게 만드는 태양의 중력과 같다. 그리고 행성이 태양을 계속 돌 게 해주는 원심력은 우리를 하느님께로부터 멀어지게 하여 그분과 거 리를 유지하게 만드는 물질적 욕망이라 하겠다.

막대자석을 구성하는 분자들은 인간의 가슴(마음)에 거하면서 척추를 따라 다른 높이에 자리 잡은 정신적 성향들, '삼스카르samskars'와 미묘한 대비를 이룬다. 정신적 성향들이 밖에서 얻으려는 것들을 향해 내부에 저장된 에너지를 방출할 수 있듯이, 우리의 자성은 요가난다가 '서로 상충하는 교차 흐름'이라고 말하는 것에 따라 중립 상태로 있다가 '삼스카르'가 영적인 자극을 받아 위쪽 영의 눈에 있는 '그리스도 센터'를 향하면, 그리고 거기서 정수리의 '사하스라라' 또는 '천 줄기 빛살의 연꽃(하느님의 보좌)'을 향하면 요기의 자력磁力이 그만큼 강해진다.

물질적 의식도 마찬가지로 사람이 물질에 집중하고 그것을 얻으려 모든 에너지를 쏟을 때 자력이 강해진다. 그래서 에고이스트들이나 유물론자들이 자신들의 자력으로 다른 사람들에게 영향을 끼칠 수 있는 것이다. 그래서 강한 자력을 가진 유물론자들이 영靈에 가까운 사람들 틈에서도, 자신들의 훨씬 덜 고상한 야망을 충족시키는 데 쉽게 성공한다. 악한 일에 몸담은 사람들도 어두운 목적에 전심으로 골몰하면 악한 자력을 막강하게 키울 수 있다.

선의를 품은 그리스도인들은 이런 진실을 바로 이해하는 것이 중요하다. 많은 그리스도인들이 모든 사람을 똑같이 사랑해야 한다고 생각하기 때문이다. 모든 사람을 사랑하는 건 물론 중요하다. 하지만 나는 '이상을 실현하되 현실적이어야 한다.'는 구루의 말을 늘 기억한다. 우리의 사랑은 어떤 점에서 비인격적이어야 한다. 무엇보다도 그것을 밖으로 발산하는 대신 속으로 간직해야 할 경우가 많다. 다른 사람들을 대할 때 그 사람의 의식이 자신의 의식, 특히 자기가 평생 추구하는 목적에 공명하지 않는 사람들은 조심히 피할 일이다. 악하고 어두운 자력을 내뿜는 사람들은 특히 피해야 한다. 당신의 뜻이 선하니까 자신의 자력을 지킬 수 있으리라고는 결코 생각하지 말라. 자석과 자석이 만날 때 이기는 것은 더 강한 자력을 가진 쪽이라고 요가난다는 말한다.

영적으로 깨어나기를 갈망하는 사람은 악하고 어두운 진동을 강하게 뿜어내는 자들을 경계해야 한다. 그들을 위쪽으로 끌어올리겠다는 희망에서 접근하는 일은 피해야 한다. 당신이 충분히 강하지 않다면 그런 노력은 오히려 당신을 위험에 빠뜨릴 수 있다.

파람한사 요가난다는 이 자석의 원리를 일상생활의 규범으로 삼을 필요가 있다고 했다. 서로 다른 두 사람이 만나면 자력이 더 강한 사람이 약한 사람에게 영향을 미치게 되어있다. 물질주의자와 이상주의자가 만날 때 전자가 더 강한 자력을 지녔으면 그만큼 더 강한 물질주의 자력이 생성된다. 어느 쪽으로든 성공하고 싶은 사람이 그 방면에서 실패한 사람과 만나 어울리는데 그의 자력이 자기 것보다 강하면 그 사람은 실패하게 된다. 그러므로 될 수 있으면 성공한 사람들, 특히 자기가 추구하는 분야에서 성공한 사람들과 어울려야 한다. 당신이 어떤 분야에서, 사업이든 예술이든 스포츠든 영성 수련이든 성공하기를 바란다면 모름지기 그 방면의 성공한 사람들과 어울릴 일이다. 훌륭한 예술가가 되고 싶다면 그저 솜씨 자랑이나 하면서 돈 벌 궁리만 하는 자들과 어울려서는 안된다.

경건한 구도자는 인도에서 '삿상satsang'이라고 부르는, 자기를 온전히 위로 끌어올리려는 사람들의 그룹에 들어가는 것이 중요하다. 성자들 모임에 들거나 평생을 수도원에서 보내려는 사람은 선명한 분별력이 있어야 한다.

그래서 예수 그리스도의 가르침에서 인생의 추구할 방향과 그리로 갈 용기를 얻은 첫 세대 그리스도인들이 공동체를 이루어 생활하며 함께 하느님을 섬겼던 것이다.

물론 어떤 예도 완벽할 수는 없다. 그래서 막대자석도 그 분자들이 자동으로 움직이지 못한다는 결점을 지닌다. 반면 사람의 생각은 의식이 있는 진동이다. 당신은 의지의 힘으로 당신이 원하는 쪽을 향하여 생각할 수 있다. 초점이 한 곳에 모일수록 그만큼 자력이 강해진다. 어느 분야에서 성공하려면 그 분야로 자력이 모여야 한다.

그러니 당신이 속한 분야에서 성공한 사람과 어울리라. 영성 수련을 목표로 정했으면 그 방면에 관심 있는 사람들과 어울리라. 특히 성자들과 가까이 있도록 노력하라. 이것이 기본 원리다. 영성에 관심이 있는데 세속적인 사람들과 섞일 수밖에 없는 형편이라면, 가능한 한 영성의 길에 관심 있는 친구 한두 명을 '영적 보디가드'로 삼아라. 앞에서 인용한 성경 구절을 다시 옮긴다. **"요한의 제자들이 와서 예수께 물었다. '우리도 금식하고 바리사이파 사람들도 금식하는데 선생 제자들은 왜 금식하지 않는 거요?' 예수께서 이르셨다. '혼인잔치에 온 사람들이 신랑과 함께 있으면서 슬퍼할 수 있겠소? 하지만 머잖아 신랑을 빼앗기는 날이 올 터인즉, 그날에는 그들도 금식할 것이오.'"**(마태오복음 9, 14-15). 예수님은 제자들과 함께 지내면서 그들의 보호자로 처신하셨다. 하지만 자기 힘 말고 의지할 데가 없는 사람들은 어떻게든 생각이 비슷한 사람들과 어울리는 것이 현명한 처사다.

척추와 막대자석의 유사성 얘기로 돌아가자. 사람의 모든 에너지가 한쪽으로 흐를 때 가장 강한 자력이 생성된다. 에너지가 중심에서 바깥으로 새나가는 한, 그런 일은 결코 일어나지 않는다. 무엇보다도 에너지가 척추를 통해 위쪽으로 옮겨가야 한다. 척추가 위로든 아래로든 한쪽으로 에너지를 옮길 수밖에 없기 때문이다. 적어도 이론상으로는 에너지를 아래로 악惡의 바닥까지 내려보낼 수 있다고 하겠지만, 그 목적은 결국 이루어지지 않을 것이다. 내면의 '신성한 자아'만이 절대적인 진짜기 때문이다. 그 유일한 실재로부터 멀어지게 하는 모든 힘은 결국 에너지를 약하게 할 따름이다. 다시 말하지만 바깥을 향한 흐름은 전부 척추에 있는 에너지 근원을 단절시킨다. 그런 흐름은 괜한 낭비고, 시간이 지나면 이내 고갈되고 말 것이다.

우리는 지금 막대자석의 분자들이 아니라 '의식하는 에너지(conscious energy)'에 대해 말하는 중이다. 의식하는 에너지는 위아래로 경계가 없다. 그 움직임은 척추를 타고 올라 마침내 무한대로 이어진다. 아래로는, 적어도 논리상으로는 계속 내려가서 무한소에 이르러야 한다. 척추의 기저부인 '남단南端(south pole)'은 육체에서 끝이 나지만, 아래로 흐르는 에너지는 한계가 없다.

모든 사람이 위아래 양쪽에서 당기는 힘에 끌린다. 위로 당겨지면 내면의 신성한 부르심, 당신께로 돌아오라고 부르시는 하느님의 사랑을 흠모하게 된다. 이 당김의 반대쪽에 '아래'의 더 낮은 의식 수준으로, '바깥'의 물질에 대한 집착으로 당기는 힘이 있다. 이렇게 아래로, 밖으로 당기는 힘은 사탄의 자력이기도 한 '마야'에서 오는 것들이다.

영적으로 깨어나지 못한 사람에게 사탄은 최소한 이 정도의 지배력을 행사한다. 과거에 대한 기억과 잠재의식 속의 버릇들로 사람을 유혹하는 것이다. '돌아서라! 오랫동안 익숙했던 과거, 오래된 방탕, 물질의 풍요에서 다시 한 번 위로를 받으라. 그 모든 것을 알고 이해하고 즐기지 않았는가?' 사탄은 계속 속삭인다. '생각에 머물러라. 지나온 네 인생이 그렇게 나쁘기만 한 건 아니지 않은가? 왜 그것들과 헤어지려고 하는가? 잠시만이라도 즐거운 추억에 잠겨보라.' 프랑스 사람들이 이런 꾐을 두고 하는 말이 있다. '라 노스탈지 델 라 부La nostalgie de la boue,

진흙탕에 대한 그리움.'

척추 '남단'에 있는 에너지를 산스크리트어로 '쿤달리니kundalini'라 부른다. 그 추력推力이 아래로 향하면 '잠자는 쿤달리니'다. 그것이 마침내 위쪽으로 움직이기 시작하면 '깨어나는 쿤달리니'다. 잠자는 쿤달리니를 깨우는 것이 영성 수련의 근본이다. 그것이 깨어나지 않고서는 진정한 영적 개화開花가 있을 수 없다.

내가 이 대목에서 너무 강하게 말하는 것 같다면 그것은 쿤달리니를 일깨우려고 노력할 것 없다는 책들이 서양에서 쏟아져 나오기 때문이다. 완전 헛소리다. 다만 쿤달리니를 깨우는 일이 자연스러워야지 억지로 해서는 안된다는 것을 아는 것은 중요하다.

쿤달리니는 오래 전부터 여러 종교 전통에서 '뱀의 힘(serpent power)'으로 알려졌다. 그것이 척추 바닥에 뱀처럼 몸을 꼬고 있어서 그런 이름이 붙었을 것이다. 물론 의학적으로 꼬리뼈에서 발견할 수는 없다. 하지만 에너지가 위로 오를 때 나선형으로 움직이는 것은 사실이다.

전기가 전깃줄에서 흐를 때 자기장이 형성되는데, 그것이 전깃줄을 나선형으로 돈다. 이것이 쿤달리니가 깨어날 때 생기는 현상을 암시한다. 그것은 척추의 나선형 감각이다. 이 운동이 전신을 둥글게, 위에서 보면 시계 방향으로 돌면서 움직이게 한다. 내면의 평온함이 커지면 에너지가 밖으로 움직이는 것을 통제할 수 있다.

유대인들은 기도하면서 몸을 앞뒤로 흔드는 관습이 있다. 사람의 의식이 깨어날 때 저절로 나타나는 동작이 몸을 앞뒤로 흔드는 것이다. 쿤달리니가 잠에서 깨어날 때도 몸에서 비슷한 동작이 나타난다. 물론 그냥 형식적으로 몸을 흔들어서는 아무 효과도 볼 수 없다. 그렇게는 내면의 깨어남이 일어나지 않는다.

척추의 각 센터에서 에너지가 밖으로 새어나가면 쿤달리니가 위로 올라가는 움직임이 가로막힌다. 그러므로 척추의 센터들이 위쪽으로 열려 쿤달리니가 위로 올라갈 수 있어야 한다. 척추의 차크라들이 위쪽으로 열려있어야 쿤달리니가 계속 올라갈 수 있다.

척추 기저에 고착되었던 에너지가 척추를 타고 올라가 정수리에 닿을 때 완전한 영적 깨달음이 일어난다. 에너지가 처음에는 척수('아그야 차크라')에 도달하고, 거기서 양미간 영의 눈으로, 영의 눈에서 마침내 정수리에 이르러 '사하스라라'와 하나가 되는 것이다.

흥미롭게도 아빌라의 테레사 성인도 영혼의 자리가 정수리에 있다는 글을 썼다고 한다.

바로 이 점진적 깨달음이 고요한 명상의 '광야'에서 이루어진다. 모세가 그랬듯이, 쿤달리니가 척추 맨 꼭대기로 올라가는 것이다. 이제 그는 더 이상 미망에 속지 않는다. 모세 또한 깨어난 뒤에 아래로 끌어내리는 세속적 욕망의 뱀들한테 물린 사람들을 미망의 독毒에서 해방시켜 줄 수 있었다. **"모세가 놋으로 뱀을 만들어 장대에 달아놓았다. 그것이 움직일 때 뱀한테 물린 자들이 그것을 쳐다보면 살았다."**

먼저 하와를 속이고, 하와를 통해 아담을 속인 미혹의 뱀한테는 독니가 있다. 그것이 육체를 죽이지는 않아도 거기에 손을 대고 치명적인 꾐에 스스로 넘어가는 사람은 누구든 '영적인 죽음'을 맞을 수 있다.

조심성 없는 사람은 말할 것이다. "쳇, 모든 것이 마음에 달렸어. 그게 나를 해칠 순 없지. 나는 내가 뭘 원하는지 알고 있다." 그러나 '뱀'은 인간의 마음보다 훨씬 간교하다. 사탄은 사람이 착용한 영적 갑옷의 틈새를 용케도 찾아낸다. 가장 지혜롭고 안전한 방법은 진정한 영적 스승을 '보디가드'로 곁에 두는 것이다.

우리는 실제로 그렇게 한 사람의 예를 볼 수 있다. 광야에서 뱀을 들어 올린 모세 이야기를 예수의 십자가 사건에 결부시킨 사도 요한이 그랬다. 무엇보다도 우리의 진정한 스승 예수님은 당신의 쿤달리니를 정수리로 끌어올리셨다. 그래서 "저(예수)를 믿는 사람마다 생명을 얻는다."고 하신 것이다.

하지만 예수님의 이 말씀을 그분의 십자가 사건에 곧장 연결시키는 것은 아무래도 억지스럽다. 그러나 사람의 아들, 모든 '사람의 아들'이 하느님을 알려면 쿤달리니를 일깨워 자신의 의식을 위로 끌어올려야 한다는 건 보편적 진실이다.

이 일깨움에 이르는 한 가지 방법이 '크리야 요가'다. 크리야 요가의 기본 원리는 척추에서 에너지를 순환시켜 자기장을 형성하는 것이다. 하지만 크리야 요가를 영적 차원에서 수련하는 것이 중요하다. 단순한 몸동작만으로 쿤달리니를 일깨우려는 요가 선생들이 학생들을 잘못 안내하는 경우가 있다. 실은 육체 수련 없이도 많은 사람이 깊은 명상으로 자신의 쿤달리니가 깨어나는 것을 경험한다. 쿤달리니 일깨우는 수련을 몸으로만 하면 잠정적인 효과는 있어도 대개는 결국 다시 추락하고 만다. 가슴(마음)에서 속세의 욕망과 집착을 깨끗이 청산하기 전에는 척추의 에너지가 밖으로 새어나가 잠시 멈추었던 미망에 다시 빠져들게 되는 것이다.

나는 구루한테서 직접 들은 말을 나의 책 『요가난다와의 대화Conversations with Yogananda』에 소개하였다. 그가 말했다. "사람이 선한 생각을 하면 쿤달리니가 위로 올라간다. 악한 생각을 하면 쿤달리니가 아래로 내려간다. 누구를 미워하거나 그에 대하여 안 좋은 생각을 하면 쿤달리니가 아래로 내려간다. 다른 사람을 사랑하거나 그에 대하여 좋은 생각을 하면 쿤달리니가 위로 올라간다. 요가 기법만으로는 쿤달리니가 깨어나지 않는다."

말하자면 잘못된 생각은 쿤달리니를 아래로 끌어내린다는 것이다. 쿤달리니가 내려갈 만큼 내려가 척추의 바닥에 멈춰있는 게 아니냐고 할 사람이 있을지 모르겠다. 불행하게도 그렇지 않다. 쿤달리니 에너지는 의식의 사다리보다 더 아래, 깊은 지옥의 어둠까지 내려갈 수 있다.

영혼의 추락이 어떻게 가능한가? 무한히 위로 오를 수 있는 것이 영혼이면 아래로 내려가는 것 또한 무한해야 앞뒤가 맞다. 사람의 영혼이 무한소와 하나가 될 만큼 아래로 내려가는 것이 실제로 가능하다. 여기에 함축된 의미는 위로와 거리가 멀다. 그 내용을 나는 『파람한사 요가난다 해설, 바가바드기타의 핵심』에 담았다. 이 방면에 관심 있는 독자가 있다면 한 번 읽어보기를 권한다. 여기서 그 내용을 자세히 언급하지는 않겠다. 그래도 이런 진실들은 분명히 알아야 할 것이다. 그것들을 아래에 열거한다.

1) 모든 영적 깨어남은 우리가 내면에서 자기 자신을 무엇으로 만드느냐에 달려있다. 외부의 물질적, 사회적 또는 육체적 개선을 통해 얻는 영향은 미미하다.

2) 하느님께로 가는 대로大路는 척추다. 환상적인 바깥의 '별들로 가는 계단'이 아니다.

3) 진정한 영적 깨어남은 간절한 열망과 하느님을 향하여 자신의 의식을 끌어올리려는 진지한 노력에 달려있다. 하느님은 따로 총애하는 사람이 없다. 요가난다는 늘 말했다. "하느님은 당신을 선택하는 사람을 선택하신다."

4) 자선은 자기 품위를 높이거나 선한 카르마를 쌓겠지만, 그처럼 밖

으로 드러나는 행동으로는 하느님의 총애를 얻지 못한다. 가슴으로 하느님을 진실히 사랑할 때 그분의 총애를 받게 된다.

5) 내면에서 그분의 인도하심에 당신을 열어드리는 만큼 당신과 함께 하시는 그분의 안내를 실감할 것이다. 그러므로 그분이 무엇을 주시든 전심全心으로 받으라. 때로는 그분의 시련이 몹시 어려운 것일 수도 있다. 언제 어디서나 모든 것을 그분께 돌려드리도록 힘쓰라. 어떤 것도 자기 것으로 붙잡아두지 말라.

제19장

인격적 구주의 필요성

왜 아무도 으스대고 뽐내는 사람을 좋아하지 않을까? 스스로 뽐내는 사람이 남들을 알아주지 않기 때문에? 그들이 받아 마땅한 대우를 해주지 않기 때문에? 그래서는 아닌 것 같다. 뽐내는 행위 자체가 보편적이고 직관적인 자기 인식을 거스르기 때문에, 그러니까 자기 과장이 자기를 위로 끌어올리는 게 아니라 제 품위를 스스로 끌어내리는 것이기 때문에, 그래서 사람들이 뽐내는 걸 싫어한다고 나는 생각한다. 우리 모두 알다시피 바깥세상에는 배우고 즐길 것이 얼마든 있다. 그러므로 사람은 저 자신을 위해서라도 언제까지나 '나만 보라'고 요구하며 억지로 자기를 세상 무대에 들여놓을 게 아니라, 좀 더 열린 자세로 세상을 만나야 할 것이다.

사람들이 자기가 알고 있는 것보다 더 큰 존재라는 놀라운 진실에 주목하자. 자기가 겉으로 나타나 보이는 것보다 더 큰 존재임을 모두가 잠재의식으로 알고 있다. 과학은 사람이 겉으로 보이는 것보다 훨씬 못한 존재라고 느끼게 만든다. 과학은 모든 것을 바깥에서만 보기 때문이다. 인간은 그 육체만 보면 참으로 하찮은 존재다. 코끼리에 견주어 왜소하고 나약하고, 청각과 후각은 개보다 훨씬 둔하고, 민첩하기로는 원숭이를 도저히 따를 수 없고, 시각은 독수리에 견주어 형편없다. 인간의 에고로만 보면, 셰익스피어 말마따나 '한동안 무대에서 거들먹거리고 안달복달하다가 더 이상 아무 소리 들리지 않는', 그게 인간이다.

하지만 사람이면 누구나, 에머슨이 자신의 에세이 『너머 영혼 *The Over-Soul*』에 썼듯이, 두 사람이 서로 이야기를 나눌 때 '서로의 어깨 너머로 주피터가 주피터에게 인사한다.'는 사실을 알고 있다. 에머슨은 여기에 불멸의 한 마디를 보탠다. '사람들이 그를 만나러 내려간다.'

고대 그리스의 '사람아, 너 자신을 알라.'는 충고에는 깊은 지혜가 담겨있다. 피타고라스의 '인간이 만물의 척도'라는 명제도 마찬가지다. 이런 것들이 허풍이나 떠는 사람들의 말이겠는가? 사람이 하나의 우주라는 것을, 어떤 깊은 본능처럼 모두가 알고 있다. 사람의 능력은 진정한 의미에서 무한하다. 인간의 에고는 애처로울 정도로 자신의 작은 자아에 매달리고, 광신에 가까운 열정으로 그것을 지키며, 제가 얼마나 분명하고 중요한 존재인지를 보여주려 끊임없이 노력한다. 하지만 영원하고 무한하게 중요한 무엇이 자기 안에 있음을 우리 모두 깊은 내면에서 알고 있다. 실로 우리는 겉으로 보이는 모습보다 훨씬 더 큰 존재다.

우리가 각자의 개성을 지니는 것은 잠시다. 우리의 일상적 의식 아래 있는 무엇이 우리의 참 자아다. 그 '무엇' 안에 우리의 영원불멸이 내재돼있다.

하느님이 당신의 우주 의식에서 만물이 보이는 실체로 나타나도록 꿈을 꾸신 것이다.

존재하는 모든 것의 중심에서 그분의 창조가 비롯된다. 그렇게 모든 살아있는 것의 중심에서 밖으로 펼쳐지며 완벽한 외형을 이루는 것이다. 결론적으로, 의식 말고는 존재하는 것이 없다.

모든 사물 안에 있는 의식이 위로 이루어지는 진화와 더불어 분명해진다. 그렇게 점점 분명해지면서 이른바 '자아' 의식이 생겨난다. 자기가 지렁이라는 의식을 가졌는지는 모르지만 땅속 지렁이도 제 중심에 있는 의식을 좇아 살아간다. 그래서 고통을 피하고 즐거움을 찾아가는 훈련이 가능하다.

고등 동물들은 좀 더 분명하게 안에서 동기가 유발되어 즐거움을 찾고 고통을 피한다. 생물 진화의 맨 꼭대기에 있는 인간은 슬퍼하고 기뻐하는 자신이 육체적인 존재면서 정신적인 존재라는 것을 스스로 잘 알고 있다.

'의식'은 밖으로 나타난 어떤 것에도 결부되지 않는, 진화의 진정한 근원이다. 더 높은 진화는 영혼이 더욱 분명하고 지능적으로 깨어나는 데 달려있다. 생명이 마침내 자기에 대하여 깨어나면 거기가 진화의 정점이다.

인간 안에서 에고가 자기를 분명하게 정의한다. '신성한 자아' 또는 영혼은 자아에 대한 감각이 에고로 제한되기는 하지만, 어느 정도는 무한한 자기에 깨어난다.

파람한사 요가난다는 에고를 '자기를 몸에 일치시킨 영혼'이라고 설명한다. 앞에서 말했거니와 모든 에고들이 가스버너의 작은 불꽃들과 같다. 저마다 다른 모양으로 나타나지만 실은 제 속에 있는 통합된 가스의 표현들이다. 사람들이 저마다 '나'라고 생각하는 환영幻影에다 '자아 관념'이라는 짐을 점점 쌓아간다. 그것들 대부분이 전혀 중요한 게 아니며, 영적 깨어남을 억누르는 무거운 짐이 된다.

에고 의식이 더욱 단단해지면서 붙잡고 싶은 것과 떨쳐버리고 싶은 것이 많아지고 친구와 적들의 수도 늘어난다. 요가난다가 '모든 원자의 씨눈'이라고 말하는 '밖으로 나타난 영혼'이 진화의 사다리를 올라가 인간에게서 에고 수준의 완전한 자아로 나타나는 것이다.

진화는 부인할 수 없는 사실이지만 찰스 다윈Charles Darwin은 한 가지 중대한 오해를 했다. 그는 생물종의 겉으로 나타난 형태만 관찰했고, 그래서 연구 결과가 잘못될 수밖에 없었다. 진화를 온전히 물리적 현상으로만 보았기 때문이다. 물론 그가 정신 차원을 거부한 것은 현대 과학의 방법 자체 때문이었다. 알다시피 과학자들은 수세기 전부터 하느님을 연구 대상에서 제외했다. 그들에게 신神은 과학적인 방법으로 입증할 수 없기에 실존하지 않는 것이다. 그러나 이런 견해 자체가 이치에 맞지 않고, 따라서 그들의 주장이야말로 비非이성적이다.

영혼은 하느님의 나타나심인 본연의 실재를 바꿀 수 없다. 하지만 겉으로 나타나는 꼴은 끊임없이 바꿀 수 있다. 인도 경전에 '하느님은 돌 안에서 잠자고, 식물 안에서 꿈꾸고, 동물 안에서 눈을 뜨고, 인간 안에서 자기를 본다.'는 말이 있다.

남아프리카에서 일하는 어느 의사 친구가 한번은 나에게 더반Durban에 세운 자기 병원에서 겪은 일을 들려주었다. "토요일 밤이면 간혹 그런 일이 있었어. 술집에서 다투다가 칼에 찔린 원주민이 배 밖으로 튀어나온 창자를 받쳐 들고 병원에 와서는 '의사 선생, 마취는 필요 없어요. 그냥 배 안에 도로 넣고 꿰매주시오.' 이러는 게 아닌가. 한번은 원주민 여인이 몸에서 거의 떨어져 나갈 정도로 덜렁거리는 한쪽 유방을 받쳐 들고 와서는 '걱정 말아요, 선생님. 그냥 꿰매만 줘요. 괜찮을 겁니다.' 글쎄 그런 사람을 내가 보았다니까."

원주민들이 문명인보다 감각이 덜 예민해서 그런 희한한 일이 일어나는 거라고 설명하는 사람도 있을 것이다. 하지만 원주민들이 문명인보다 오히려 감각에 더 예민한 것을 우리는 자주 목격한다. 그들은 '도시 사람'보다 먼 거리에 있는 것을 잘 본다. 대부분의 문명인이 듣지 못하는 소리도 듣는다. 머리로 생각하는 교육을 많이 받아서 뭐든 논리로 판단하는 데 익숙해진 이른바 '문명화된' 형제들과 그들이 다른 것은 그들의 에고 의식이 덜 발달했기 때문이다. 진화 단계에서 한 발짝 뒤진 동물들처럼, 통증에 대한 그들의 감각은 문명인보다 둔하다. 그들도 뭐가 잘못되었다는 건 안다. 하지만 이성理性에 의존하는 데 익숙해진, 그래서 몸이 느끼는 아픔에다 그에 대한 생각까지 보태 이중으로 더 아픈 문명인들과 달리 그들은 통증을 자기 속으로 끌어당기지 않는다.

교육을 많이 받아서 이성에 의존하는 문명인보다 원주민들의 직관 능력이 발달한 경우도 우리는 자주 본다. 호주에 있는 내 친구한테서 들은 얘기다. 한번은 그의 회사에서 일하는 원주민이 고향 삼촌을 방문하도록 2주간 휴가를 달라고 했다. "삼촌이 많이 아파요. 제가 필요하답니다." 사장이 그에게 물었다. "당신 삼촌은 우체국에서 멀리 떨어진 숲에 살지 않아요? 그런데 어떻게 삼촌이 아프다는 걸 알았어요?" "그냥 압니다. 사장님." 그가 이렇게 말하며 휴가를 달라고 간청했다. 2주 후에 그가 돌아왔을 때 사장이 물었다. "정말로 삼촌이 아프던가요?" "예, 그래서 삼촌한테 제가 필요했어요." 토착민에게는 이런 초의식이 너무나도 당연한 것이라 달리 뭐라고 설명할 말이 없다.

동물 또한 놀라운 초감각을 보여준다. 수년 전, 미국 중서부에 살던 어느 가족의 얘기를 읽었다. 그들이 살던 곳을 떠나 서부 해안 마을로 이사 가면서 기르던 고양이를 먼 곳까지 데려가는 게 무리일 듯해 이웃에 맡기고 떠났더니, 두세 달 뒤 이사한 집 계단에 그 고양이가 앉아있더란다. 그 먼 길을 네 발로 걸었다는 얘기다.

문명은 고도로 복잡해진 사회의 여러 문제를 해결하는 데 필요한 인간의 지능을 발전시켜왔다. 하지만 그 대가로 타고난 미세한 감각들을 잃어버렸다. 우리는 타고난 미각의 영역에서 멀리 벗어난 별의별 '맛'들을 개발해냈다. 그 결과 모든 동물이 지니고 있는, 어떤 것을 먹으면 몸에 좋고 어떤 것을 먹으면 몸에 나쁜지를 가려내는 본능적 감각을 잃어버렸다. 무엇이 흠 없는 인간에게 아름다움을 안겨주는지, 그것을 알아보는 미적 감각을 잃고 말았다. (요즘 세대를 자극하는 저 괴상한 예술 작품들을 보라!) 심지어 무엇이 도덕적 선善을 이루는지에 대한 타고난 감각조차도 잃어버렸다.

의식적인 정신 진화가 인간 차원에서 시작된 건 사실이다. 하지만 그리스도인들은 오직 인간에게만 영혼이 있다는 믿음으로 착오를 일으켰다. 실제로 인간에게 영혼, 생각하고 이해하는 능력, 친절히 행동하는 능력, 분석하고 직관하는 능력이 있음을 여러 실험으로 입증할 수 있다. 하지만 비슷한 실험으로 동물 또한, 정도의 차이는 있지만 때로 인간보다 더 뛰어나게 그런 부분이 있음을 입증할 수 있다. 도대체 무슨 근거로 동물에게는 영혼이 없다고 주장한단 말인가?

인간은 추리하는 능력을 스스로 자부한다. 하지만 동물도, 비록 추상적인 추리 능력을 부여받지는 못했어도 '둘 더하기 둘'이 무엇인지는 자연 발생으로 알고 살아간다. 반면에 논리와 추상에 중독된 사람들은 그렇지 않은 사람들이나 동물들보다 직관적인 능력이 모자란다. 그들은 평범한 상식도 부족하다. 지능을 지나치게 의존하는 사람한테서 정신적 불균형이 발견된다는 사실은 인간의 지능이 영혼에 속한 것

(soul-attribute) 것이 아님을 보여준다. 영혼은 우리의 본성에 중심을 두고 있다. 거기에 깊이 조율된 사람은 어떤 불균형도 조성하지 않는다. 더구나 사람은 제 영혼을 상실할 염려는 없어도 이성은 모조리 상실할 수 있다.

그렇다. 영혼을 명백히 보여주는 것은 '의식'이다. 의식이 더 섬세해질수록 그만큼 숨은 영혼이 옹글게 표출된다.

우리 가족이 루마니아에 살 때였다. 하루는 여덟 살 된 내 동생이 집에서 키우던 개 재스퍼Jasper를 데리고 들로 산책을 나갔는데, 우연히 지나던 들개 사냥꾼들이 보상금을 노리고 재스퍼를 잡겠다며 달려들었다. 동생이 용감하게 나서서 우리가 기르는 개라고, 잡지 말라고 소리쳤지만 어른들은 아이의 말을 들은 척도 하지 않았다. 안되겠다 싶어진 동생이 사냥꾼의 그물 장대를 움켜잡고 재스퍼에게 소리쳤다. "도망가!" 위험을 눈치챈 재스퍼가 급히 도망치기 시작했다. 사냥꾼 둘이 개를 좇아서 달려갔다. 큰길을 가로지른 재스퍼가 사냥꾼들 시야에서 잠시 벗어난 걸 알고는 우거진 덤불숲에 몸을 숨겼다. 사냥꾼 둘이 숨을 헐떡이며 그 앞으로 지나쳐 달려갔다. 위험에서 벗어난 것을 안 재스퍼는 숨었던 데서 나와 당당하게 집으로 돌아왔다.

우리는 친구들에게 재스퍼를 보여주며 자랑스러운 모험담을 들려주었다. 재스퍼는 우리가 제 얘기를 하는 줄 알고 자기가 얼마나 영리한지 뽐내듯이 꼬리를 흔들어댔다.

그날 큰길을 따라서 달리지 않고 길 건너 덤불에 숨은 재스퍼가 이성理性의 능력을 보여준 게 아니라고 할 수 있는가? 우리가 저를 칭찬하는 줄 알고 꼬리를 흔드는 재스퍼에게 머리가 없다고 누가 말할 수 있는가? 그날 그 개가 이성과 지능의 힘을 보여준 것이라면 누가 어떤 근거로 인간에게만 영혼이 있다고, 동물은 그런 게 없다고 주장할 수 있는가?

하지만 인간에겐 에고의 더 발달된 감각이 있다. 그는 자기가 하는 모든 행동, 가지고 싶은 모든 것, 스스로 해온 모든 경험, 그 경험으로 맛본 온갖 슬픔과 즐거움을 자기 자신한테로 돌려준다. 그리하여 그것들로 '나'라는 아상我相의 고치를 짜는데, 그것이 그의 정체가 되거나 감옥이 되는 것이다.

정신적으로 진화하면서 인간은 추상화하는 능력을 발전시켰다. 그리하여 하느님을 '무한 존재'라고, 절대적인 분이며 없는 곳 없는 분이라 부를 수 있게 되었다. 인간보다 진화가 더딘 어떤 생물도 이런 인식에는 도달하지 못했다. 반면에 이성의 활용은 인간의 직관 능력을 무디게 만들었다. 지능이 감각을 통해 인식되는 현실을 살 수 있게 도와주는 건 사실이다. 하지만 지능이 더 높은 진실로 올라가는 데 장애가 되는 것도 엄연한 사실이다. 지능은 수없이 많은 질문에 합리적인 답을 찾게 해준다. 하지만 완전한 진실은 결코 알려주지 못한다.

이제 우리는 자기 지능에 대한 지나친 자부심과 스스로 만든 굴레들을 느슨하게 하거나 치워버리는 데서 더 높은 지혜로 가는 길이 열린다는 사실을 알게 되었다. 그 과정 가운데 하나가 이것이 '나'라는 자기 관념의 찌지를 뜯어버리는 것이다.

성자들은 에고 중심의 사슬을 느슨하게 하거나 잘라버린 사람들이다. 그들은 직접적인 지각과 추상적이고 합리적인 이해가 함께 지능의 경계를 초월한 직관의 수준에 이르러야 한다는 사실을 알고 있다. 그때 비로소 사람은 성인들이 그렇듯이 본디 자신에게 주어진 영적 깨어남을, 초의식을 회복한다.

요가난다가 그의 시 〈하느님! 하느님! 하느님!〉에서 말하듯이 '영적 깨어남에 이르는 회전 계단'을 밟고 올라가면 사람은 자기에 대한 깨어 남이 더 이상 작은 에고에 묶이지 않고 '무한 자아'에 대한 깨어남으로 바뀌는 지점까지 도달한다. 사람이 자기 존재의 무한 근원인 '위없이 높은 영'과 다시 한 번 결합하여 하나가 되는 것이다.

인간 존재들은 위없이 높은 깨달음에 아주 가까이 와있다. 예민한 신경 조직, 지능 그리고 성자들과 동등한 영적 가능성을 우리 모두가 지니고 있다. 일반 사람들을 하느님에 대한 깨달음으로 가지 못하게 가로막는 유일한 장애는 바깥세상을 향한 에고의 욕망이 그들에게 신성한 중심으로 향하지 못하게 하는 것이다.

요한복음에 기록되어 있듯이 **"아무도 하느님을 보지 못하였다."**(1, 18). 스스로 만든 고치에 여전히 자신을 가둔 인간은 자기 내면과 주변에 있는 더 높은 영적 실재들을 눈치도 못 채는데, 그런 상태로는 결코 하느님을 볼 수 없다.

그러므로 하느님의 자녀인 우리에게 주어진, 태초부터 맡겨진 임무는 자기 자신이 언제나 하느님 의식의 투영이었고 지금도 그렇다는 사실을 다시 한 번 깨치고, 그렇게 해서 자기와 하느님이 하나임을 주장하는 것이다.

불행하게도 그런 우리의 노력을 가로막는 것은 수없이 되풀이되는 행동과 그에 대한 반동, 그리고 채워지지 않는 욕심과 끊임없는 집착이다. 우리를 미망의 깊은 바다 아래로 한없이 가라앉게 하는 이 무거운 짐을 생각하면 자신의 작은 에고에서 벗어나는 사명이 너무나 막중하여 마치 헤라클레스Heracles의 수고가 아이들 장난처럼 여겨진다. 하지만 이 사명은 겉보기처럼 어렵고 까다로운 것이 아니다.

겨울 호수를 덮고 있는 두꺼운 얼음장은 몇백 명이 힘을 모아 밀어도 꿈쩍 않을 것이다. 하지만 얼음장을 떠받든 물속으로 들어가는 것은 한 사람이 드릴로 뚫어도 되는 매우 간단한 일이다. 사람들 대부분이 지고 있는 카르마karma의 무거운 짐은 호수 위에 떠있는 얼음장과 같다. 누구든지 하느님께 바치는 깊은 사랑과 간절한 기도와 명상으로 얼어붙은 에고 의식의 어느 한 지점에서 미망의 얼음장을 뚫으면, 곧장 아래로 내려가 하느님께 녹아들고 그분과 하나가 될 수 있다. 오랜 과거를 거치며 쌓아온 카르마의 무거운 짐들은 호수 위의 얼음장처럼 여전히 남아있겠지만, 하느님의 사랑이 그것들을 녹여 마침내 사라지게 할 것이다. 그래서 『바가바드기타』는 말한다. "아무리 못된 죄를 지은 자라도 흔들리지 않고 명상을 계속하면(다른 방식으로라도 당신과 통교하기 위한 노력을 멈추지 않으면) 빠르게 나에게로 올 것이다."

현 상태에서는 과거에 우리가 에고로 저지른 죄에서 벗어나거나 그것들을 없던 것으로 만들 수 없다. 우리의 중심을 에고가 차지하는 한, 에고의 간섭을 총체적으로 거부할 수는 없다. 그런 시도는 사나운 폭풍 속에서 뱃전에 토하는 것으로 뱃멀미를 진정시키려는 것과 같다. 오직 더 높은 수준의 의식에서만 우리의 지식이 작용하여 과거의 잘못을 되풀이하지 않을 수 있다.

하느님 안에서만 과거의 죄와 카르마가 소멸된다. 그 경지에 이르면 과거의 모든 미망이 낮은 차원의 에고 의식에 속한 것으로, 이제는 치유된 질병으로 보일 것이다. 하지만 우리의 의식이 에고에 중심을 두는 한, 모든 행위와 죄와 그에 대한 생각까지도 그대로 지속될 것이다.

그러므로 지금 우리가 해야 할 일은 미망의 얼음을 뚫고 그 밑에서 자유롭게 흐르는 물로 들어가는 것이다. 그러려면 지난날 저지른 허물에 대한 죄의식을 당분간 선반에 얹어둘 필요가 있다. 그리고 단순하게 우리를 영원히 사랑하시는 하느님을 사랑하는 거다. 요가난다가 말했듯이 "하느님은 우리의 잘못을 마음에 두지 않으신다. 그분이 마음 쓰시는 건 우리의 무관심이다." 하느님과 하나 되는 통교 안에서 우리가 저지른 모든 잘못이 바로잡힐 것이다.

어떻게 하면 이 모든 일이 신속하게 이루어질까? 파람한사 요가난다는 모든 것이 당신한테 달려있다고 말한다. 한번은 그가 나에게 말했다. "그렇게 하나 된 상태에서는 자신이 완전히 자유로운지 아닌지에 별 관심이 없네. 만사가 하느님의 지복이 그렇게 나타난 것임을 알고 있으니까. 아직 자네는 궁극의 자유에 이르기까지 먼 길을 가야겠지만, 자기중심의 욕망에서 벗어나, 영적으로 자네의 도움이 필요한 사람들을 성실히 도와주시게."

모든 영적 구도자에게 주어진 임무는 오랜 세월 에고 의식에 중독된 상태를 떨쳐버리는 것이다. 그런데 스스로 해방되려고 사용하는 수단 자체가 미망의 최면에 걸린 것이라면 어떻게 그 일이 가능하겠는가?

당신을 분석해보라. 누군가 당신을 경멸하는 말을 할 때 방어적으로 반응하는가? 비싸고 아끼는 물건을 분실했을 때 화를 내는가? 그것이 자기 자신을 잃어버린 것처럼 여겨지는가? 믿었던 사람한테서 배신당할 때 상처받는가? 그래서 그가 잘못되기를 바라는가? 사람들한테 무시당했다고 생각될 때 누군가를 공격한 적이 있는가?

이런 일들이 생길 때마다 영혼의 자유를 확신하면서 감사함으로 그것들을 하느님께 들어 바칠 일이다. 하지만 에고에 가해지는 타격들로부터 자신을 구해내려고 할 때마다 에고 의식을 청산하는 과제가 너무나도 벅차서 해도 해도 끝이 없는 것처럼 느껴질 것이다. 당신이 동떨어진 개별 존재라는 생각에 묶여있는 동안 세상은 얼마나 자주 당신의 자존감을 뭉개놓았던가? 뭔가 여기에서 벗어날 다른 길, 더 좋은 길이 있어야 한다. 다행히도 그런 길은 있다. 분명 존재한다.

쇠막대 안에 있는 모든 분자들을 북쪽으로, 남쪽으로 돌려놓으려고 수고롭게 애쓰는 대신, 사람이 할 수 있는 방법 두 가지가 있다. 하나는 강한 전류를 막대로 흐르게 하는 거다. 다른 하나는 이미 자석이 된 다른 쇠막대 곁에 그것을 나란히 두는 것이다.

이처럼, 사람은 '크리야 요가'로 알려진 기법으로 자신의 '막대자석' 인 척추로 길게 에너지를 보낼 수 있다. 아니면 이미 깨달음을 성취한 성자의 미묘한 영향이 미칠 수 있는 곳에 자신을 나란히 둘 수도 있다.

나는 스물두 살 때 이 문제와 부닥쳤다. 그 무렵 나는 내 의식 수준을 높이려는 시도 자체가 얼마나 터무니없는 잘못인지 알게 되었다. 완벽하게 굳어진 인간의 에고 의식을 극복한다는 게 영원토록 끝나지 않을 과제라는 사실이 마침내 분명해진 것이다. 다행히도 자신에 대한 절망은 한 가지 분명한 진실을 일깨워주었다. '나에게 도움이 필요하다!'는 것이었다.

에고를 중심에 둔 사람들은 흔히 자신의 굳은 의지로 나쁜 버릇과 성품을 고칠 수 있다고 생각한다. 우리가 처음 만났을 때 요가난다는 나에게 말했다. "그 방법은 쓸모가 없네." 인간이 자기를 해방시킬 수 있다고, 그래서 다른 누구의 도움도 필요치 않다는 생각이 그가 극복해야할 에고의 사슬에 단단히 묶여있는 증거라는 말이었다.

요한은 자기 복음서에서 이렇게 증언한다. **"당신을 영접하고 당신을 믿는 자들에게 하느님의 자녀 되는 권능을 주셨으니 그들은 혈육으로나 육정으로나 사람의 의지로 태어난 사람들이 아니라 하느님한테서**

난 사람들이다."(요한복음 1, 12).

위로부터의 도움 없이는 아무도 저 자신을 에고의 미망에서 구해낼 수 없다. 그런데 과연 그것이 그리스도의 이름을 믿는 것으로 충분할까? 앞에서 이 구절을 인용한 적이 있다. **"요한의 제자들이 와서 예수께 물었다. '우리도 금식하고 바리사이파 사람들도 금식하는데 선생 제자들은 왜 금식하지 않는 거요?' 예수께서 이르셨다. '혼인잔치에 온 사람들이 신랑과 함께 있으면서 슬퍼할 수 있겠소? 하지만 머잖아 신랑을 빼앗기는 날이 올 터인즉, 그날에는 그들도 금식할 것이오.'"**(마태오복음 9, 14-15).

예수께서는 제자들에게 당신이 그들과 함께 있는 것의 중요성을 말씀하셨다. 그분의 죽음과 부활이 당신의 신성神性을 세상에 보여줄 것이다. 하지만 동시에 그분은 당신의 육신이 제자들과 함께 있는 것의 특별한 중요성을 강조하셨다.

"잠시 동안 빛이 당신들 가운데 있을 터인즉, 빛이 있을 때 걸어서 어둠이 당신들을 덮치지 못하게 하시오. 어둠 속에서 걷는 자는 자기가 어디로 가는지를 모르오. 빛이 있을 때 빛을 믿어 빛의 자녀가 되시오."(요한복음 12, 35-36).

예수님은 인격적인 구주를 모시고 인격적인 안내를 받는 것이 중요하다고 말씀하신다. 이것이 '사나아탄 다르마'의 원리 가운데 하나요, 그리스도의 핵심 가르침이다.

다시, 요한의 증언이다. **"하느님이 세상을 극진히 사랑하시어 외아들을 주셨으니 이는 저를 믿는 사람마다 영원한 생명을 얻게 하려 하심이오. 하느님이 아들을 세상에 보내신 것은 세상을 심판하기 위해서가 아니라 그를 통하여 세상을 구원하기 위해서요. 그를 믿는 사람은 심판을**

받지 않지만 믿지 않는 사람은 벌써 심판을 받았으니 하느님의 외아들을 믿지 않기 때문이오. 빛이 세상에 왔으나 사람들은 그 행실이 악한 까닭에 빛보다 어둠을 더 사랑하고, 바로 그것이 그들한테 내려지는 심판이오. 악을 행하는 자마다 빛을 미워하여 빛으로 오지 않는 것은 자기 행실이 드러날까 두려워서 그런 것이고 진실을 좇아서 사는 사람이 빛으로 오는 것은 자기의 모든 행실이 하느님을 믿고 의지한 데서 온 것임을 보여주고 싶어서 그런 것이오."(요한복음 3, 16-21).

이 증언의 핵심인 '하느님 아들'은 비인격(impersonality)이다. 요가난다의 말에 따르면 '하느님 아들'은 인간 예수가 아니라 그분 안에 의식적으로 거하셨던, 그분의 몸을 비롯해 없는 곳이 없고, 영원히 모든 진동 너머에서 움직임 없는 '영'이 창조하신 것들의 원자까지 투영되는, 무한한 그리스도 의식이다.

요한복음의 다음 구절은 앞에서 말한 쿤달리니에 관한 것일 수 있지만 여기서 더 분명한 의미를 보여준다. **"당신들이 사람아들을 높이 들어 올린 뒤에야 내가 그임을 알게 될 것이오."**(8, 28). **"'내가 땅에서 높이 들려 올릴 때 모든 사람을 나에게로 모을 것이오.' 이는 예수께서 장차 어떻게 돌아가실 것인지를 암시하는 말씀이었다."**(12, 32-33).

우리 모두 그분과의 깊은 통교 속에서 에고 의식 위로 자신을 끌어올릴 때 예수 안에, 그리고 다른 모든 위대한 스승들 안에 나타나셨던 그리스도 의식을 알아볼 것이다.

동시에 우리는 이 구절을, 사람들이 예수 그리스도의 죽음과 부활에서 그분에게 진실로 하느님의 신성한 능력이 있었음을 보게 되리라고 일러주는 구절로 볼 수 있다. 과연 다른 누가 폭군인 죽음을 딛고 그처럼 당당하게 일어설 수 있었겠는가? 그래도 예수님은 제자들에게 **"잠**

시 동안 빛이 당신들 가운데 있을 터인즉, 빛이 있을 때 걸어서 어둠이 당신들을 덮치지 못하게" 하라고, 구도자에게는 살아있는 안내자가 있어야 한다고 말씀하셨다.

그리스도교 전통에 인도 사람들이 말하는 '구루'의 존재가 전혀 없는 건 아니다. 로마 가톨릭만큼 오래된 동방정교회는 '스타레츠staretz' 또는 영적 안내자의 중요성을 강조하는데 인도의 구루와 본질적으로 같은 개념이다. 요가난다도 구루의 중요성을 강조한다. 구도자라면 적어도 한 명의 구루를 모셔야 한다는 것이다. 그가 특히 나에게 강조하여 말했다. "성경에 대해 질문이 있을 때 자네는 답을 모르지만 구루는 알고 있어서 자네의 잘못된 이해를 바로잡아줄 수 있네."

에고 의식에서 벗어나 하느님이 유일무이한 실재이심을 완전하게 깨달은 사람인 구루에게 본인의 의식을 조율하는 것이 스스로 만든 에고의 감옥을 부수고 나오는 길이다. 하지만 안타깝게도 대부분 사람들이 이런 '파옥破獄'을 꿈조차 꾸지 않는 게 현실이다. 뭔가 해야 할 것 같아서 그것을 이루려 했던 지난날의 욕망, 버릇, 집착 그리고 에너지(다른 말로, 지난날의 모든 카르마)가 여전히 바깥에서 누리는 만족에 매달려 있는 것이다. 그래서 『바가바드기타』는 말한다. "수천 가운데 오직 하나가 나를 찾는구나."

또 다른 경전들도 말한다. "한 순간이라도 성자와 교제하였으면 그것이 미망의 바다에서 너의 뗏목이 될 것이다." 성자와의 교제가 그런 복을 가져다주는 이유는, 그의 자력이 사람들의 성향과 그들의 분자들을 진정한 영적 목표를 열망할 수 있도록 당겨주기 때문이다.

이와 같은 깨어남의 과정이 시작될 때, 사람들은 영적인 강의를 듣거나 자료를 읽어 마음의 만족을 얻으려 한다. 그렇게 의식이 좀 더 밝아지면 성자들이나 영적 지혜로 자기를 인도해줄 사람들과의 교제를 모색한다. 그리고 마침내 스스로 하느님의 은총에 힘입어, 남들을 타고난 에고 의식에서 벗어나 완전한 자기 깨달음으로 향하도록 깊고 진실하게 안내하고 북돋우는 사람을 만나게 된다. 바로 이런 사람이 운명적으로 자신의 '구루'가 될 사람, 고대 그리스도교 전통의 '스타레츠' 또는 모든 인간의 '위없이 높은 구주' 그리스도에 연결된 사람이다. 이런 일이 가능한 것은 하느님이 모든 사람의 영혼 안에 살아 계시기 때문이다.

구루와 한 번 맺은 관계는 영원히 지속된다. 제자가 자신의 해방을 얻고 구루가 된 뒤에도 그들의 결속은 계속 우정으로 남는다. 하느님 안에서 마침내 자유로워진 영혼들은 모두가 '신성한 완성'에서 하나다. 개인의 구별이 없다. 하지만 각자의 '기억'은, 하느님 안에서 서로 맺은 특별한 관계는, 영원한 전지전능 안에 그대로 존재한다. 그러므로 스승과 제자가 하느님이 연출하시는 이 생에서 다시 만나면, 비록 스승과 제자 관계로는 아니더라도 영원하고 신성한 벗으로 영적 결속이 유지될 것이다.

이렇게 물을 사람이 있을지 모르겠다. "무한한 무엇을 품으려는 마음이 내면에 큰 긴장을 불러일으키지는 않을까?" 내가 보기에 대부분 사람들이 잠재적으로 한두 번은 하느님을 찾는 데 내포돼있을지 모를 스트레스를 두려워하는 것 같다. 이 질문에 대한 답은 성 아우구스티누스의 말에 담겨있다. "주님께서는 주님을 위하여 우리를 지으셨습니다. 그러므로 우리가 당신 안에서 쉬게 될 때까지 우리 마음은 쉴 수가 없습니다."

이 유명한 그리스도교 성자는 중요하고 영원한 진실을 이렇게도 말했다. "네가 하느님께 팔 하나를 들어 올리면 하느님은 너를 끌어올리려 두 팔을 내밀어주실 것이다." 점점 커지는 사랑으로 그분께 가닿으려는 마음을 우리에게 주신 분이 바로 하느님이다. 다시 말하지만, 당신이 몸과 에고의 감각을 뱀 허물 벗듯이 벗고 싶은 마음을 품게 하신 것이 바로 하느님의 사랑이다.

요가난다는 우리에게 자주 말했다. "영성의 길을 간다는 것은 당신들 노력 25퍼센트, 구루의 노력 25퍼센트, 그리고 하느님 은혜 50퍼센트로 이루어진다." 당신 마음에 출렁이는 파도 같은 미망의 잡생각들로 쓸데없는 걱정은 하지 말라. 신성한 기슭에 도달한 사람 모두 거기가 더 갈데없는 완성이라고 말했다. 하느님을 향한 당신의 갈망이 간절하고 진실한 이상, 당신에게 필요한 힘, 그분을 찾는 데 드는 에너지를 그분이 몸소 주실 것이다.

예수님은 가끔 사람들이 듣기에 황당할 정도로 오만하게 들리는 말씀을 하셨다. **"내가 길이요 진리요 생명이오. 나를 통하지 않고서는 아무도 아버지께로 갈 수 없소."**(요한복음 14, 6). 이어서 이렇게 말씀하셨다. **"그대들이 나를 알면 우리 아버지도 알 것이오. 그대들은 그분을 알았고 또 이미 뵈었소."**(14, 7).

또 다른 데서는 이렇게도 말씀하셨다. **"그대들 가운데 두 사람이 한 마음으로 구하면 하늘 아버지께서 무엇이든지 다 들어주실 것이오. 두세 사람이 내 이름으로 모이는 그 자리에 내가 있기 때문이오."**(마태오복음 18, 20).

이 모든 말씀들은 인간 존재인 당신을 두고 하신 게 아니었다. 주일마다 교회에서 사람들이 예배하는 그분이 어떤 한 인간 존재라면 그런 부조리가 어디 있을까! 더군다나 그분은 "그 자리에 내가 있다."고 현재 시제로 말씀하셨다. 그 자리에 '있겠다'고 미래형으로 말씀하시지 않았다. 언제고 시간이 허락하면 만나주겠다고 하신 게 아니다. 그분이 '있다'라는 현재 시제로 말씀하신 것은 당신이 영원한 실재, 무한한 깨어있음이라는 것을 시사한다.

유대교 랍비와 사제들에게 예수의 이런 말들은 너무나 듣기 거북한 신성 모독이었고, 그래서 결국 그분을 십자가에 처형했던 것이다. 성경을 읽다보면 예수께서 당신의 할 일을 어쩌나 겁 없이 당당하게 선언하시는지 놀랍다. 하지만 그런 확신은 겸손이 부족해서가 아니다. 그분에게는 오만하거나 겸손할 '에고'가 없으셨다. 예수께서 그렇게 말씀하신 까닭은 당시 유대인 사회에 건전한 영적 전통이 거의 남아있지 않아서였다. 그래서 들어줄 사람이 거의 없는 진실을 목숨 걸고 강조해서 말씀하실 필요가 있었던 것이다.

실제로 하느님과 하나가 된 스승은 인간의 오만으로부터 자기를 일삼아 지켜야 하는 사람이 아니다. 내가 인도에 갈 때면 자주 만났던 아난다 모이 마는 자신을 가리켜 '나'라는 일인칭 대명사를 쓰지 않고 '이 몸(this body)'이라고 했다. 그것은 꾸미는 말이 아니었다. 그녀는 '지반 묵타jivan mukta', 하느님과 궁극의 합일을 이룬 사람, 에고 의식에서 완전 해방된 사람이었다. 그런데도 그녀에게는 아직 풀려나야 할 과거의 카르마가 상당히 남았다고, 구루가 나에게 말해주었다. 위대한 성자들은 자신에 대한 말을 거의 하지 않는다. 다른 사람들을 끌어올리는 데 자신의 모든 에너지를 쓰기 때문이다.

예수님의 단호한 말씀이 당시 유대교 랍비들의 권위에 도전하는 것으로 들렸으리라는 건 충분히 이해할 수 있다. 그들은 스스로 유대교의 지도자를 자처하고 있었다. 만일 예수님이 우리가 알고 있는 모습이 아니라 처음 보는 낯선 얼굴로 그리스도교 국가에 나타나 예전과 같은 방식으로 말씀하신다면, 장담컨대 거의 모든 신부, 목사, 교회 행정가들이 들고 일어나 성경의 바리사이파들이 그랬듯 그분을 건방진 배교자로 규탄할 것이다. 어떤 성직자들은 겸손한 태도를 보이겠지만, 그것도 오만한 태도를 보이면 교인들의 눈총을 받을 테니 그러는 것이리라. 그런 겸손은 하나의 가면이다. 자기가 얼마나 괜찮은 사람인지 사람들에게 보여주고 싶어 그러는 것이다. 에고란 그렇게 호락호락 고개를 숙이는 것이 아니기 때문이다.

다음 장에서 우리는 왜 훌륭한 스승들 중에 유독 예수님이 그토록 단호하게 자신의 일을 해나가셨는지 생각해보겠다. 여기서는 그분의 분명한 자기 확신이 결코 개인적인 것이 아니었음을 이해할 필요가 있다. 그분은 한 인간 존재로서 자신을 내세우신 적이 결코 없었다. 그분의 말씀은 신성하고 비인격적인 것이었다.

"내가 진정으로 말하는데, 죽은 자들이 하느님 아들의 음성을 들을 때가 오고 있소. 지금이 바로 그때요. 듣는 자들은 살아날 것이오."(요한복음 5, 25).

여기서도 예수님은 현재 시제로 말씀하셨다. **"지금이 바로 그때요."** 이는 분명 어떤 특별한 때를 언급하신 게 아니었다. 그분이 말씀하신 건 영원한 진실이었다. 여기서도 '하느님 아들'은 예수께서 스스로 동일시하신, 영원하고 없는 곳 없는 '그리스도 의식'이었다. 그리고 '하느님 아들의 음성'은 성령의 음성, 힘있는 우주 진동에서 나는 소리였다. **"죽은 자들이 하느님 아들의 음성을 들을 때가 오고 있소."** 어떻게 이 말씀을 죽은 자들이 무덤 속에 있다가 그분 음성을 듣고 다시 한 번 살아난다는 뜻으로 생각할 수 있는가?

실제로 예수님이 여기서 말씀하신 것은 두 가지다. 첫째, 영적으로 죽은 자들이 때가 되면 깊은 명상 속에서 '하느님 아들의 음성'을, '옴 AUM'이 내는 소리를 들을 것이다. 둘째, 몸이 죽을 때 몸을 떠난 영이 그 힘찬 소리를, 본인의 의식에 걸맞은 진동으로 표현되는 소리를 듣는다. 그렇게 들리는 우주 진동이 그가 죽은 뒤 이 땅이나 다른 행성에 환생할 때까지, 그 중간에 어떤 상태로 있을 것인지를 결정한다.

하지만 여기서 예수님이 분명하게 말씀하시는 것은 사람들의 현재, 지금 여기다. **"지금이 바로 그때요."** 하느님을 사랑하고 그분을 명상하는 사람들은 지금 당장이라도 자기 안에서 울리는, 무지의 잠에서 자기를 깨워 마침내 하느님과 하나 되는 쪽으로 올라가게 하는 거대한 우주 소리를 들을 수 있다.

그리스도와 사귀기 전에 먼저 '옴'과 사귀어야 한다는 말은, 동정童貞 마리아를 거쳐 그리스도에게 가야 한다는 로마 가톨릭의 교리와 맞먹는다. 동정 마리아는 하느님의 여성성, 성령을 상징한다. 사람의 영혼이 하느님과 하나 되려면 먼저 '옴'을 통과해야 한다. 그 다음에 '아들(그리스도 의식)'과 하나 되어야 하고, 마지막으로 가장 높은 상태인 '아버지'와 하나 되는 것이다.

아직 영적으로 잠들어있는 사람들을 예수께서는 '죽은 자들'이라고 부르셨다. **"제자 가운데 하나가 말했다. '주님, 먼저 집에 가서 아버지 장례를 치르도록 허락해주십시오.' 예수께서 그에게 이르시기를, '죽은 사람 장례는 죽은 자들한테 맡기고 그대는 나를 따르시게.' 하셨다."** (마태오복음 1, 21-22).

그분의 가르침은 무엇보다도 사람들을 무지의 잠에서 깨어나게 하는 것이었다. 예수께서 말씀하신 대로 하느님은 **"죽은 자의 하느님이 아니라 산 자의 하느님"**(마태오복음 22, 32)이시다. 예수님은 바깥세상

돌아가는 일에 관심을 최소한만 두셨다. 그분의 진짜 관심은 세상 마지막 날이 아니었다. 최후의 심판도, 대천사 가브리엘Gabriel의 나팔소리도 아니었다. 그분의 과업은 스스로 만든 에고의 사슬에 여전히 묶인, 하지만 그 에고에서 해방되어 하느님을 알고자 갈망하는 정련精鍊된 영혼들을 돕는 것이었다.

앞에 인용한 예수님 말씀 **"죽은 자들이 하느님 아들의 음성을 들을 때가 오고 있소."**가 무슨 뜻이었던가? 사람들이 최후의 심판 날까지 각자 무덤 속에 있다가, 가브리엘 천사의 나팔 소리가 들리면 무덤에서 나와 심판을 받고, 천당 갈 사람은 천당으로, 지옥 갈 사람은 지옥으로 간다? 유치하기 짝이 없는 이 판타지를 그대로 받아들여 예수님이 미래의 어느 날 재림할 것이라고 생각하는 사람들이 아직도 많은 것 같다. 예수님도 그런 말씀을 하셨다는 기록이 있다. **"사람아들이 아버지의 빛에 감싸여 천사들을 거느리고 올 터인즉, 그날 모든 사람에게 그들이 행한 대로 갚아줄 것이오. 그렇소, 내가 진정으로 말하는데, 여기 있는 이들 가운데 사람아들이 자기 나라에 왕으로 오는 것을 죽기 전에 볼 사람이 있소."**(마태오복음 16, 27-28). 그리고 또 그분은 말씀하셨다. **"그렇소, 내가 진정으로 말하는데, 이 세대가 지나기 전에 이 모든 일이 일어날 것이오."**(마태오복음 24, 34).

그때 예수께서 말씀하신 것은 사람들이 '지금 여기'에서 하느님과 통교할 수 있다는 것이었다. 그때로부터 이천 년 세월이 흘렀다. 당시 이 말씀을 들은 사람들 모두가 육체적으로 죽었다는 건 너무나 분명한 사실이다. 그러므로 그때 예수님이 말씀하신 것은 사람들의 의식 상태와 하느님을 알 수 있는 잠재 능력이었다고 보아야 한다.

예수께서는 또 이렇게 말씀하셨다. **"그때 하늘에 사람아들을 가리**

키는 징조가 나타나고 땅에서는 사람아들이 큰 능력과 영광 가운데 구름 타고 내려오는 것을 모든 족속이 가슴치고 울부짖으며 쳐다볼 것이오."(마태오복음 24, 30). 예수님이 구름 타고 내려오신다는 말씀이 문자 그대로라면, 생각해보자. 그분이 지금 뉴욕New York 하늘에 구름을 타고 내려오신다. 하지만 그 구름이 보스턴Boston에서는 보이지 않는다! 그런데 어떻게 '모든 족속이 가슴치고 울부짖으며' 그 분을 쳐다본단 말인가? 그러려면 당시 사람들은 꿈에도 몰랐을 '둥근 지구'가 수십만 그리스도를 태울 구름을 수십 만 개 만들어야 한다. 그것도 동시에! 게다가 일 년 열두 달 구름 구경도 할 수 없는 사막은 어쩔 것인가?

하지만 예수님은 수많은 나라에서 당신을 깊이 사랑하는 경건한 사람들에게 '이미' 나타나셨다. 신성한 구주가 무엇을 의미하는지 알려면 예수께서 인간의 '육신'이 아니라 '그리스도 의식'에 당신을 일치시키셨음을 깨달아야 한다.

예수의 과업은 다른 스승들과 달리 참으로 특별한 것이었다. 이 주제는 다음 장에서 다룰 것이다. 여기서는 예수께서 당신 제자들을 지켜주려고 육신을 입고 그들 곁에 있는 것이라 몸소 말씀하셨음을 유념하자. 그분의 육신은, 스스로 예고하셨듯이 십자가로 인해 떠나갔다. 그리고 그분의 공간 이동(removal)은 오늘까지 이천 년간 언제 어디서나 발생하였다.

성 요한의 복음서에 이런 구절이 있다. **"예수께서 세례를 베푸신 게 아니라 제자들이 베푼 것이었다."**(요한복음 4, 2). 지구별에서 동시대를 사는 스승들이 상대적으로 얼마 안 되지만 그들이 전혀 없었던 때는 아직 없었다. 자신에게 절실히 필요한 게 인간 구루라는 사실을 깨친 사람들은 참으로 현명한 사람들이다.

어느 회의론자가 이런 질문을 한 적이 있다. "당신은 왜 나한테 구루가 필요하다고 말하는 겁니까?" 내가 말했다. "아니, 지금 당신은 구루가 필요치 않습니다. 그냥 진실을 탐구하는 데 매진하십시오." 그리고 잠시 멈추었다가 말을 이었다. "하지만 당신이 원하는 게 다른 무엇이 아니라 하느님이라는 것을 깨치면, 그때는 그분을 찾는 데 누군가의 도움이 필요하다는 걸 알게 될 겁니다. 그때까지는 당신한테 구루 같은 것 필요 없어요."

제20장
새 포도주

　'사나아탄 다르마' 곧 '영원한 종교'는 세상 어디에서나 동일하다. 그
것은 누구든 '위없이 높은 영'과 다시 하나 되기를 원하는 사람이면 가
야 하는 길에 관련 있다. '영靈' 말고는 존재하는 것이 없다. 창조된 세계
의 모든 것이 신성한 근원의 자기표현이다.

　19세기 인도의 위대한 스승이었던 스리 라마크리슈나Sri Ramakrishna
는 '영원한 진실'이 다양한 꼴로 나타나는 것을 '단맛'에 견주어 설명했
다. 단맛은 꿀, 설탕, 초콜릿, 사탕 등에서 즐길 수 있는 맛이다. 그 모두
가 단맛을 지니고 있다. 마찬가지로 역사를 통하여 수많은 시간과 공간
에서 같은 사나아탄 다르마가 다양한 '맛들'로 표현되어온 것이다.

　'영원한 종교'를 가르치신 예수께서는 당시 유대인들이 이해하기 쉬
운 술어로 그것을 설명하셨다. 예를 들어, 그분은 '마야'의 우주적 힘
을 '사탄'으로 칭하고, 그것이 인간을 추락시킨 의식하는 힘(conscious
force)이라고 가르치셨다. 이와 같은 예수님의 가르침이 '마야'에 대한
인도 스승들의 가르침과 겉으로는 다르지만 속에 담긴 진실은 다르지

않다. 마야도 사탄도 특별한 어떤 존재가 아니라 보편적인 실재의 의식하는 힘이다. 창조된 것들 가운데 의식 없는(unconscious) 것이 없기 때문이다. 사나아탄 다르마의 한 얼굴인 힌두교는 모든 사람을 미망에 빠뜨리는 마야의 우주적 힘보다 주관적인 미혹을 더 강조한다. 하지만 실제로 사탄의 영향력은 개별적인 게 아니라 우주 보편적인 것이다. 다소 덜 노골적이지만 힌두교도 그렇게 가르친다.

파람한사 요가난다는 자서전에 "생각들은 보편적이다. 개별적으로 뿌리내린 게 아니다."라고 썼다. 그러니 힌두교도 귀에는 이상하게 들리겠지만, 사탄을 의식하는 힘으로 보신 예수 그리스도의 가르침도 사나아탄 다르마에 속한 것이다.

『바가바드기타』에서 크리슈나는 말한다. "오, 아르주나Arjuna여, 덕德(dharma. 옳은 생각과 행동)이 기울고 패덕悖德(adharma)이 승할 때면 내가 나를 이 땅에, 아바타Avatar 또는 신성한 스승으로 몸을 입고 나타내느니라. 세대에서 세대로 내가 보이는 꼴로 이 땅에 와서 악을 파하고 덕을 다시 일으켜 세우느니라."(4; 7, 8).

달리 말해서, 인간들 사이에 특별한 필요가 있을 때마다 하느님이 몸소 사람으로 화육하신다는 얘기다. 그렇게 하실 때마다 밝혀지는 진실은 언제나 동일하지만 자주 다른 옷을 입는다. 그러므로 비록 당시 유대교 지도층이 예수의 가르침을 자기네 종교 전통에 어긋난다는 이유로 배척했지만 잘못은 예수가 아니라 그들에게 있었다.

그분의 사명은 유대교의 율법주의를 무너뜨리는 것이었다. 그분은 신성한 하느님 사랑의 중요성을 진작시키라고 세상에 보내진 사람이었다. 그래서 밀 이삭을 자른 당신 제자들이 율법을 어겼다고 비난당했을 때 이렇게 대꾸하셨던 것이다. **"안식일이 사람을 위해서 만들어진 것이**

지 사람이 안식일을 위해서 만들어진 것은 아니요."(마르코복음 2, 27). 그리고 또 이어서 말씀하셨다. **"그러므로 사람아들이 안식일의 주인이 오."** 이런 말씀이 예수를 건방진 젊은 교사 정도로 알았던 당시 유대교 지도자들의 속을 얼마나 뒤집어 놓았을까? 바리사이파 사람들이 예수를 시험해보려고 이혼 문제를 들고 나와 **"그렇다면 어째서 모세는 '이혼증서를 써주고 아내를 버리라.'고 한 거요?"**라고 물었을 때도 그분은 이렇게 대답하셨다. **"당신들 마음이 하도 완고해서 이혼해도 된다고 했지만, 본디 그런 건 아니오."**(마태오복음 19, 7-8). 그 뒤로 이어지는 말씀은 두 번째로 중요하다. 지금 우리는 그리스도의 가르침이 얼마나 신선하면서 동시에 진정한 사나아탄 다르마에 충실한지를 말하는 중이다.

예수 그리스도께서 당시 유대인들에게 전해주신 하느님의 메시지는 보편적인 것이었지만 특별히 유대인을 감안한 것이기도 했다. 사마리아 여인에게 주신 말씀이 그랬다. **"당신들은 모르는 것을 예배하고 우리는 아는 것을 예배하는데, 이유는 구원이 유대인한테서 오기 때문이오."**(요한복음 4, 22). 다시 어디에선가 그분은 말씀하셨다. **"나는 이스라엘의 길 잃은 양들한테만 보내심을 받았소."**(마태오복음 15, 24).

이런 가르침의 본질은 하느님의 신성한 사랑이다. 그분은 계명보다 상위인 사랑의 중요성을 사람들에게 보여주려 하셨다. 구원이란 법을 지키는 것만으로 이루어지는 것이 아니기 때문이다. 크리슈나도『바가바드기타』에서 선행이나 옳은 일을 하는 것만으로는 에고 의식에서 해방될 수 없다고 말한다. 사나아탄 다르마에서는 신성한 사랑이 으뜸가는 비결이다.

앞에서 나는 인격적 구루의 필요성을 말했다. 그리스도교에서는 언제나 그리스도를 최고의 인격적 스승으로 모신다. 하느님을 깊이 알려는 사람에게 구루가 필요하다는 사실을 다시 한 번 강조해야겠다. 마야의 미혹에 빠져있는, 그래서 에고 의식을 삶의 중심으로 삼은 사람이면 하느님을 알기 위해 반드시 사람으로 환생한 구루와 연결되어야 한다. 이것은 구루가 개인적으로 내게 들려준 말이기도 하다.

예수님도 당신 제자들에게 말씀하셨다. "나와 함께 하는 시간을 최대한으로 활용하라. 내가 가면 다시는 이런 식으로 그대들을 지켜줄 수 없을 테니까." 아직 젊은 나이에 머잖아 갈 거라고 여러 번 말씀하셨지만, 제자들은 그분이 십자가에서 돌아가실 때까지 그 말을 알아듣지 못했다.

예수께서 다시 그들에게 이르셨다. **"당신들이 사람아들을 높이 들어 올린 뒤에야 내가 그임을 알게 될 것이오. 나를 보내신 분이 나와 함께 계시는 것은 내가 늘 아버지께서 기뻐하실 일을 하기 때문이오. 그래서 나를 혼자 버려두시지 않는 것이오."**(요한복음 8, 28).

여기서 우리는 예수님이 자신에게 인간적으로 헌신하라고 제자들에게 말씀하신 것이 아니었음을 똑바로 알아야 한다.

"하느님은 영이시오. 그러므로 예배하는 자들은 마땅히 영과 진실로 그분을 예배해야 하오."(요한복음 4, 24). 사마리아 여인과 예수의 이야기는 계속된다. **"여인이 말하였다. '메시아(곧 그리스도라 하는 이)가 오신다는 건 나도 압니다. 그이가 오시면 우리에게 모든 것을 말해주시겠지요.' 예수께서 여인에게 말씀하셨다. '지금 당신하고 말을 나누는 내가 바로 그 사람이오.'"**(요한복음 4, 25-26).

어디에선가 그분은 또 말씀하셨다. **"나의 가르침은 내 것이 아니라 나를 보내신 분의 것이오. 그분 뜻대로 살겠다는 사람은 이 가르침이 하느님한테서 온 건지 아니면 내가 스스로 만든 것인지를 알게 돼있소.**

"스스로 말하는 사람은 저 자신을 빛내려 하지만 자기를 보내신 분을 빛나게 하려는 사람은 참되니 그 속이 비뚤어지지 않았기 때문이오."(요한복음 7, 16-18).

몇 구절 뒤에 그분은 덧붙여 이르셨다. "당신들은 나를 알고 내가 어디에서 왔는지도 알고 있소. 하지만 나는 내 맘대로 온 사람이 아니오. 나를 보내신 분이 있소. 그분은 진실 자체이신데 당신들은 그분을 모르지만 나는 아오. 내가 그분에게서 왔고 그분이 나를 보내셨기 때문이오."(요한복음 7, 28-29).

비非인격성이 모든 가르침의 본질이다. 당신은 독자적으로 존재하지 않는다. 관념으로만 존재할 뿐이다. 나도 존재하지 않는다. 한님(the One), 우주적이고 위없이 높으신 영, 그분 말고는 누구도 어떤 것도 존재하지 않는다. 우리 모두가 그분의 개별적인 투영일 따름이다. 우리에게 주어진 영원한 임무는, 광대해서 무한한 게 아니라 경계가 없어서 무한한 '영원한 자아'의 의식 안에서 자신이 홀로 존재한다는 착각을 부수는 것이다. 그래서 예수님이 다시 말씀하신 것이다. "나를 보내신 하느님은 한 분이신 실재인데 그대들은 그분을 모른다. 그래서 그분이 나를 세상에 보내시어 당신을 간절히 알기 원하는 사람들을 안내하라고 하신 것이다."

예수께서 좀처럼 일인칭 대명사를 사용하지 않으셨지만 '나'라고 당신을 호칭하신 것은 사람들이 당신을 통하여 하느님께 가까이 오게 하려는 것이었다. 그리스도인들 가운데는 예수님의 제자들이 평범한 보통 사람들이었다고 생각하는 이들이 많은 것 같다. 요가난다는 그렇지 않다고 말한다. "그리스도의 제자들은 이미 영적으로 높은 수준에 오른 이들이었다." 어부라고 하면 당시 사회에서 천민 계급에 속했지만 이미

전생에 영적으로 상당한 수련을 쌓은 사람들이었고, 예수께서 그 가능성을 보시고 제자로 부르셨다는 얘기다.

그리스도인들이 습관처럼 '내 허물이다. 우리 모두의 허물이다.'라고 말하는 것 자체가 하나의 허물이 되었다. 우리 어머니 장례식장에서 목사가 한 말에 약간 거북했던 기억이 난다. 그가 말했다. "물론 이분에게도 많은 허물이 있었지요." 어머니한테 얼마쯤 허물이 있다는 건 의심할 것 없는 사실이다. 하지만 내 생각에 별 것 아닌 허물이고, 게다가 서 목사는 우리 어머니를 잘 알지도 못하는데, 어떻게 많은 허물이 있었다고 말하는 건가? 요가난다는 오히려 모든 사람을 그 내면의 무한 가능성을 염두에 두고서 보아야 한다고 늘 우리에게 말했다.

앞에서 나는 유다에 관해 구루와 나누었던 흥미로운 대화를 소개한 적 있다. 유다가 예언자였느냐는 내 질문에 그는 분명히 그렇다고 대답했다.

"그가 예언자였다고요?" 나는 깜짝 놀랐다.

"그럼! 그래서 열두 제자 가운데 하나로 뽑혔던 걸세."

웬만큼 수준에 오른 제자들도 마지막 단계, 인도에서 말하는 '니르비칼파 사마디Nirbikalpa Samadhi'에 이르러 오직 하느님 한 분만 존재한다는 진실에 완전 깨어나기 전까지는 언제든 아래로 추락할 수 있다. 유다는 몇 가지 안 좋은 카르마가 있었고, 그것을 극복할 기회가 있었는데 실패했다는 것이 요가난다의 설명이다. 예수님을 등진 것이 그의 절대적 운명은 아니었지만 배신 자체는 어떻든 감당해야 할 그의 정해진 운명이었다. 그의 카르마가 본인의 것만이 아니고 유대민족의 것이기 때문이었다. 그것을 다른 말로 '집단 카르마(mass karma)'라고 한다. 유다는 그 카르마에서 자기 몫을 감당했기 때문에 상응하는 고통을 겪어야 했다. 그럼에도 불구하고 그는, 스승을 찾아왔지만 변두리에서 어슬렁거린 다른 제자들에 비하면 큰 영혼이었다. 하느님을 찾다가 실패하는 것이 미지근한 구도자로 안주하거나 아예 하느님을 찾지 않는 것보다 훨씬 낫다. 그런 뜻에서 가리옷 사람 유다는, 영적으로 말하자면 성공한 기업인보다 훨씬 앞선 사람이었다.

그래도 예수님은 말씀하셨다. **"나를 믿는 보잘것없는 사람 하나를 걸려 넘어지게 하는 자는 차라리 맷돌을 목에 걸고 깊은 바다에 던져져 죽느니만 못할 것이오. 사람이 사람을 걸려 넘어지게 하는 딱한 세상에서 그런 일이 없을 수는 없지만, 남을 걸어 넘어뜨리는 자야말로 진정 불행한 사람이오."**(마태오복음 18, 6-7).

이것은 예수께서 당신의 보잘것없는 제자들에게 하신 말씀이다. 그분은 당신 제자들뿐만 아니라 그리스도 의식의 도구가 된 사람들을 예수 이름으로 영접하는 사람은 당신을 영접하는 사람이라고 하셨다. 반대로 그들을 해친 사람은, 모두의 내면에 있지만 하느님을 사랑하는 이들 안에서 더 잘 드러나는 그리스도 의식 자체를 걸어 넘어뜨리는 사람들이다. 자기 깨달음을 성취한 성자들을 해치는 것은 가장 큰 죄악이고, 그에 대한 형벌도 즉각적이다. 요가난다의 설명으로는 그들이 '에고의 방해하는 역류逆流'를 극복한 사람들이기 때문이다.

가장 큰 죄는 물론 유다의 배신이다. 그것은 자기가 이왕에 더불어 교제하는 복을 누렸던 '성령'을 거스르는 죄였다. 하느님을 경험했다가 돌아선 죄는 오로지 본인이, 스스로 빼앗겼던 복으로 되돌아오는 것으로 용서받을 수 있다. 그렇게 돌아서는 것이 결코 쉬운 일은 아니다. 그 용서받지 못할 죄, 다른 누구도 아닌 자기한테서 용서받지 못할 죄가 끊임없이 불안과 불편함의 진동을 일으키기 때문이다. 그 진동은 엄청난 노력으로만 극복할 수 있다. 하지만 사람들은 예수의 제자들을 핍박하는 죄를 계속 저지르고 있다.

요가난다는 자신의 제자들에 관련된 비슷한 이야기를 들려주었다. 1948년 여름, 특별한 황홀경을 경험하고 나서 그가 말했다. "신성한 어머니가 나에게 말해주셨소. '처음 시작할 때 나를 향한 네 사랑을 시험해보려고 몇몇 안 좋은 사람들을 너에게 보냈다. 하지만 이제는 너에게 천사들만 보낼 것이다. 누구든지 그들을 치면 내가 그를 치겠다.'"

요가난다를 배신한 그 제자 또한 아주 큰 영혼이었고, (요가난다가 확실하게 말했다.) 몇 번 환생을 거치면서 결국 해방될 것이다.

사두 하리다스는 상당히 높은 수준까지 오른 사람이었지만 중도에 추락하였다. 하지만 나의 구루는 그가 같은 생에 완전한 해방을 얻었다고 말했다. 마침 그 자리에 있던 학생 하나가 이의를 제기했다. "어떻게 그럴 수 있나요? 법을 알면서 어긴 사람은 더 무거운 벌을 받는 것 아닙니까?"

"음…" 스승이 그에게 말해주셨다. "하느님은 폭군이 아닐세. 자네가 좋은 치즈를 먹었는데 어쩌다가 상한 치즈를 먹었네. 자네는 곧 실수한 걸 알았고 그래서 다시 좋은 치즈를 먹으려고 하지. 그런 자네를 하느님은 막지 않으신다네."

구루가 내게 말해주었다. "유다는 이번 생에서 완전 해방되었네. 내가 그를 알지." 막달라 마리아Magdala Maria가 20세기 독일에서 가톨릭의 '성흔이 있는 사람(stigmatist)' 테레제 노이만으로 환생했는데 아직 완전한 해방을 얻지 못했다던 요가난다의 말도 기억난다. 구루가 그 성인을 만난 건 1936년이었다.

스승을 배신한 유다의 카르마는 혼자만의 것이 아니었다. 그것은 집단 카르마였고 유대민족 전체가 져야 하는 것이었다. '대사제와 원로들'이 '군중'과 함께 십자가 처형이 집행되는 현장에서 **"그 사람 피는 우리와 우리 자손들이 책임진다!"**(마태오복음 27, 25)고 소리쳤기 때문이다. 요가난다는 이런 특별한 카르마에 대한 이야기를 자주 하지는 않았다. 예수께서 그러셨듯이 그의 주된 관심은 사람들을 위로 끌어올려 구원받도록 하는 데 있었기 때문이다.

하지만 카르마는 언제나 섞여있게 마련이다. 예컨대, 유다가 예수의 가까운 제자가 된 좋은 카르마가 없었더라면 그분을 배신할 수 없었을 것이다. 그는 배신행위 때문에 큰 고통을 겪어야 했다. 그러나 그의 좋은 카르마가 그를 붙잡아 세워주었고, 마침내 신성한 해방을 얻도록 뒤를 받쳐주었던 것이다.

요가난다는 자주 말했다. "하느님은 당신을 택한 자들을 택하신다." 유대민족은 애초에 하느님의 길을 가기로 선택한 사람들이다. 그들이 먼저 예수를 자신들에게 끌어당긴 카르마가 없었다면 그리스도를 배신하는 나쁜 카르마도 짓지 못했을 것이다.

부러진 뼈가 치유되면 전보다 더 강한 뼈가 된다. 이와 비슷하게 유대인들이 저지른 나쁜 카르마는 그들의 좋은 카르마 때문이었다. 바로 그 좋은 카르마가 그리스도를 자기네 가운데서 태어나게 했던 것이다. 언제고 분명 그들의 나쁜 카르마가 영적 위대함으로 바뀌어 피어날 것이다. 요가난다의 말대로, 하느님은 폭군이 아니기 때문이다.

예수님도 그들이 카르마에서 벗어나는 길을 말씀하셨다. **"예루살렘아, 예루살렘아, 네가 예언자들을 죽이고 너에게 보내어진 이들을 돌로 치는구나. 암탉이 병아리를 날개 아래 모으듯이 내가 네 자식들을 품으려 한 것이 몇 번이더냐? 그러나 너희는 원치 않았다. 보라, 네 집이 버림받**

아 황폐해지리라. 너희가 '주의 이름으로 오시는 이여, 찬미 받으소서.' 하고 외칠 때까지 결코 나를 보지 못할 것이다."(마태오복음 23, 37-39).

유대인들은 자기네가 날마다 "들어라, 오, 이스라엘아. 야훼 우리 하느님은 한 분이시다."라는 말로 기도드리는 그 하느님이 사람들에게도 오실 수 있는 분임을 이해해야 한다. 과연 하느님은 유일한 분, 하나뿐인 실재시다. 오만보다는 겸손이 그들에게 궁극의 구원을 가져다줄 것이다.

이런 생각이 오늘 우리 시대에는 좀 억지라고 여겨질 수도 있지만, 너무나 많은 사람들의 삶에 연관된 것이기에 '겸손'이야말로 오늘 우리에게 가장 가치 있는 덕목이라고 할 수밖에 없다.

현대 이스라엘의 어려운 상황이 과거 안 좋은 카르마를 속죄하는 기회일까? 온 나라가 하느님께 겸손히 자기를 바친다면 그럴 수 있을 것이다. 하지만 현대 이스라엘을 뒤에서 받치고 있는 기본 정신이 영적이라기보다 정치적인 것이기에, 이 나라가 앞으로 영성의 법과 그것을 실현하는 자신들의 몫에 대하여 배울 것이 아직 많아 보인다.

오늘의 유대인들은 무신론자로 자처하며 온통 정치적인 꿈에 몰두해있다. 그런 자아 관념이 어떻게 원초적이고 현실적인 영성을 회복하는 데 도움이 될 것인가? 그들이 통틀어서 그리스도교로, 특히 오늘날 교회가 전하는 그리스도의 가르침으로 개종할 것 같지는 않다. 그건 바람직한 일도 아니다.

그런데 요즘 많은 유대인들, 특히 젊은 유대인들이 인도의 요가 수련에 관심을 보인다. 그들이 만일 이런 과정에서 다시 한 번 '사나아탄 다르마'인 영원한 종교를 인식하고 그것을 받아들인다면, 예수 그리스도의 가르침도 그 종교의 진정한 표현으로 받아들이고 거기서 그분의 가르침에 담긴 보편적 진실을 발견하게 될 것이다.

요가난다는 앞으로 이 세상 모든 종교가 자기 깨달음으로 향하게 될 것이라고 내다보았다.

예수 그리스도의 추종자들은 그분을 인간으로서의 하느님 아들로 보고, 전체 세계 안에 반영된 비인격적 신성神性으로 보지 못한 점에서 큰 잘못을 저질렀다. 그렇게 벌어진 잘못이 도그마로 굳어지면서 다른 많은 잘못들이 뒤를 이었다.

예수께서 하신 말씀이 그리스도교 안에서 빚어진 잘못된 가르침의 머릿돌이 되었다.

"가이사리아 필립보 지방에 이르렀을 때, 예수께서 제자들에게 물으셨다. '세상이 사람아들을 가리켜 누구라고 말합디까?'

"제자들이 대답하기를, '세례자 요한이라 하는 사람도 있고 엘리야라 하는 사람도 있고 예레미야나 다른 예언자들 중 하나라 하는 사람도 있더군요.' 하자, 다시 물으셨다. '그럼, 그대들한테는 내가 누구요?'

"시몬 베드로가 대답하였다. '살아계신 하느님의 아들, 그리스도십니다.'

이에 예수께서, '시몬 바르요나, 그대는 참 복된 사람이오. 그것을 그대에게 알려준 이는 사람이 아니라 하늘에 계시는 우리 아버지시오. 내가 진정으로 말하는데, 그대는 베드로('반석'이라는 뜻-옮긴이)요. 내가 이 반석 위에 내 교회를 세울 터인즉 죽음의 권세가 그것을 누르지 못할 것이오. 또 내가 그대에게 하늘나라 열쇠를 줄 터인즉 무엇이든지 그대가 땅에서 매면 하늘에서도 매일 것이요 그대가 땅에서 풀면 하늘에서도 풀릴 것이오.'

"이렇게 말씀하시고 나서, 당신이 그리스도임을 아무한테도 말하지

말라고 제자들에게 단단히 당부하셨다."(마태오복음 16, 13-20).

예수님은 당신의 가장 중요한 본질임에도 불구하고 왜 자신이 그리스도이심을 아무한테도 말하지 말라고 하셨던가? 실제로 그분은 당신의 인간성을 특별하게 강조하신 적이 없다. **"나의 가르침은 내 것이 아니라 나를 보내신 분의 것이오."**(요한복음 7, 16). 그런데 어째서 그분은 이 구절 끝에 당신에 관한 진실이 세상에 밝혀지기를 바라지 않는다고 덧붙이셨던가?

예수 당시의 사람들은 적어도 수 세기 동안 지속된 영적 암흑기를 통과하는 중이었다. 당시에는 사람들의 생각이 물질에 심하게 경도되어, 예수께서 '나'라는 대명사를 쓰실 때 그것이 한 인간 존재가 아니고 위대한 영적 교사도 아닌, 우주 의식에 일치된 무한 그리스도라는 사실을 이해할 수준이 못되었다. 그분은 마치 태평양 어느 외딴 섬 오지 마을에서 고도로 발달된 문명 세계를 설명하는 탐험가 같은 존재였다.

2차 세계대전 중, 연합군이 남태평양 어느 섬에 군사 기지를 건설했다. 비행기, 배, 신식 무기들을 비롯해 맛있는 음식과 온갖 문명의 이기들이 그 섬으로 들어왔다. 수십 년 세월이 흐르고 누군가 그 섬에 갔더니, 녹슨 비행기 잔해 앞에서 한때 맛본 음식과 놀라운 물건들을 다시 내려달라고 비는 원주민들이 있었다고 한다.

말하자면 예수 그리스도는 그 원주민과 다르지 않은 사람들에게 가르침을 베푸셨다. '위없이 높으신 영'에서 이 땅에 내려오신 그분은 사람들이 받아들일 수 있을 만큼 가르치셔야 했고, 그래야 당신의 메시지가 그들에게 소화 불량이 되지 않았다.

다시, 위에 인용한 구절로 돌아가자. 앞에서 언급했지만 당시 유대인들이 환생을 믿지 않았더라면 '세례 요한이라 하는 사람도 있고 엘리야라 하는 사람도' 있더라고 대답하지 않았을 것이다. 그리고 환생이 그릇된 관념이라면 예수께서 그들의 말을 곧장 수정해주셨을 것이다.

예수께서 또 물으신다. "그럼, 그대들한테는 내가 누구요?" 그러니까 '그대들은 나를 어떻게 경험하느냐?'고 물으신 거다. 이에 베드로가 나서서 대답한다. **"살아계신 하느님의 아들, 그리스도십니다."** 이런 대답이 나온 것을 보면, 예수님은 제자들에게 당신이 한 인간 존재로 나타난 그리스도이심을 말씀하신 것이 분명하다. 그리스도의 출현은 '장차 오시기로 되어있는' 메시아였고, 그분은 작은 인격으로 나타난 무한 의식이었다.

다른 제자들도 이 가르침을 어느 정도는 알고 있었을 것이다. 하지만 베드로만이 홀로 깊은 직관의 통찰에서 생겨나는 확고한 영적 깨달음을 고백하였다. 그것은 예수께서 위없이 높은 진실의 완벽한 나타남이라는 사실이었다.

그래서 예수님이 이와 같은 베드로의 앎이 반석처럼 든든한 것을 칭찬하시며 다른 제자들도 함께 있는 자리에서 유독 그에게 말씀하셨던 것이다.

로마 가톨릭은 여기서 예수님이 베드로의 신앙 위에 '교회'를 세우겠다고 말씀하신 거라고, 장차 있을 교회의 일을 미리 말씀하신 거라고 스스로 납득시켜왔다. 하지만 이 도그마에는 너무나 많은 오해가 담겨 있다. 예컨대 베드로가 고백한 신앙은 보통 사람들이 머리로 생각한 가설을 믿는다는 뜻이 아니다. 신앙(faith)과 믿음(belief)은 전혀 다르다. 믿음은 잠정적인 것이다. 그 잠정적인 믿음이 테스트를 거쳐 진실로 밝혀진 다음에 저절로 따라오는 것이 진정한 신앙이다. 예수의 제자들조차 그토록 견고한 신앙을 가지지 못했거늘, 하물며 아무것도 깨치지 못한 채 정통 교리를 믿는다고 말하는 수억만 사람들이 그런 신앙을 가질 거라고 할 수 있는가? 또한 그 뒤로 길게 이어진 교황들 가운데는 방종하게 살다간 이들도 분명 있는데, 베드로의 신앙이 어떻게 존속될 수 있겠는가?

'교회'라는 말의 뜻도 깊이 이해해야 한다. 교회에는 두 가지 의미가 있다. 하나는 사람들이 모여 하느님을 예배하는 장소다. 다른 하나는 거룩한 곳, '하느님의 집'이다. 파람한사 요가난다는 이 두 번째 의미로 교회를 이해해야 한다고 말한다. 그러니까 그날 예수께서 하신 말씀은 이런 뜻이었다. '베드로, 그대의 내적 자기 깨달음 반석 위에 우주 의식의 내 교회를 세우겠다.'

한번은 요가난다가 나에게 말했다. "자네가 '니르비칼파 사마디'에 도달하기 전에는, 달리 말해서 하느님과의 완전한 합일을 이루기 전에는, 결코 미망에서 벗어나 자유롭지 못할 것이다." 예수께서 '죽음의 권세가 누르지 못할' 것이라고 하신 '그것'은 바로 이 하느님과의 절대 합일을 가리킨 것이었다. 의식이 개인적인 에고에서 벗어나지 못한 낮은 수준에서는 아무도 완전한 영적인 최후 승리를 보장할 수 없다.

예수님의 모든 가르침은 근본적으로 사람마다 자신의 영적 구원을 얻도록 도와주려는 것이었다. 하지만 예수님은 영원한 진실의 특별한 '표현'으로 오신 분이었다. 그분은 사람들이 당신을 신성한 은총의 특별한 도구로 인식하도록 유도할 필요가 있었다. 그렇지 않으면 당대의 여러 학파들이 당신의 메시지를 묽게 만들어, 사람들이 원하는 대로 선택할 수 있는 여러 철학적 분파 가운데 하나로 만들 수도 있었기 때문이다.

실제로 초대 교회의 이단 사설 가운데 하나는 4세기 신학자 아리우스Arius가 만들었다. 그는 예수가 하느님의 아들이라기보다 한 인간이었을 뿐이라고 주장했다. 그의 주장을 뒷받침한 논리는 예수가 진정 하느님의 아들이라면 그가 존재하지 않은 때가 있어야 한다는 것이었다. 당시 교회가 직면한 문제는, 예수가 정말 인간이라면 당신 이름으로 인간들에게 구원을 약속한 사람이 아니라 한 사람의 현자에 지나지 않는다는 것이었다.

진실 안에서는 아리우스와 교부敎父가 다 옳다. 인간 예수와 구별되는 그리스도는 영원토록 하느님의 아들로 존재하신다(is). 무엇보다도 하느님의 나타나심은 우주 창조의 실현과 함께 이루어진다. 그리고 그것은 순환하면서 이루어지는 나타남의 끝에 영(the Spirit)으로 다시 흡수된다.

우주 창조의 나타남 하나가 '사나아탄 다르마'에서는 '브라흐마의 낮(Day of Brahma)'으로 알려져 있다. 그것이 수십억만 년 지속되다 끝에 이르러 '브라흐마의 밤(Night of Brahma)'으로 알려진 우주의 '프랄라야pralaya' 또는 '소멸(해체)' 속으로 다시 흡수된다.

우주 시간의 이 엄청난 순환은 끝없이 계속된다. 그리스도 역시 '브라흐마의 밤'이 길게 이어지는 동안에는 '아버지' 또는 '위없이 높으신 영' 속으로 흡수된다고, 그러니 그 동안은 존재하지 않는다고 하는 게 옳을 것이다. 이와 같은 방식으로 우주 창조가 실현되는 것과 함께 '아들'이 존재하고, 다시 존재하는 것이다.

하지만 당시 아리우스가 이런 심오한 진실을 이해했다고 보기는 어렵다. 그의 논리가 그쪽으로 향하기보다는, 그러므로 예수가 하느님의 아들이 아니라 한 인간일 뿐이라는 그릇된 결론으로 가고 말았다.

하지만 이 가르침을 한 걸음 더 나아가 살펴볼 필요가 있다. 예수가 그냥 한 인간이 아니라면, 다른 사람들도 그냥 한 인간이 아니기 때문이다. 우리 모두에게 주어진 능력은 신성한 것이다. 모든 것이 하느님 의식의 한 표현이다. 인간은 이미 지닌 에고 의식과 자기를 아는 능력 때문에 더욱 그러하다.

그러기에 **"아버지와 나는 하나요."**라고 말씀하셨다가 유대인들로부터 신성을 모독했다고 비난당했을 때 예수께서 이렇게 대꾸하셨던 것이다. **"당신네 율법에 기록되기를, '내가 너희를 신이라 불렀노라.' 하지 않았소? 이렇게 하느님 말씀을 받은 사람들을 모두 신이라고 불렀소. 성경은 폐할 수 없는 것이오. 그런데 지금 당신들은 아버지께서 거룩하게 하시어 세상에 보내신 사람이 '내가 하느님 아들이다.'라고 말했다 하여 그가 불경스러운 말을 했다고 하는 것이오?"**(요한복음 10, 34-36). 그분의 신성神性은 진실이었다. 우주 의식이 모든 인간의 운명이고, 그 속에 잠재된 능력이기 때문이다.

"내가 그대에게 하늘나라 열쇠를 줄 터인즉 무엇이든지 그대가 땅에서 매면 하늘에서도 매일 것이요 그대가 땅에서 풀면 하늘에서도 풀릴 것이오." 예수께서 하신 이 말씀을 어떻게 새겨들을 것인가? 로마 가톨릭 교리에 따르면, 이 말씀을 근거로 로마 가톨릭의 모든 사제들에게 죄인의 고백을 듣고 그 죄를 용서할 권한이 있다. 하지만 파람한사 요가난다는 이런 주장에 질문을 던진다. "과연 그런가? 예를 들어, 당신이 고해 신부에게 가서 간밤에 과식過食하는 죄를 지었다고 고백하여 그 죄를 용서받았다 하자. 그래서 당신 복통이 말끔히 사라졌는가? 만일 그렇다면, 또 그래야만 그 신부에게 죄를 용서할 능력이 있다고 할 수 있다."

파람한사 요가난다는 진정한 스승의 단순한 말 한 마디가 '우주에 결속돼있다'고 자주 말했다. 스승의 말은 우주를 지으신 분과 하나 된 상태에서 나오는 것이므로 막강한 힘을 지닌다. 오직 그런 스승만이 병든 사람에게 '네가 나았다'고 말할 수 있고, 그가 실제로 낫는 것이다. 그가 하는 말이 현실로 이루어지지 않을 수 없기 때문이다. 그런 사람은 진심으로 하는 모든 말이 객관적 현실에서 그대로 이루어진다.

고대 인도의 현자 파탄잘리Patanjali는 『요가수트라Yoga Sutra』에 "누구든지 곧은 진실을 말하는 사람에게는 본인의 진정 어린 말이 그대로 이루어지는 힘이 있다."고 썼다.

앞에서 우리는 예수님이 '천국 열쇠'를 말씀하실 때 그 말에 특별한 명상 기법이 암시돼있다는 얘기를 했다. 요가난다가 말하는 크리야 요가 기법, 척추의 차크라들을 열어서 몸의 에너지를 정수리에 있는 '하느님 나라'까지 끌어올리는 기법이다.

내가 60년대 초 뉴델리New Delhi에서 알고 지내던 디나나드Dinanad라는 학자는 고대 그리스도교 문헌들을 깊이 연구했다며 이렇게 말했다. "오래된 러시아정교 쪽 기록을 보면 '주 예수 그리스도여, 저를 불쌍히 여기소서.'라는 전통 기도를 반복할 때 '주 예수 그리스도여'에서 서늘한 기운이 척추를 타고 올랐다가, '저를 불쌍히 여기소서'에서 따스한 기운이 척추를 타고 내려가는 것을 느낀다고 씌어있어요." 크리야 요가를 수련하는 '크리야반kriyaban'들은 이 말이 무슨 뜻인지 알 것이다. 러시아에서 널리 알려진 그리스도교 고전 문학 『순례자의 길The Way of Pilgrim』은 앞의 기도를 호흡에 연결시켜, 숨을 들이쉬면서 '주 예수 그리스도여' 하고, 내쉬면서 '저를 불쌍히 여기소서' 하라고 권한다. 크리야반들은 역시 이 말의 뜻을 알 것이다.

예수께서는 이 기법을 '하늘나라 열쇠들'이라고 하셨다. 그분이 말씀하신 '하늘'은 무엇을 의미했던가? 우리는 앞에서 이 개념을 살펴보았다. '나라'는 당시 사람들이 들으면 금방 어떤 그림이 떠오를 정도로 익숙한 말이었다. 실제로 '그리스도교 신화'라고 부를 수 있는 문학들은 대개 지금은 때 지난 개념들로 이루어진 것이다. 왕이 화려한 왕관을 쓰고 긴 예복 차림으로 왕실을 거닐면, 만조백관이 그 앞에 나열하고 조아리듯이, 최고 통치자인 하느님과 그 오른쪽에 앉으신 예수 그리스도 앞에서 천군천사들과 성도들이 두 분을 흠숭하는 나라다. 이런 그림에 나름 매력이 없는 건 아니지만 우리는 이것이 그냥 아름다운 동화 같은 것임을 안다. (힌두교에도 비슷한 신화적 그림들이 풍부하게 남아있다.)

하지만 이런 그림들은 영적으로 말하자면 정신적 암흑기에 만들어진 것들이다. 이 점에서 현대 과학이 성스러운 빗질로 오랜 세월 쌓여온 먼지와 거미줄을 낡은 세대의 개념들과 함께 걷어내는 중대한 기여를 했다. 종교인들은 현대 과학자들에게 우리의 정신적 창문을 열어 실재의 빛나는 조망眺望을 안겨준 데 감사해야 한다. (물론 그 과정에 새로운 먼지를 쌓았고, 그중 가장 고약한 것은 의식이 생각과 물질까지 존재하게 하는 바탕이 아니라 사람의 뇌로 만들 수 있는 것이라고 믿는 유물론적 견해다.)

과학은 관찰이다. 그래서 의식도 관찰해야 한다. 과학자들은 관찰 대상으로부터 관찰자를 신중히 떨어뜨려 놓으려고 한다. 하지만 하느님은 의식 그 자체다. 인도의 경전들은 그것을 아름답게 서술하여 아는 이, 알려지는 이, 그리고 앎 자체로 하느님을 설명한다.

물론 '하느님 나라'는 무한하다. 물질 우주보다 많은 것을 포함한다. 과학자들은 물질 우주가 실제로 무한하지 않다고 말한다. 넓긴 하지만 완전하고, 스스로 모든 것을 담고 있기 때문이다. 누가 그들에게 '그 바깥에는 무엇이 있는가?'하고 물으면 그들은 답할 것이다. '아무것도 없다. 당신은 제한된 사고방식을 더 이상 적용할 수 없는 차원에 적용하

려는 것이다.'

오직 한 가지가 그만큼 커질 수 있다. 생각 자체다. 의식으로 형성된 생각이 자신의 한계를 정한다. 그 한계 너머로는 아무것도 없다고 말할 수 있다. 생각을 확장하는 길은 '이 바깥에는 무엇이 있는가?'하고 물으면서 그것을 밖으로 밀고 나가는 것뿐이다. 이 질문이 생각을 스스로 확장시켜 더 넓은 세계를 포용하게 해준다.

이제 우리는 이 장章의 주제인 '새 포도주'로 넘어가야겠다. 예수님은 유대교에서 실현되어온 '사나아탄 다르마'를 새롭게 강조하셨다. 정통 유대교의 '묵은 포도주'는 진실 자체에 대한 값진 인식을 담고 있다. 그러나 그 해석이 과도한 이성 작용으로 완고해지고 외피가 두꺼워졌다. 바리사이파 사람들은 정교하게 다듬어진 인조 율법의 영역으로 하느님을 추방했다. 그리하여 너무나도 인간적인 여러 품성들을 하느님한테 덮어씌웠다. 결국 질투하고 성내고 앙갚음하는 야훼가 그들의 하느님이 되었다. 이런 품성들은 그들의 경전에 수없이 등장하지만, 모두가 일그러진 맥락과 그들이 생각하는 진실로부터 파생된 것들이었다.

적어도 이 점에서 보면 그분은 '질투하시는 하느님'이다. 그분이 자녀인 우리에게 당신을 보여주려 하실 때 우리가 갖추어야 할 조건이 하나 있다. 마음이 순결하여 다른 하느님을 모시지 않고, 밖을 향해서 움직이게 하는 우상 따위를 그분 앞에 두지 말아야 한다. 하느님은 앙갚음하지 않는 분이지만 카르마의 법칙은 대부분 사람들이 생각하는 것보다 훨씬 엄격하고 정확하다. 분노를 포함해 인간의 모든 감정들이 신성한 의식의 '나라'에 머물 자리가 없지만, 사람은 가끔 진노하시는 하느님의 겁나는 이미지에 긴장할 필요가 있다. 진실로 하느님에 대한 두려움 때문에 하느님을 찾는 경우도 있다.

하지만 하느님은 모든 사람의 가장 높은 목표다. 한없이 사랑하시고 한없이 복된 분으로서 '사람이 이해할 수 없는 평화'를 우리에게 베푸신다. 이 점에서 한없는 사랑이신 하느님을 사람들에게 보여주려 이 땅에 사람으로 오신 분이 바로 예수님이다.

동시에 그것은 마음이 옛날 도그마에 여전히 붙박인 '낡은 가죽부대들'을 위한 '새 포도주'였다. 예수께서 선포하신 새로운 생각이 그들의 부서지기 쉬운 이해의 수많은 틈새로 새어나올 것이다. 요가난다는 자주 말했다. "사람들 대부분이 골동품이다. 그들의 생각은 낡은 고가구처럼 새로운 생각이라는 신선한 공기에 노출되면 부서지고 쪼개진다."

앞 장에서 나는 예수님이 인류를 죄에서 구원하려고 돌아가신 게 아니라고 했다. 그분은 '이스라엘 집안의 잃어버린 양들을 위해' 오셨다고 말씀하셨지만, 그 '양들' 또한 카르마와 속박에서 건져달라는 그들 기도에 대한 응답으로 하느님이 주신 선물을 거절하고 배척한 값을 치러야 했다. 진짜 속박은 오직 하나, 에고 의식이라는 사실을 그들은 몰랐던 것이다.

예수의 직계 제자들조차 갑자기 완전하게 죄에서 해방되지는 못했다. 스승을 배반한 죄를 깊이 뉘우치고, 그리스도의 희생을 통해 죄의 결과에서 다른 모두와 함께 구원받게 될 유다는 이천 년 가까운 세월 동안 고통을 겪어야 했다.

하느님은 한없이 자비로운 분이시다. 그러나 자식을 둔 부모라면 알겠지만 어린아이가 망가지고 못된 미숙아로 자라지 않으려면, 제가 저지른 잘못에 값을 치를 필요가 있다. 인간의 모든 죄를, 아니면 죗값으로 받게 될 고통을 면해주는 예수가 인류의 주된 관심사는 아니었다. 예수의 십자가 처형 직후 몇 세기가 인류에게 좋지 못한 시기였음을 역사가 보여준다.

예수님이 당신의 신성한 자기희생으로 이루신 것은 당신의 신실한 제자들을 영적으로 완전하게 해주는 것이 아니라, 그들을 위로 끌어올려서 당신의 몸이 죽은 뒤에도 당신의 구원 사업을 계속할 수 있게 한 일이다.

신新신학자 성 시므온St. Simeon은 독자들에게 질문한다. "어떤 사람이 세례 받을 때나 받고 나서 의식에 아무 변화가 없다면 그래도 그가 세례를 받은 것인가?" 이 질문에 대한 답은 물론 '아니오'다. 성 시므온은 갈라디아교회에 보낸 성 바울로의 글을 떠오르게 한다. **"그리스도 안에서 세례 받은 그대들 모두가 그리스도로 옷 입은 겁니다."**(갈라디아서 3, 27). 그리고 그는 말한다. "옷 입을 때 당신은 몸에 무엇이 입혀지는지 알지 않는가? 어떤 사람이 그런 줄 모른다면 그는 송장이든 벌거숭이든 둘 중 하나다." 이어서 결론을 내린다. "스스로 세례 받았다면서 내적으로 깨어나는 경험을 하지 못한 사람은 영적인 송장이라고 할 수밖에 없다." 오래 전의 어떤 저술가들은 그 신랄함이 통쾌할 정도다.

오늘의 그리스도인, 특히 서양 교회의 신자들은 세례를 포함해, 이른바 '그리스도 안에서의 거듭남'과 다른 모든 것을 '신앙(faith)'의 결실로 본다. 하지만 그들이 말하는 신앙은 대개 맹목적 믿음(blind belief)에 불과하다.

예수께서도 인격적 구주의 필요성을 말씀하셨다. 이 또한 구체적 경험으로, 내면에서 끌어올려지는 경험으로 충족되는 것이다. 단순히 몇 개의 도그마를 믿는다는 고백 정도로 채워지는 것이 아니다. 앞서 나는 하느님을 아는 구루가 참된 구주라고 말했다. 내 경우에는 참된 구주(파람한사 요가난다) 밑에서 그의 안내를 받아, 내 의식을 그의 의식에 조율해, 혼자였으면 결코 이루지 못했을 자기 변화와 위로 끌어올려짐을 경험했다.

예수께서는 당신이 육신으로 제자들과 함께 있는 것이 그들에게 큰 도움이 된다고 말씀하셨다. 그러면 그분이 십자가에서 돌아가신 뒤에는 어찌 되었던가? 그분의 죽음이 그들에게는 막대한 도움을 주었고 과거 카르마의 무거운 짐을 벗겨주었다. 하지만 전체 세계에 주는 영향은 그보다 훨씬 작았다. 물은 언제나 아래로 흐른다. 그런데 산에서 흘러내린 물이 사막에 닿으면 금방 모래밭으로 잦아들고 만다. 마찬가지로 예수의 십자가는 한 번의 사건이고, 인간이 반복해서 짓는 죄에서 날마다 새로워지지 않고서는 전 인류의 죄를 충분히 덜어줄 수 없는 일이었다. 유한한 원인으로 무한한 결과를 낼 수는 없다. 예수 그리스도의 의식은 무한했지만 당신 몸으로 겪은 십자가는 제한된 사건이었다. 뭐가 어쨌으면 좋겠다는 생각(wishful thinking)은 '우주에 결속될' 수 없다. '그분이 온 세상을 구원하려고 죽으셨다.'는 말을 들을 때마다 인간 언어의 특성을 생각하게 된다. '온 세상'이라는 뜻의 프랑스어 '뚜르몽드tout le monde'는 보통 '저마다 모두(everybody)'라는 뜻으로도 쓰인다.

그리스도의 가르침이 계속 살아있었던 것은 그의 추종자 가운데 진정한 성자들이 살아있었기 때문이다. 그들의 성스러운 삶이 무시당하고 억압될 때, 그만큼 그분의 가르침이 감소된다.

안타깝게도 오늘의 그리스도교 세계는 절박한 위기를 맞고 있다. 사방에서 공격하는 지성인(그러나 영적으로는 문맹인) 과학자들 때문에 희석되고, 갈수록 커지는 이기주의와 세속주의로 걸러지고, 마침내 '우리 모두 성인이다!'라는 터무니없는 주장으로 왜곡되기에 이르렀다. 그런데도 예수 그리스도의 가르침이 살아있다는 사실은 진정 놀라운 일이다. 그것이 참으로 위대한 가르침인 것을 스스로 입증하고 있다. 마하트마 간디Mahatma Gandhi가 현존하시는 하느님을 강조하여 말했듯이 "죽음 한복판에서 삶이 존속된다."

하지만 오늘의 그리스도교는 시들어가는 나무가 되었다. 내면에서 직접 하느님을 경험하는 '생명수'를 부인하고 있기 때문이다. 종교는 참된 성자들, 스승의 높은 가르침을 깊이 수련하고, 그 진실을 자신에게서 실현한 사람들의 현존으로 끊임없이 새로워져야 한다. 오늘날 대부분의 그리스도인들은 '낡은 가죽부대'처럼, 항상 새롭고 역동적으로 살아있는 '진실'의 '새 포도주'를 자기 속에 담을 수 없게 되었다.

파람한사 요가난다가 새롭게 선포한 그리스도의 계시를 책으로 쓰면서 나의 한결같은 기도는, 예수 그리스도에 대한 본래의 신앙이 회복되는 데 조금이나마 도움이 되었으면 하는 것이다.

요가난다는 서양에서 감당하게 된 자신의 사명을 '그리스도의 재림再臨'이라 불렀다.

제21장

하느님만이 구원하신다

　한번은 요가난다가 기차로 여행하다 그리스도교 설교자를 만났다. 설교자가 그에게 "당신은 예수 그리스도를 유일한 구주로 믿느냐?"고 물었을 때 그가 답했다. "나는 하느님을 나의 구주로 모신다. 그리고 그분은 예수 그리스도만이 아니라 깨달음을 얻은 당신의 다른 아들들을 통해서도 구원 사업을 이루신다고 믿는다."

　전체적으로 그리스도인들은 비인격적 예수께서 당신을 가리켜 뭐라고 하셨는지를 충분히 이해하지 못한다. 그러나 그분이 당신의 '신성한 자아'를 말씀하실 때는 매우 분명하고 확실하신 것 같다. 예를 들어 **"내가 길이요 진리요 생명이오. 나를 통하지 않고서는 아무도 아버지께로 갈 수 없소."**(요한복음 14, 6). 이 말씀의 의미는 우주 보편적인 것이다. 그것은 당신을 통해서 진실하게 나타난, 없는 곳 없는 그리스도 의식을 말씀하신 것이었다. 반면에 그분은 개인적인 칭송을 결코 받아들이지 않으셨다. 오히려 그것을 유일한 실재이신 하느님께 돌려드렸다.

　비슷한 모습을 나는 구루한테서도 보았다. 인도 복장을 한 사람들이 헌신과 존경의 표시로 그의 발에 입술을 댈 때마다 그는 오른손을 높이 들어 위에 계신 하느님을 가리키곤 했다.

"한 사람이 예수께 와서 물었다. '선생님, 제가 무슨 선한 일을 해야 영원한 생명을 얻겠습니까?' 예수께서 말씀하셨다. '어찌하여 내게 선한 일을 묻는가? 선한 이는 오직 한 분뿐일세. 생명으로 들어가려면 계명을 지키게.'"(마태오복음 19, 16-17).

이 구절을 종이에 옮겨 적으면서 몸이 떨리는 것을 느낀다. 예수 그리스도의 신성한 의식에서 비추는 영광은 실로 우주적이다. 그분이 특별한 사람의 모습으로 역사의 한때를 사셨다는 건 틀림없는 사실이다. 다른 모든 위대한 스승들이 그랬듯이, 어떤 점에서는 예수 그리스도가 인류를 위해 죽으신 것도 사실이다. 비록 저마다 특이한 사명을 띠고 세상에 왔지만 그들 모두의 신성한 발산發散과 지극히 복된 의식은 온 인류에 내려진 축복이었다.

에드윈 아놀드 경Sir Edwin Arnold은 아름다운 서사시 〈아시아의 빛 *The light of Asia*〉에서 붓다의 일생을 노래했는데, 특히 왕자 고타마 Gautama가 궁극의 깨달음을 얻어 붓다가 되는 장면을 감동적으로 묘사했다. 바로 그 순간, 위로 올라가는 파동을 온 세계가 함께 경험한다. 그 파동이 온갖 중생의 중심을 관통하며 신성한 지복의 숨결로 저마다의 의식에 가서 닿는다. 이 땅의 한 영혼이 '위없이 높은 영'과 하나 되는 순간 그 일이 일어난 것이다. 어떤 다른 영혼이 오랜 세월 축적된 카르마의 족쇄에서 풀려나 궁극의 해탈을 성취할 때도 같은 일이 벌어진다. 붓다는 실로 위대한 아바타, 하느님의 화신化身이었다.

요가난다는 한 영혼이 궁극적인 해방을 얻을 때 그의 가족 위아래로 일곱 세대가 영적 해방이라는 축복을 받는다고 했다. 물론 그 축복의 정도는 상대적이라 절대적이지 않다. 누구든 궁극의 해방을 얻으려면 저만의 수고를 겪을 만큼 겪어야 하기 때문이다. 그렇긴 해도 그들이 받는 축복은 너무나 큰 선물이다. 어쩌면 그것은 이 땅에 다시 태어나 진흙탕에서 무거운 걸음을 옮겨야 하는 환생의 굴레로부터 해방되는 것일 수도 있다.

요가난다에게서 크리야 요가를 배운 첫 번째 미국인 제자 닥터 루이스Dr. Lewis가 한번은 그에게 물었다. "스승의 직계 가족들이 그런 축복을 받는다면 제자들은 어떻습니까?" 그의 대답은 이랬다. "아, 제자들이 첫 번째요." 누가 "세계는 어떠합니까?"하고 물으면 아마 이런 답을 들을 것이다. "세계도 어느 정도 위로 올라갑니다. 하지만 전체가 다 그런 건 아닙니다."

위로 올라간 스승 – 궁극의 해방을 성취한 영혼 – 의 힘은, 완전 합일을 이룬 상태로 있다가 몸을 입고 아래로 내려온 스승의 힘보다 약하다. 하느님의 완전한 화신인 예수 그리스도께서 인류를 위해 아래로 내려오지 않았더라면 '마야'의 구름이 모든 인간들 위를 두텁게 덮었을 것이고, 아무도 깨달음을 얻겠다는 영감을 받지 못했을 것이다.

사람들은 이 땅에 남자와 여자로 태어난다. 그리고 '나는 불완전하다. 짝이 필요하다.'고 생각하며 자란다. 그리하여 열심히 짝을 찾다가 자기를 완전하게 해줄 거라 생각하는 누군가를 만난다. 하지만 슬프게도 찾던 사람을 제대로 만나는 경우는 매우 드물다. 그들은 결혼해서 자녀를 낳고 가정이라는 굴레에 스스로 갇힌다. 성관계를 하지만 대개는 만족보다 정력의 소모를 초래할 뿐이다. 여자들은 출산이나 다른 정서적 집착으로 마음의 갈증을 풀려 한다. 이런 과정을 거치면서 인간 존재들이 더욱 더 단단한 에고 의식의 포로가 되는 것이다.

그들은 자녀들을 통하여 '다시 살기'를 시도한다. 하지만 그 일도 자기중심에서 벗어나지 못한다. 그들을 지배하는 생각은 '내 아들, 내 딸'이다. 그렇게 자녀들을 통해 좀 더 완벽하게 자기를 성취하려고 한다. 그러다가 자녀들이 자라서 제 자식을 낳으면 할머니, 할아버지가 되어 이번에는 손자, 손녀들을 통해 살아보려 한다. 이런 식으로 자기한테서 점점 멀어지는 바깥 세계로 자기 꿈을 계속 투사하는 것이다.

죽은 뒤에도 그들의 의식에는 속세에 대한 집착과 욕망이 그대로 남아, 맨 처음 의식이 천지를 만든 것처럼 그들을 이 땅으로 다시 환생하게 한다. 그렇게 해서 '다시 짝을 만나' 결합하며 언제까지나 사는 꿈을 이루려는 것이다.

사람들은 마침내 완벽한 짝을 발견하는 꿈을 꾼다. 한동안 그 꿈이 실현된 것처럼 느껴지는 때도 있다. 하지만 결국은 실망하고, 완벽한 결혼의 꿈을 이루지 못한 채 죽어간다. 그리하여 이 물질세계로 돌아오고, 다시 돌아오는 것이다. 숨겨 놓은 부활절 달걀을 찾는 아이들처럼 이 수풀 저 수풀 뒤지며 진정한 짝을 계속해서 찾는다. 모든 인간이 진정한 자기 영혼의 짝을 찾으려면 얼마나 광대한 우주를 뒤져야 할까?

요가난다는 어떤 사람의 영혼의 짝은 다른 행성에 살 수도 있다고 말한다. 자신의 반쪽을 찾는 일은 환상(vision) 속에서 이루어질 수 있다. 하지만 성관계로는 불가능하다. 사람이 성관계를 할 때는 그 의식이 척추를 타고 정수리로 올라가는 게 아니라 반대쪽으로 내려가기 때문이다.

위대한 스승들은 이 문제를 비교적 가볍게 다룬다. 사람마다 자기 영혼의 짝을 찾아서 골목골목 뒤지는 것을 바라지 않기 때문이다. 마태오복음에서 우리는 이런 구절을 읽는다.

"바리사이파 사람들이 [다른 사람들과 함께] 예수를 시험해보려고, '무엇이든지 이유만 댈 수 있으면 아내를 버려도 되는 겁니까?'하고 물었다. 예수께서 대답하셨다. '사람을 지으신 분이 처음부터 남자와 여자로 만드시고 사람이 부모를 떠나서 아내와 합하여 한 몸을 이루리라고 하셨다는 말씀을 읽지 못하였소? 그런즉 이제 둘이 아니고 한 몸이라, 하느님이 짝지어주신 것을 사람이 갈라놓아서는 아니 되오.' 그들이 다시 물었다. '그렇다면 어째서 모세는 이혼증서를 써 주고 아내를 버리라고 한 거요?'

"예수께서 이르셨다. '당신들 마음이 하도 완고해서 이혼해도 된다고 했지만, 본디 그런 건 아니오. 그렇소, 내가 진정으로 말하는데, 아내가 음행을 저지르지 않았는데도 [그녀가 성관계에 충실했는데도] 버리고 다른 여자한테 장가드는 것은 간음하는 것이오.'"(마태오복음 19, 3-9).

한 걸음 나아가서 요가난다는 진정 서로 사랑을 나눈 것이 아니라면 음행을 위한 음행은 부부간에도 간음이라고 말한다. 간음이란 서로 질質이 다른 것을 섞는 것이기 때문이다. 순결한 것에 불결한 것을 섞는 것이 간음이다.

영혼의 짝을 찾으려는 욕망은 인간의 본성 깊은 곳에 숨어있다. 그 뿌리가 에고보다도 깊다. 하지만 궁극으로는 하느님이 우리의 진정한 '영혼의 짝'이다. 이 점에서 예수의 이 말씀은 영원한 진리다. "먼저 하느님의 나라와 그분의 올바른 길을 찾도록 하시오. 그러면 다른 모든 것을 덤으로 얻게 될 것이오."(마태오복음 6, 33). 어떤 사람이 자기 짝을 찾는다면 그 또한 먼저 하느님을 찾았기에 '덤으로' 얻는 것이다. 독신이든 결혼한 사람이든 먼저 찾아야 할 것은 하느님의 나라와 그분의 올바른 길이다.

이혼에 관한 그분의 말씀을 계속 읽어보자. **"제자들이 말했다. '남편 과 아내 사이가 그런 거라면 장가들지 않는 게 낫겠습니다.' 예수께서 이르셨다. '누구나 다 이 말에 해당되는 건 아니고 그렇게 될 사람들만 그럴 수 있는 거요. 아예 고자로 태어난 사람이 있고, 남의 손에 그리 된 사람이 있고, 하늘나라를 위하여 스스로 그리 한 사람이 있소. 이 말을 받아들일 수 있는 사람은 받아들이시오.'"**(마태오복음 19, 10-12).

"하느님이 짝지어주신 것을 사람이 갈라놓아서는 아니 되오." 요가 난다는 이 말씀을 하느님과 맺은 진정한 영혼의 합일을 가리키는 뜻으로 읽어야 한다고 말한다. 남자와 여자가 만나서 결혼하는 것으로 읽어 서는 안된다는 얘기다. **"사람을 지으신 분이 처음부터 남자와 여자로 만드시고…"** 이 말에는 생리학적 진실뿐 아니라 신성한 진실이 담겨있 다. 세상의 많은 결혼이 대개는 서로 겉모습에 끌려서, 요가난다의 말로 '잘생긴 넥타이와 예쁜 립스틱'에 끌려서 이루어진다. 우리가 살고 있는 이 시대를 감안해서 말하면 예수보다 요가난다가 이혼의 조건에 대해 훨씬 급진적이라고 할 수 있다. 그가 보기에 어떤 사람이 자신의 의식 을 높이 끌어올리려고 하는데 배우자가 반대로 의식을 끌어내리며 살 아갈 경우, 둘의 이혼은 영적으로 정당한 것이다. 인도의 경전에도 이런 말이 있다. "어떤 임무가 더 높은 임무를 거역한다면 그것은 더 이상 임 무가 아니다."

요가난다는 훗날 자신의 제자가 된 유명한 오페라 가수 아멜리타 갈 리 쿠르치Amelita Galli-Curci 얘기를 가끔 들려주었다. 그녀의 첫 남편은 지독한 술꾼이었다. 하루는 술에 잔뜩 취해 의자로 아내를 내리치려고 했다. 그러자 그녀가 눈을 똑바로 뜨고 남편을 바라보며 결의에 찬 목 소리로 말했다. "다시는 날 건드릴 생각하지 말아요!" 그러고는 문을 박

차고 집에서 나왔다. 수년 뒤 그녀는 다른 남자를 만나 재혼했다. 이번에는 남자가 그녀에게 진정한 영적 파트너가 되어주었다.

캘리포니아 해변에 있는 요가난다의 수련 공동체에 한 부부가 살았다. 하루는 남자가 그곳을 떠나기로 마음먹고 아내에게 말했다. "보따리 싸요. 여기를 떠납시다!" 그러자 아내가 말했다. "아니, 당신은 가고 싶으면 가요. 난 여기서 구루와 함께 살 테니까."

요가난다는 이 에피소드를 나와 다른 사람들 몇이 있는 자리에서 말해주었다. 그는 자신이 젊었을 때 집안에서 세 번이나 결혼시키려 했지만 매번 거절한 얘기도 들려주었다. 세 번째 처녀는 사촌한테 소개했더니 그녀가 워낙 예뻐서 사촌이 무척 좋아하더라고 했다.

1935년 잠시 인도에 돌아가 집안에 머물 때 요가난다는 쉴 새 없이 남편에게 잔소리를 해대는 어느 여인을 보았다. 그가 말했다. "나는 또 무슨 야단을 맞을까 겁이 나서 쩔쩔매는 생쥐 같은 남자를 보았지." 스승이 여자를 구석으로 데리고 가서 말했다. "당신이 내 말을 듣겠다고 약속했으니 한 마디 하겠소. 당신과 내가 결혼했는데 지금 당신이 남편한테 하듯이 나한테 했다면 나는 결혼 생활을 한 주로 끝장내고 하느님을 만나러 히말라야로 갔을 거요."

배우자가 자신의 영성 생활에 발목을 잡고 늘어지면 언제든 헤어질 수 있다는 게 그의 생각이었다. 하지만 그 밖의 경우에는 '서로를 충실히 섬기며 사는 것이 하느님의 제일 법칙'이라고 늘 말했다.

얘기를 원점으로 돌리자. 대부분 사람들이 중요하게 여기는 배우자, 돈, 명예, 권력, 신분, 지위, 가정생활, 자녀들과 손자 손녀 돌보기 등, 이 모든 것이 사람을 '삼사라samsara(세속)'의 수레바퀴에 묶어두려는 '마야'의 방편들이다. 그 가운데 성자가 된 소수의 사람들, 특별한 사명을 띠고 이 땅에 내려온 하느님의 화신들이 없었다면, 사람들은 미망의 소용돌이에서 벗어나 진정한 깨달음의 빛으로 들어갈 엄두조차 내지 못했을 것이다.

하느님의 화신, 아바타에는 헤아릴 수 없이 많은 영혼들을 미망에서 구해낼 능력이 있다. 요가난다의 어머니가 아기를 축복해달라고 라히리 마하사야Lahiri Mahasay에게 데려갔을 때 그가 말했다. "작은 어미야, 네 아들은 요기Yogi가 될 것이다. 영靈의 기관차가 되어 수많은 영혼들을 하느님 나라로 운송할 거야." 우리는 수많은 하느님의 화신들이 강력한 기관차로 세상에 내려와 열차들을 길게 끌고 가는 모습을 그려볼 수 있다. 그들에 비하면 이번 생에 신성한 깨달음을 얻은 스승들은 그만큼 많은 사람들을 구하지는 못한다.

누구든 하느님을 만나려는 사람은 적어도 몇 사람쯤 자유롭게 해주어야 한다. 한번은 내가 구루에게 물어보았다. "이번 생에서 깨달음을 얻은 사람은 몇 사람을 구해야 합니까?" 그가 말했다. "최소한 여섯!"

예수께서 하느님의 화신인 것은 그분이 태어나실 때 이미 밝혀졌다. 동방에서 별을 보았다는 세 현자 이야기가 그것이다. 이 이야기는 매우 밀교적이다. 예수께서 하느님 나라로 들어가는 입구인 '영의 눈'으로 세상에 그 모습을 드러내셨다는 이야기다.

예수님은 인류에게 특별한 하느님의 섭리를 보여주셨다. 앞에서 나는 과학이 우주의 광대함을 볼 수 있도록 창문을 열어준 데 종교인들이 감사해야 한다고 말했다. 과학은 우리의 감사를 받을 자격이 있다. 하지만 불행하게도 대부분 과학자들이 자기네가 우리에게 무엇을 선물했는지에 대해 잘 모르고, 게다가 겸손할 줄도 모른다. 그들은 초의식적 직관 능력이 부족하다. 마치 황혼의 저녁 바다를 바라보며 '내가 저보다 아름다운 일몰日沒을 그릴 수 있다.'고 장담하는 화가들 같다. 사실 그들의 붓끝으로 만들어낼 수 있는 게 무엇인가? 기껏해야 조명을 비추지 않으면 보이지 않는 좁은 화폭의 얼룩진 물감들 아닌가? 과학자들이 스스로 발견했다고 자부하는 것들이 실은 이미 오래 전부터 모든 사람의 마음 안에 있던 것들이다.

몇 달 전에 나는 이탈리아 밀라노Milano에서 열린 학술 대회에 강사로 초대받았는데, '과학과 종교'라는 주제였다. 위대한 과학자 어빈 라슬로Ervin Laszlo 박사도 강사로 초대되었는데, 막판에 건강 문제로 참석할 수 없게 되자 급히 다른 과학자가 그 자리를 메우게 되었다. 그런데 그 대타자는 학술 대회의 주제를 별로 존중하지 않는 것 같았다. 그는 이런 말로 강연을 시작했다. "종교는 사람들에게 맹목적 신앙을 주입시키려고 하지만 과학은 오직 사실만을 다룹니다. 일단 한 가지 사실이 과학적으로 입증되면 세계 모든 과학자들이 망설이지 않고 그것을 받아들이죠."

그의 말은 독일의 저명한 물리학자 막스 플랑크Max Planck가 자신의 『과학적 자서전Scientific Autobiography』에 쓴 글을 떠올리게 해주었다. "새로 밝혀진 과학적 진실은 반대자들을 설득시켜 빛을 보게 한 것이 아니라 반대자들이 결국은 죽기 때문에 승리하는 것이다. 그리고 그것에 익숙해진 새로운 세대가 뒤를 이어 자라난다." 과학자들도 인간이다. 그들 가운데는 지혜롭지 못한 사람도 많다. 그들은 이성의 힘을 지나치게 신뢰하고 거기에 몰두하면서 자기 자신한테 눈이 멀어있고, 일반 상식에 어긋날 정도로 마음이 좁기도 하다.

그날 그가 강연을 시작해 5분쯤 지나 강당을 가득 채운 청중 앞에서 자기가 그 방면에는 권위자라고 생각하는 과학적 '사실'을 두고 다른 과학자들과 논쟁하는 장면은 흥미로운 볼거리였다. 우주에 대해 자기가 무슨 책임자라도 된 줄 착각하는 과학자들 속에 흐르는 것은 '오만'이다. 언젠가 나는 구루가 이렇게 말하는 걸 들었다. "자만自慢은 지혜의 죽음이다."

그럼에도 과학이 우리에게 열어준 현실에 대한 겸손한 안목은 우리가 과학 자체에 깊은 고마움을 느끼게 한다. 과학은 우리의 좁은 에고를 벗어나 현실을 보게 해주었다. 우주의 체계 자체가 철저히 비인격적이기 때문이다. 밤하늘 반짝이는 별들을 쳐다볼 때 우리에겐 저절로 어떤 생각이 떠오른다. '아, 저 장엄한 우주 질서 안에서 나의 존재란 얼마나 하찮은 것인가!' 평소에 좀 더 깊이 들여다보는 사람이면 이런 생각을 하게 될 것이다. '비록 우주가 논쟁의 대상일 수 없을 만큼 광대하지만, 나 자신에서부터 탐색을 시작한다면 그만큼 이해할 수 있을 것이다.' 작고 초라한 자아를 넘어설 때, 우주의 광대함과 자신의 왜소함을 오히려 즐길 수 있을 때, 그때 우리는 저 무한 공간 어디에도 없을 것 같았던 우주의 중심이 자기 안에 있음을 깨칠 수 있다. 요가난다는 말한다. "어디에나 있는 중심, 어디에도 없는 변두리." 모든 사람이 저마다, 적어도 자기한테는 존재하는 모든 것의 중심이다!

무엇보다도 하느님은 우리 가슴에 거하신다. 그분 덕분에 우리 영혼이 거대한 우주 체계 안에서 신성한 존재의 의미를 지닌다. 우리가 저마다 자신의 에고 안에서는 특별한 존재 의미가 따로 없지만 자기 영혼 안에서는, 그리고 하느님이 우리 각자 안에서 먼저 발견되어야 한다는 사실 앞에서는 저마다의 존재가 우주적으로 중요하다.

과학은 모든 것을 밖에서만 본다는 치명적인 한계가 있다. 그렇기 때문에 미세한 전자 한 알에 숨겨진 비밀을 끝내 밝히지 못할 것이다. 하지만 '사나아탄 다르마(영원한 종교)'는 누구든 자기 안에 거하는 '신성한 자아'를 알 수 있도록 진실에 대한 깨달음을 준다.

사람이 에고에서 벗어나 만물을 있게 한 신성한 의식이 바로 자기라는 진실을 깨닫는 것은 에고의 노력만으로는 절대 불가능하다. 이성은 그 문의 열쇠를 주지 못한다. 이성 자체가 거기서 깨어나야 하는 미망에 빠져있기 때문이다. 과학이 발견한 것에 스스로 우쭐하지 않는 과학자는 참으로 지혜롭고 드문 현자다. 과학이 할 수 있는 일이란 처음부터 존재하는 무언가를 찾아내는 게 고작이기 때문이다. 이 점에서 하느님의 영감을 받아 땅콩 한 알에 숨어있는 수백 가지 비밀을 찾아낸, 위대한 흑인 식물학자 조지 워싱턴 카버George Washington Carver야말로 진정 드문 과학자였다.

에고 의식에서 벗어나려면 이미 에고에서 벗어난 사람에게, 다른 말로 진정한 구루에게 먼저 자기를 조율시킬 필요가 있다. 태어나면서부터 모든 것을 알아서 구루의 도움이 필요 없는, 이미 자기 에고에서 벗어나 누구의 도움 없이도 곧장 하느님께로 갈 수 있는 사람은 매우 드물다. 소수의 그리스도교 성자들이 그런 사람들인데, 그중 하나가 아시시의 프란체스코 성인이다. 그에게는 예수님이 육체적으로 몇 번 당신을 보여주셨다. 반면 예수님은 하늘의 영원한 진실을 강조하려고 세례자 요한에게도 당신을 나타내셨다. 요가난다의 설명에 따르면, 요한은 이전에 예수의 구루였다. 그런데 예수님이 영적인 성숙에서 요한을 앞지르셨다. (간혹 있는 일이다.) 그래서 요한이 머뭇거리며 말했던 것이다.

"'내가 선생한테서 세례를 받아야 마땅하거늘 이렇게 선생이 오시다니요?' 하자, 예수께서 요한에게 이르셨다. '지금은 내가 하자는 대로 합시다. 그래야 하느님의 일이 모두 이루어지게 되어 있소.'"(마태오복음 3,

14-15).

파람한사 요가난다는 세례자 요한이 과거 예언자들 가운데 하나인 엘리야였고 당시에 예수는 그의 제자인 엘리사였다고 설명한다. 그러기에 예수님이 타보르산Mt. Tabor에서 세 제자들에게 당신의 변화한 모습을 보여주실 때 그 자리에 모세와 엘리야가 나타났던 것이다. **"제자들이, '어째서 율법학자들은 엘리야가 먼저 와야 한다고 말하는 걸까요?' 하고 묻자 예수께서 이르시기를, '과연 엘리야가 미리 와서 모든 일을 정돈해놓을 것이오. 아니, 엘리야는 벌써 왔소. 그런데 사람들이 그를 몰라보고 자기네 맘대로 대하였소. 사람아들도 그렇게 사람들 손에 고난을 당할 것이오.' 하셨다. 그제야 제자들은 예수께서 말씀하신 사람이 세례자 요한임을 깨달았다."**(마태오복음 17, 10-13).

예수님은 요한의 세례를 받을 필요가 없으셨다. 세례자 요한도 그렇게 알았고, 그렇게 말했다. 하지만 예수께서는 모든 진실한 구도자들이 알아야 할 것을 온 세상에 보여주려면 당신이 세례를 받아야 한다고 말씀하셨다.

예수님이 니고데모에게 말씀하셨다. **"예수께서 말씀하셨다. '그렇소, 사람이 다시 태어나지 않으면 아무도 하느님 나라를 볼 수 없소.' 니고데모가 물었다. '늙은 사람이 어떻게 태어날 수 있나요? 어머니 뱃속에 다시 들어갔다가 나올 순 없지 않습니까?' 예수께서 대답하셨다. '그렇소, 내가 진정으로 말하오, 물과 성령으로 태어나지 않으면 아무도 하느님 나라에 들어갈 수 없소.'"**(요한복음 3, 3-5).

물로 태어나는 것은 사람 몸으로 태어나는 것이다. 성령으로 태어나는 것은 구루에게서 하느님의 신성한 영으로 다시 태어나는 것이다.

우리에게 구루가 필요하다는 관념은 '스타레츠'라는 영적 교사들이 존재하는 동방정교회에서 그대로 보존되었다. 그런데 불행하게도 서양 그리스도교에서는 '교회'가 하느님께 가는 유일한 통로라는 주장과 함께 구루의 존재 필요성이 사라졌다. 이런 주장은 제도를 유지하는 데는 효과적이겠지만 사실 정당하지 않다. 게다가 그것으로 수많은 오류가 생겨났다. 결과적으로 하느님을 알고자 간절히 열망하는 소수의 그리스도인이 스스로 오류가 없다고 주장하는 교회를 떠나 다른 데서 의지할 곳을 찾게 되었다. 정통 그리스도인들 사이에서 구루의 존재가 잊힌 것이다.

이런 오류는 누구든 성경만 읽으면 필요한 것을 다 얻는다고 주장하는 프로테스탄트교회에서 절정을 이룬다. 수많은 프로테스탄트 신자들이 "우리 모두 성자들이다!"라고 주장한다. (종교를 속된 것으로 만드는 데 얼마나 효과적인 말인가!) 요가난다가 내게 말했다. "자네가 성경에 대하여 모르는 게 있으면 성경은 답을 주지 못해도 구루는 잘못된 이해를 바로잡아줄 수 있네."

예수께서 세상에 전해주신 것은 영원한 종교, '사나아탄 다르마'였다. 하지만 그분의 메시지는 특별하고 신선한 것이었다. 예수님은 제자들에게 과거에 진실을 보여준 어떤 사람의 안내를 받으라고 말씀하시지 않았다. 바로 그 진실을 몸소 보여주셨다. 자기네와 동행하지 않으면서 예수 이름으로 마귀 내쫓는 사람을 제지하고 나서 **"요한이 예수께 말씀드렸다. '어떤 사람이 선생님 이름으로 귀신 내쫓는 것을 보았는데, 그가 우리와 함께 선생님을 따르는 자가 아니었으므로 그러지 못하게 막았습니다.' 예수께서 이르셨다. '막지 마오. 내 이름으로 무슨 일을 한 사람이 즉석에서 나를 헐뜯지는 못할 것이오. 우리를 반대하지 않는 사람은 우리를 위하는 사람이오.'"**(마르코복음 9, 38-40).

예수님은 당신의 가르침과 신성한 현존을 통해 '무한'에 가닿는 새로운 전망을 열어 놓으셨다. 그분을 따르던 지난날의 모든 사람과 오늘에 그분 발자취를 따르는 사람들이 마땅히 해야 할 일은 그분을 공경하고 그분 이름으로 구원받기를 바라는 것이다. 그분 이름으로 가르치는 사람들은 자기들이 다른 누구보다 예수를 드러내고 있다는 사실을 분명히 밝혀야 한다. 우주의 진실로 들어가는 문을 실제로 '열어주는' 사람을 통하지 않고서는 아무도 영원한 종교를 이해할 수 없다. 예수님의 청탁으로 세상에 왔다는 요가난다는 자기가 특별한 구루들 인맥의 마지막 사람이라고 늘 말해왔다. 그들 인맥의 첫 자리에 예수님이 계신다. 그분이 바바지에게 당신을 위한 일을 해달라고 처음으로 말씀하셨기 때문이다. 요가난다가 구루들 인맥을 이야기하는 것은 실제로 그들이 하느님의 메시지를 전해준 사람들이었기 때문이다. 그는 자기가 하는 일에 다른 구루들이 없다는 말은 한 번도 하지 않았다. 그러면 그의 가르침이 정당하지 못하다고 스스로 말하는 것이기 때문이다.

　한번은 구루에게 물어보았다. "당신의 임무는 새로운 종교를 가르치는 것입니까?" 그가 "아니, 이건 새로운 '표현'이오."라고 답하면서 마지막 말에 힘을 주었다. '새로운 표현'은 예수께서 인류에게 가져다주신 것이기도 하다.

　당신의 글을 편집하라는 구루의 숙제를 감당하다 보니 내 눈에 요가난다가 이 '새로운 에너지 세대(new age of energy)'의 '아바타'처럼 보였다. (역사적으로 서로 다른 세대가 있다는 사실은 다음에 별도로 다루게 될 것이다.)

　요가난다가 이 세대의 그리스도인들에게 전해달라고 부탁받은 메시지를 본인은 '그리스도의 재림'이라고 했다. 그의 가르침은 현대인이 그리스도의 가르침에 담긴 '영원한 진실'을 볼 수 있도록 새로운 창을 열어주는 것이었다. 그는 오늘날 과학의 세대에 종교적 신앙을 손상시키지 않으면서 과학이 인류 앞에 펼쳐 놓은 광대한 파노라마를 어떻게 수용할 것인지를 제시하였다. 과학이 그렇게 했듯이 그는 무한대면서 무한소인, 양쪽으로 가없는 실재를 보여주었다. 또한 과학이 그렇게 했듯이, 서로 다른 무수한 에너지의 진동이 없으면 물질도 없다는 사실을 밝혀냈다.

하지만 요가난다는 단순한 두뇌 활동의 결과가 아닌 존재하는 모든 것의 근본 원인인 '의식 자체'를 알아야 한다고 말하면서 현대 과학을 한 걸음 앞질렀다. 아리스토텔레스의 철학에 바탕을 두고 모든 것을 '이것 아니면 저것'으로 보는 서양 사람들에게 진실이 동시에 다른 방식으로 표현될 수 있음을 보여준 사람이 요가난다였다. 서로 다른 것들이 동시에 존재할 수 있는 것은 '위없이 높으신 영'이라는 절대적 '하나'가 있기 때문이다. 이렇게 그는 '절대인 동시에 상대'라는 진실의 딜레마를 풀었다.

예수님도 같은 일을 하셨다. 그분은 '산 위의 설교'에서 말씀하셨다. **"그대들도 이처럼 세상에 빛을 비추어 사람들이 그대들의 착한 행실을 보고 하늘 아버지를 기리게 하시오."**(마태오복음 5, 16).

하지만 얼마 뒤에 또 이렇게 말씀하셨다. **"기도할 때에도 겉모양 꾸미는 자들처럼 하지 마시오. 남한테 보여주려고 회당이나 큰길 모퉁이에서 기도하기를 좋아하지만, 내가 진정으로 말하는데, 그들은 받을 상을 다 받았소. 그대는 골방에 들어가서 문을 닫고 보이지 않는 아버지께 기도하시오. 숨겨진 일을 보시는 아버지께서 들어주실 것이오."**(마태오복음 6, 5-6).

'이것 아니면 저것'이라는 서양식 사고방식에 중독된 사람은 이렇게 반발할 것이다. "무슨 말인가? 내가 나의 착한 행실을 공개적으로 드러내면서 어떻게 그것을 비밀로 한단 말인가?" 하지만 삶의 진실에는 여러 가지 미묘한 뉘앙스가 있는 법이다. 위대한 스승의 가르침은 문자적으로 이해할 것이 아니라 직관으로 꿰뚫어 보아야 한다.

서양식 합리주의 속에서 자란 내가 구루에게서 배워야 했던 게 바로 이것이었다. 신성한 진실은 내면에서, 그것이 지닌 특별한 맥락에서 받아들여야 한다. 구도자들은 평화, 빛, 기쁨에 관한 깊은 명상 가운데 받은 은혜를 다른 사람과 나눠야 한다. 혼자만 간직하면 은혜가 쪼그라들기 때문이다. 하지만 그 은혜는 깊은 침묵의 명상 속에서 하느님께 은밀히 받아야 한다.

요가난다는 예수님이 그러셨듯이 존재하는 모든 것들 가장 깊은 속에 거하는 실재를 깨치라고 호소했다. 사람이 욕망하는 것은 언제나 동일하다. 완전한 지복에 대한 영혼의 갈망이다. 파람한사 요가난다는 예수님처럼 겉모습이 어떻든 모든 사람을 하느님의 아들과 딸로, 자기의 형제자매로 보았다.

하지만 이런 진실들은 오늘 이 세대에 새롭게 표현되어야 한다. 현대 과학이 우리 앞에 펼쳐 놓은 새로운 세대를 살아야 한다는 사실은, 비록 저항하는 사람이 많다 해도, 우리 모두가 알고 받아들여야 하는 엄연한 현실이다. 다음 장에서는 사유하는 세계를 관통하여 발생한 갈등과 분쟁의 지류支流들을 살펴보기로 하자.

제22장

우주 역사의 여러 세대들

인간의 본성은 예수님 당시에 비해 별로 달라진 게 없지만, 우리의 '앎'이 훨씬 더 정교해진 건 사실이다. 오늘날 대부분 지성인들은 한 인간의 신조에 그의 전체가 담겨있는 게 아니라는 것을 안다. 인간의 본성은 그의 신앙 고백에 담겨있는 내용보다 많이 복잡하다. 자기는 이렇게 믿는다고 말하지만 그에 상반되는 행동을 할 수도 있고, 그가 진짜로 믿는 건 다른 것이라는 사실을 보여주기도 한다. 오늘 우리는 인간에게 잠재의식이 있다는 사실도 알고 있다.

일반적으로는 알려진 것은 아니지만 마침내 인간의 삶 속에, 그리고 모든 사람 안에 '영적 차원'이 있다는 사실을 알게 되었고, 그 사실을 말하면서도 완전 바보라는 놀림을 당하지 않게 되었다. 낡은 근본주의자들이 '당신 구원받았느냐?'고 물을 때 '무엇으로부터의 구원'이냐고 반문할 수 있게 되었고, 그가 '영원한 지옥 형벌로부터'라고 말해도 흥분하지 않고 침착하게 대꾸할 수 있게 되었다. 머리가 정상인 사람이라면 사랑이신 하느님이 당신 자녀들이 무슨 잘못을 저질렀다고 해서, 게다가 뭘 몰라서 저지른 잘못인데 영원한 지옥 형벌을 내리신다는 것이 얼마나 터무니없는 착각인지 알기 때문이다. 앞서도 말했지만 유한한 원인이 무한한 결과를 가져올 수는 없는 일이다.

달리 말해서, 사람들은 훨씬 더 상식적으로 생각하게 되었고, 이치에 맞지 않는 교리적 선언에 덜 휘둘리게 되었다.

예수께서는 당시 사람들의 일반적인 의식 수준에 맞추어 가르치셔야 했다. 그래서 거듭거듭 말씀하셨던 것이다. **"들을 귀 있는 사람은 들으시오."**

한번은 이런 일이 있었다. **"예수께서 '바리사이파 사람들과 사두가이파 사람들의 누룩을 조심하시오.' 하시자 그들이 수군거렸다. '우리가 빵을 가져오지 않았어.'**

이를 아시고 예수께서 이르셨다. '믿음이 적은 사람들! 아직도 모르오? 빵이 없다고 걱정하다니? 빵 다섯 개로 오천 명을 먹이고 남은 조각이 몇 바구니였고 빵 일곱 개로 사천 명을 먹이고 남은 조각은 몇 바구니였소? 그 일을 모두 잊은 거요? 내가 말한 것이 빵이 아님을 어째서 깨닫지 못하오? 바리사이파 사람들과 사두가이파 사람들의 누룩을 조심하시오.'

그제야 제자들은 예수께서 조심하라고 하신 것이 빵 만드는 데 쓰는 누룩이 아니라 바리사이파 사람들과 사두가이파 사람들의 가르침인 것을 깨달았다."(마태오복음 16, 6-12).

스승이 은유로 하신 말씀을 제자들은 문자로 들었다. 사마리아 여인을 만났을 때도 제자들이 구해온 음식을 권하자 그분은 이렇게 말씀하셨다. **"그대들은 모르는 양식이 나에게 있소."**(요한복음 4, 32). 그러자 제자들은 '누가 먹을 것을 드렸나보다.' 하고 생각했다. 하지만 그분은 제자들에게 부연 설명 없이 말씀하셨다. **"나를 보내신 분의 뜻을 이루어드리고 그 일을 완성하는 것이 곧 내 양식이오."**(4, 34). 제자들은 알아듣기 어려운 말씀이었다. 자기를 보내신 분의 뜻을 이루는 것이 그 뜻을 이루어 드리려는 영혼을 만족시킬 수는 있겠지만, 사람의 행동이 곧 배를 부르게 하는 건 아니잖은가?

예수님이 광야에서 유혹자(사탄)에게 하신 말씀도 그렇다. **"성경에 사람이 빵만 먹고 사는 게 아니라 하느님 입에서 나오는 말씀을 먹어야 산다고 하지 않았더냐?"**(마태오복음 4, 4). 하지만 예수의 제자들을 비롯해 당시 사람들은 몇 세기 앞선 그분의 말씀을 알아들을 준비가 되어있지 않았다.

예를 들어, 오늘 우리 세대 사람이면 누구나 '에너지'를 안다. 그런데 그런 것이 있는 줄도 모르는 사람들에게 예수님이 어떻게 에너지를 말씀하실 수 있었겠는가? 실제로 당시 사람들은 그것에 캄캄했다. 인도 요가의 가르침에서도 에너지(프라나)는 호흡을 통해 우리 몸에 들어오는 것 정도였다. 이에 대한 인간의 지식은 그 뒤로 여러 세기를 거치면서 조금씩 발전했다.

파람한사 요가난다는 사람에게 음식 먹는 입 아닌 다른 입이 있다고 했다. 예수께서 '하느님 입'이라고 하신 그 입은, 먹은 음식을 소화시켜 필요한 에너지로 바꾸는 간접적 방법이 아니라 주변 환경(대기, atmosphere)으로부터 직접 에너지를 받아들인다. 이렇게 에너지를 받아들이는 입구가 뇌의 기저에 있는 연수(숨골)다. 바로 이 차크라 또는 척추의 미묘한 센터를 통하여 우주 에너지가 우리 몸으로 들어오는 것이다. 예수님이 '하느님 입'이라고 하신 그곳은 에고의 자리(seat of the ego)이기도 하다. ('신성한 자아'라는 감각은 가슴에 있다.)

우리 모두 이 에너지로 살아간다. 그 에너지가 없었으면 이미 죽었을 것이다. 게다가 그것에 깨어있고 자신의 의지력을 동원해 에너지를 의식적으로 끌어당길 수도 있다. 우주 에너지를 직접 흡수하여 음식을 먹지 않고도 수년을 산 성인들이 있다. 그중 하나가 앞에서 언급한 독일의 테레제 노이만 성인이다.

이 지식을 실제로 응용하여 요가난다는 자신이 개발한 '에너지 활성화 수련법'을 가르쳤다. 그 방법으로 수련한 사람들은 원하는 대로 자기 몸의 에너지를 강화시킬 수 있다.

예수께서는 제자들을 비롯해 사람들의 마음을 당신이 확장시켜 에너지에 대한 가르침을 수용하게 할 수 있다고는 생각하지 않으셨다. 인류가 에너지의 존재를 알게 된 것은 불과 수 세기 전이었다. 그새 과학은 모든 물질이 자기 실체를 따로 가진 게 아니라 한 에너지의 여러 다른 진동들로 이루어진 것임을 입증해냈다.

다른 경우에도 예수님은 당시 사람들 의식 수준에 맞추셨다. 예컨대 요즘의 영적 교사들은 육식을 반대하고 의학계에서도 육식이 많은 질병의 원인일 수 있다고 경계하는데, 당시 예수님은 사람들과 함께 고기를 드셨다. 요가난다도 사람이 고기를 먹으면 의식이 아래로 내려간다고 말한다. 채소나 생선보다 의식이 더 진화된 동물들은 도살당할 때 분노와 두려움 같은 나쁜 감정을 경험하는데, 그것들이 좋지 않은 진동으로 고깃살에 남아 사람이 먹으면 그대로 몸에 흡수된다는 것이다. (이천 년 전에는 사람들이 '진동'이라는 말조차 몰랐을 것이다.)

예수의 가르침 가운데 당시 사람들은 납득하기 어려웠지만 요즘 사람들은 적어도 '무슨 뚱딴지같은 소리?'라고 하지는 않을 것이 많다. 그중 요가난다가 자주 예로 드는 게 이것이다.

"오른눈이 죄를 짓게 하거든 뽑아 버리시오. 몸의 한 부분이 버려지는 게 온몸이 지옥으로 던져지는 것보다 낫소. 또 오른손이 죄를 짓게 하거든 잘라 버리시오. 몸의 한 부분이 버려지는 게 온몸이 지옥으로 던져지는 것보다 낫소."(마태오복음 5, 29-30).

예수님은 사람들이 영원한 진실을 받아들이도록 도와주는 '사나아탄 다르마'에서 어긋나는 과거 낡은 규범들을 바꿔 놓으신다. 그분의 이런 변혁은, 위대한 하느님의 화신들이 영원한 진실을 사람의 일상에 적용하는 방법을 어떻게 바꿔 놓는지 보여주는 하나의 모범이다. (보통 사람들이 이런 변혁을 시도해서는 안된다는 점을 덧붙여야겠다. 오직 하느님께 직접 영감을 받은 큰 스승들만 그럴 수 있고, 그렇게 해야 한다.)

하지만 위에 인용한 구절에 이렇게 질문할 사람이 있을 것이다. 실제로 예수께서 오른눈이 죄를 짓게 하거든 그것을 뽑아버리라고, 오른손이 죄를 짓게 하면 그것을 잘라버리라고 하셨는가? 그분이 말씀하신 '죄를 짓게 한다'는 말이 무슨 뜻인가? 어떻게 눈이 우리를 죄짓게 할 수 있는가? 예수님은 영적으로 말씀하신 것이다. 만일 우리가 영적으로 성결하지 못한 것을 눈으로 즐기면서 계속 응시하면 자신의 더 높은 본성을 해치게 될 것이다. 그런 것들은 보지 않는 게 최선이다. 특히 우리 눈에 매력적인 것일수록 그렇다. 바로 그 눈길이 그것에 탐닉한 사람들의 영혼을 파멸시키기 때문이다.

또 누구는 물을 것이다. 그러면 왜 하필 오른눈인가? 우리는 두 눈으로 같은 것을 본다. 그런데 왜 오른눈을 문제 삼는가? 그것은 오른쪽이 우리 몸의 적극적인 면을 가리키기 때문이다. 고대 전승에서는 자신의 의지를 집중하여 무엇에 힘을 쓰면 그 일은 오른쪽으로 하는 것이다. 그러니까 예수님 말씀은 무엇을 보면서, 보는 눈에 힘을 준다는 뜻이었다는 게 요가난다의 설명이다. 우리는 불결한 쾌락으로 병든 생각을 낳게 하는 것들로부터 애써 눈길을 돌려야 한다.

하지만 여기서 요가난다는 한 걸음 더 나아간다. 당시에는 그런 말을 할 수 있는 상황이 아니었지만 그때 예수님이 참으로 말하려 하신 것은, 우리가 거두어야 할 것이 시선만이 아니라 우리의 '에너지'라는 것이었다. 의식을 거둔 뒤에도 자신의 에너지가 계속 바깥쪽 대상으로 흘러나갈 수 있기 때문이다. 이것이 바로 잠재의식의 힘이 생각하는 마음에 주입할 수 있는 독毒이다. (물론 그것이 우리 의지를 다른 쪽으로 향하게 돌려놓는다면 그때는 '독'이 아니라 '복'일 수 있다.) 그러므로 우리가 해야 할 일은 자기 에너지의 방향을 온전히 다시 돌려놓는 것이다. 그럴 때 비로소 우리는 샴페인 잔의 거품처럼 계속해서 잠재의식으로부터 올라오는 영향력을 바꿔 놓을 수 있다.

폭력과 음행이 난무하는 텔레비전 화면을 상상해보라. 하느님과 더 높은 진실을 추구하는 구도자라면 그 장면을 슬쩍 보고 지나치든지, 눈을 감든지, 그도 아니면 채널을 바꿀 것이다. 만일 눈에 힘을 주고 그 화면을 들여다보며 그 속에 빠져든다면, 그게 바로 예수께서 말씀하신 '오른눈으로' 보는 것이다. 그럴 경우에는 자신의 의지력을 총동원하여 그 유혹에서 벗어나야 한다.

그런 화면을 즐겨 보지 않은 것을 가볍게 후회하면서 사는 것이 음란한 생각 때문에 의식이 아래로 끌려 내려가 엄청난 노력 아니면 헤어날 수 없는 수렁으로 빠져드는 것보다 낫다.

그냥 '그런 생각 하고 싶지 않다'고 하는 것만으로는 아무런 효과도 볼 수 없다. 무언가를 생각하지 않으려 애쓸수록 그에 대한 생각으로 빠져드는 수가 있다. 해답은 그보다 건강하고 좋은 생각과 행동으로 에너지의 방향을 돌리는 데 있다. 피하고 싶은 생각들에 머물지 않으려고 애쓰지 말라. 자신의 에너지를 이용해 마음을 새로운 방향으로 틀라.

언젠가 구루가 나에게 말해주었다. "버릇들은 하루아침에 정복할 수 있네. 버릇이란 생각하는 마음의 집중이거든. 집중을 다른 쪽으로 하면 나쁜 버릇이 한 순간에 사라질 수 있지." 또한 그는 다른 쪽으로 집중된 이 생각에 새롭고 창조적인 에너지가 더해져야 한다고 말했다. "의지의 힘이 클수록 그만큼 에너지가 활기차게 흐른다." 이것이 그의 좌우명이었다.

살면서 나는 그의 좌우명이 틀림없이 작용하는 것을 여러 번 경험했다. 언젠가 알코올 중독에서 벗어나려 했던 사람의 글을 읽은 적이 있다. 그가 하루는 습관처럼 위스키 병뚜껑을 따는 자기를 보는 순간, 스스로 놀랄 정도로 술 저장고에 있는 모든 술병을 밖으로 꺼내 모조리 박살내버렸다. 그러면서 다시는 술을 입에 대지 않겠다는 결심이 단단해졌고, 마침내 오랜 버릇이 새로운 방향으로 바뀌었다. 그 뒤로 두 번 다시 술을 마시고 싶다는 마음이 일지 않더라는 것이다.

『바가바드기타』는 말한다. "감각의 대상들을 명상하면서 그것들을 밖으로 끊어버리는 것은 위선이다." 자기 극복의 미묘한 열쇠를 찾지 못한 세계 도처의 종교 추종자들이 한 가지 비밀을 모르고 있다. '에너지'다. 자기 초월은 자신의 생각뿐 아니라 '에너지'까지 미혹에서 거두어 다른 쪽을 향하게 하는 것인데, 그것을 모른다. 이것이 예수님이 시대적 한계 때문에 그때는 말하지 못한 속뜻이었다. 하지만 모든 사람이 에너지의 존재를 아는 오늘 우리 세대에는 요가난다를 통해 말씀하실 수 있다.

요가난다는 신문에서 읽었다는 여인 이야기를 자주 들려주었다. 그녀는 심한 도벽이 있었는데 예수님의 명령에 복종하려고 자기 오른손을 잘라버렸다. 하지만 그 끔찍한 행위가 여인을 치유해주지는 못했다. 그녀 안에 여전히 남아있는 '훔치고 싶은 충동'이 이번에는 왼손으로 훔치게 했던 것이다.

나는 강한 성품의 소유자들이 저마다 특별한 색깔로 자기를 표현하는 것을 자주 보았다. 예수 그리스도는 오래 전에 당신의 에고를 정복한 분이었지만 여전히 당신의 성품을 드러내셨다. 스스로 나서지 않는 겸손하고 양순한 태도와는 거리가 멀게, 그럴 필요가 있을 경우 강하고 단호한 모습을 보여주셨다. 그래서 이렇게 말씀하셨던 것이다. **"아예 고자로 태어난 사람이 있고, 남의 손에 그리 된 사람이 있고, 하늘나라를 위하여 스스로 그리 한 사람이 있소."**(마태오복음 19, 12). 그분은 이렇게 말씀하지 않으셨다. "순결한 독신 생활을 더 좋아하는 사람들이 있소. 그렇게 사는 것이 생각을 위로 향하여 하느님과 하나 되는 데 도움을 주기 때문이오." 그분은 사람들에게 충격을 줌으로써 마음을 사로잡아 당신의 메시지를 기억하게 하려고 하셨다.

이보다 앞에 하신 명령에서도 이런 식으로 얌전하게 말씀하지 않으셨다. "당신들 눈길을 섹스든 속세의 다른 무엇이든 잘못된 형상들로 돌리기보다는 거기서 눈길을 거두거나 아니면 적어도 그러는 자신을 보는 것이 당신들을 위하여 더 좋을 것이오." 이렇게 말하면 양미간을 찌푸리거나 눈썹을 곤두세우지 않아도 된다. 하지만 그분은 매우 강한 어조로 특색 있게 말씀하셨다. "그것들을 눈에서 뽑아 똥통에 던지시오!" 한 순간이라도 미혹에 빠져들지 않겠다는 결심을 단호하게 내리라는 말씀이다.

그러나 사람의 마음은 잘못된 생각들을 가지고 놀기 좋아한다. 때로는 단지 그것들이 왜 금지되어야 하는지, 왜 그것들이 매력 있는지 이해하고 싶을 뿐이라고 근사한 핑계를 대기도 한다. 결코 그 길에 발을 들이지 말라. 강하고 단호하게 "아니다!"하고 말하라. 당신은 무엇이 미혹인지 알아야 할 이유가 없다. 당신 마음이 깨끗해지고 분명해져서 위로 올라가면 저절로 알게 될 것이다. 진실을 가려놓은 미망의 구름을 거두면 정체가 드러날 것이라고 생각하는 바로 그것이 미망이다. 구루는 우리에게 말했다. "미혹에 대하여 처음으로 생각하는 바로 그때가 미혹에 빠져드는 순간이다."

여기서도 중요한 건 '에너지'를 놀이판으로 끌어들여, '에너지'로 미망을 거절하는 것이다. 예수님이 이렇게 말씀하셨으면 당시 사람들은 무슨 말인지 알아듣지 못했을 것이다.

그래서 나는 요가난다가 비록 자기 임무를 '그리스도의 재림'이라고 했지만, 오늘 우리 세대의 확장된 인식 능력에 어울리는 새로운 차원을 그리스도의 가르침에 덧붙였다고 생각한다. 그래서 그가 오늘의 에너지 세대를 위한 하느님의 화신, 아바타라는 것이다. 그에게 주어진 임무는 우주와 자아에 대한 인식의 폭이 크게 넓어진 오늘 우리 세대에 맞추어 그리스도의 가르침을 보여주는 것이었다.

예수님은 그리스도교가 창설되던 때부터 유대인만의 메시아가 아니셨다. 그분이 몸소 이르셨다. **"내게는 우리 안에 있지 않은 다른 양들이 있소. 그 양들도 데려와야 하오. 그들도 내 목소리를 알아듣고 같은 무리가 되어 한 목자 아래에 있을 것이오."**(요한복음 10, 16). 같은 무리에 한 목자, 요가난다가 자기 깨달음이라고 말하는 '영원한 종교!' 예수 그리스도는 모든 때 모든 곳에 살아 계시는 메시아다.

예수님 당시는 종교적으로 말하면 도그마로 단단하게 굳어진 세대였다. 당시 유대인들은 유대 교사라면 마땅히 가르쳐야 할 것들을 '말아먹었다'고 예수를 비난했다. 그분을 따른다는 사람들도 수 세기를 내려오면서 자기네 전통을 유대인들이 그랬듯이 도그마로 만들어 지키려했다. 한 걸음 더 나아가 그리스도교가 그레코로만Greco-Roman 세계에 흡수되면서, 자기네 도그마를 그리스 철학의 합리주의로 도금淘金했다. 영혼의 직관으로 꿰뚫어볼 수 있는 유연한 인식의 흐름을 그렇게 틀어막은 것이다.

때가 바뀌었다. 인류는 그동안 객관적이고 주관적인 지식뿐 아니라 인간을 인간으로 아는 지식에서도 크게 발전했다. 이 거대한 변화가 언제 어떻게 이루어졌는가? 그리스도인들이 꿈꾼 천년 왕국에 견주면 긴 세월이겠지만 겨우 이천 년 지났다. 별로 긴 세월이 아니다.

흥미롭게도 많은 고대 문명들이 연속적으로 이어지는 세대, 되풀이 되는 세대의 순환을 믿었다. 이집트 사람들은 가장 높은 세대에서 갈수록 낮아지는 세대들에 대해 이야기했다. 많은 학자들이 이집트 역사가 시작될 때는 가장 높은 수준이었는데 그 뒤로 점차 수준이 낮아졌다고 했다. 그리스 사람들도 금, 은, 동, 철의 세대가 이어지면서 점점 수준이 낮아졌다고 생각했다. 북미 남서부 호피Hopi족은 지금도 네 가지 세계, 또는 때의 기원이 있다고 말한다. 멕시코의 아스텍Aztec 문명도 마찬가지다. 스칸디나비아Scandinavia 나라들도 갈수록 기우는 네 세대가 있다고 생각했다. 이것은 켈트Celt족의 전승이기도 하다. 아시아에서도 수메르Sumer족은 가장 높은 세대가 까마득한 과거였다고 믿었다. 페르시아 사람들도 그리스 사람들처럼 금, 은, 동, 철의 네 세대가 있다고 했다. 고대 히브리인들의 책 『다니엘서The book of Daniel』에도 같은 내용이 있다.

고대 인도에서도 사람들은 네 가지 세대 또는 '유가yuga'가 있다고 믿었다. '사트야Satya(영적) 유가', '트레타Treta(정신적) 유가', 에너지 세대인 '드와파라Dwapara 유가' 그리고 광범위한 무지로 어두워진 '칼리Kali 유가'다.

다른 문명과 마찬가지로 인도 문명에서도 '거대한 때의 순환'은 끝없이 반복된다. 이 모든 문명의 공통점은, 그렇다고 말하는 세대의 인간들이 가장 낮은 수준에 이르렀다고 주장한다는 것이다. 물론 현대 역사가들도 까마득한 과거를 '지혜로운 옛날'로, 아이들의 '동화 같은 옛날 옛적'으로, 향수에 젖은 어른들의 '좋았던 그 시절'로 말한다. 이런 전통들이 전 세계에 고루 퍼져있는 것은 매우 흥미로운 현상이다.

현대 과학은 우주의 드넓은 폭과 미세한 내면을 함께 볼 수 있도록 우리 눈을 열어주었다. 하지만 과학의 눈은 여전히 물질세계를 볼 따름이다. '우주의 영향(cosmic influence)'이라는 술어로 세계를 인식하기까지는 아직 거리가 먼 듯하다.

그 영향 가운데 하나가 고대 문명, 특히 인도 문명에서 우주 때(cosmic time)의 거대한 순환으로 묘사되었다. 그런데 인도를 제외한 다른 문명의 가르침은 세월과 함께 그 문명들이 지상에서 사라지자 흐릿해졌다. 유일하게 인도에서는 아직 그것들이 살아서 기능한다. 인도의 기본 영성은 그 전통들을 아직도 보존하는 중이다.

인도 사람들은 현대 과학이 발견한 것들을 처음부터 예견했다. 우주의 광대함도 알고 있었다. 에너지가 물질의 바탕인 것도 알았다. 그들의 앎은, 의지가 있는 생각이 에너지를 처음 불러일으킨다고 주장할 만큼 한 걸음 나아갔다. 또한 그들은 움직이지 않는 의식이 생각보다 먼저 있어 천지만물의 바탕이 되었다고도 말한다.

비록 그 주장이 '높은 산을 떠받치는 땅바닥이 존재한다.'고 말하는 것과 별 차이가 없지만, 그래도 이것이야말로 과학이 고대 문명에서 물려받은 놀라운 유산이다.

파람한사 요가난다의 구루 스와미 스리 유크테스와르는 거대한 때의 순환이 있다는 말이, 그러니까 우주가 처음에 의식으로 잉태되고, 그 다음에 생각으로 투영되고, 인간의 생각하는 마음보다 훨씬 더 큰 의식인 에너지로 생성된다는 고대 문명인들의 말이 분명한 진실이라고 했다. 우주에 작용하는 힘들은 실재한다. 그것들은 개울처럼, 강물처럼 전체 우주를 관통해서 흐르며 인류의 의식에도 영향을 미친다.

무슨 '까마득한 소리'처럼 들릴 거다. 실제로 대부분 사람들이 당찮은 헛소리라며 들으려고 하지도 않을 것이다. 좋다, 그러라고 하자. 하지만 그것은 전에 생각지도 못했던 질문에 훌륭한 답을 줄 것이다. 오늘날의 위대한 현자 스와미 스리 유크테스와르를 비롯해 이런 말을 한 사람들은, 상식 있는 사람이라면 바보라며 밀쳐버릴 수 있는 분들이 아니다.

스리 유크테스와르는 현대 힌두 전승을 수정하고 지구별과 태양계에 관해 알기 쉬운 시간표(timetable)를 작성한 사람이다. 힌두이즘Hinduism은 아주 오래 된 고목인데, 현재의 그리스도교처럼 잘못되지 않으려면 이제 적절한 가지치기를 할 때가 되었다. 현대 힌두이즘은 고대 종교의 고루함에 머물러 더 좋지 않은 상태가 되었다. 현대 힌두이즘에 따르면 우리는 지금 40억 년쯤 계속될 암흑기, '칼리 유가'를 살고 있다.

전승에 따르면 '칼리 유가'가 끝난 뒤 곧장 '사트야 유가(영적 세대, 황금기)'가 다시 시작된다. 그렇게 갑작스러운 전환이란 자연계에 없는 것이다. 낮이 밤으로 되려면 어스름 저녁이 있어야 한다. 그 밤이 다시 낮으로 되려면 새벽 미명이 중간에 있어야 한다. 여름은 가을을 거쳐 겨울이 되고 겨울은 봄을 거쳐 다시 여름으로 돌아간다. 우주 어디에도 갑작스러운 변화는 없다. 초신성超新星도 갑자기 나타난 것처럼 보이지만, 생겼다가 사라지는 사이에 시간이 흘러야 한다. 이 모두가 너무나 분명한 사실이다. 나는 지금 인간의 이해력이 부족해서 생겨난 고대 전승의 잘못된 가지들을 잘라낼 필요가 있다는 뜻으로 이 말을 하고 있다.

스와미 스리 유크테스와르는 잘못된 생각들이 고대 전승 안에 스며들었다고 말한다. 게다가 어느 위대한 스승이 어떤 확고한 주장을 했을 경우 사람들은 그것이 하나의 견해일 수 있다고 생각하지 않는다. 인간 세상에 이른바 '교조주의'라는 게 있으려면 스스로 지혜롭다고 자부하는 사람들의 말이 먼저 받아들여져야 한다. 확고한 신념이 없는 사람들은 '등뼈 없는 자들' 부류에 속한다. 어떤 도그마가 진실인 줄 알아보려면 참된 현자들은 서로 깊은 차원에서 동의한다는 사실을 염두에 둘 필요가 있다. 종교적 논쟁은 수준이 낮은 사람들 사이에서 벌어지는 것이다. 나의 구루는 자주 말했다. "바보들은 논쟁(argue)하고, 현자들은 토론(discuss)한다." 현자들은 서로 토론하면서 진실의 기본 바탕에서는 언제나 동의한다.

스와미 스리 유크테스와르에 따르면 이 지구별과 태양계는 우주 해(Cosmic Year) 또는 완전한 세대의 한 순환이 2만 4000년 지속되는데, 1만 2000년이 올라가고 1만 2000년은 내려간다. 그 내려가는 시기가 기원후 500년에 바닥을 쳤고, 그 뒤로 차츰 이해와 깨달음을 향해서 올라가는 중이다.

인류 역사는 고대(현시점에서 상대적으로 말하는 '고대')에서 점차 기울기 시작했음을 보여준다. 이집트 역사는 말하자면 무無에서 솟았다가 그 정상에서 아래로 꺾여 마지막 소멸에 이르기까지 계속 내려왔다. 이 집트학자들은 이 주장에 동의하지 않지만, 그래도 수많은 학자들이 거듭해서 같은 말을 한다.

흥미롭게도 인류가 내려가는 과정에서 잃어버린 것들이 올라오면서 다시 나타나는 것 같다. 고대 그리스 사람들은 지구가 둥글다는 것을 알았다. 지구가 우주의 중심이 아니라는 것도 알았다. 심지어 우리가 최근에서야 알게 된 원자의 존재도 그들은 알고 있었다. 하지만 그 모든 지식이 그 후로 사라졌다. 그리스도교 시대에 접어들며 프톨레마이오스Ptolemaeos의 천문학이 교회에서 받아들여졌고, 그래서 위대한 과학자 코페르니쿠스Copernicus는 지구가 우주의 중심이 아니라는 사실을 발견했지만 그것을 발표하려고 목숨을 걸어야 했다. 지동설을 주장했다가 교회의 박해를 받았던 갈릴레오Galileo는 20세기 중반에서야 교회로부터 사면赦免을 받았다.

스리 유크테스와르에 따르면 우리는 1700년에 비로소 '칼리 유가(암흑기)'에서 벗어났다. 그 뒤로 인류는 계속 깨어나는 중이다. '200년의 다리(산드야sandya)'가 우리를 고대 인도 전승이 '드와파라 유가'라고 부른 '에너지 세대'로 이어준 것이 1900년이다. 그 후로 우리는 가히 폭발적이라고 할 만한 인간의 진화 과정을 목격한다. 우리 시대에 들어서 에디슨Edison, 테슬라Tesla, 마르코니Marconi 등 얼마나 많은 발명가들의 신기한 물건들이 쏟아져 나왔는가? 전등, 전화, 라디오, 텔레비전, 비행기, 우주선, 달과 화성 탐사, 이동전화, 컴퓨터… 상대성 원리를 인류에 선사한 위대한 과학자 알베르트 아인슈타인의 공로는 말할 것도 없다. 실제로 지금 우리는 새로운 세대, 에너지 세대를 살아가는 중이다.

우리는 또한 이 세대에서 저 세대로 넘어가는 과정에 벌어지는 불행한 결과들도 본다. 생각하고 행동하는 방식이 낡고 한정된 구세대와 새로이 확장되는 신세대 사이의 지구적인 갈등과 분쟁이 그것이다. 평화로운 해결을 바라는 것은 모두 마찬가지겠지만, 개인적으로 나는 이 갈등이 어떻게 해결될지 잘 모르겠다.

보라. 사방에서 폭력이 난무한다. 테러리스트들은 자기네가 문제를 해결하겠다고 큰소리친다. 모조리 날려버려라! 그러면서 자신들에게 동의하는 사람들은 형제자매고, 나머지는 모두 작살내겠단다. 그러나 폭력을 좋아하는 사람들은 자기 안에서 평화를 찾을 때까지 결코 평화롭지 못할 것이다. 그들이 폭력으로 찾았다는 그 평화가 돌이켜 증오와 분노와 불화로 끓는 가마솥이 되어 인류를 남김없이 삼킬 것이다. 그리고 침묵!

우리는 당면한 어려움을 평화로이 풀어가는 방법을 찾아야 한다. 문제를 일으키는 의식(problem-conscious)을 포기하고 해결하는 의식(solution-conscious)으로 바꿔야 한다.

나는 스스로 물어본다. 세상은 내가 쓴 이 책을 어떻게 받아줄 것인가? 여기 담긴 평범한 상식들을 열린 마음으로 받아줄 것인가? 아니면 교리에 어긋났다는 비난을 받고 흥분한 사람들로부터 핍박이라도 당할 것인가? 그도 아니면 위의 둘이 적당히 섞인 반응? 첫째는 내가 진심으로 바라는 반응이다. 둘째는, 내 신상에 일어나는 일이야 상관없지만 인류에게 참 안타까운 반응이다. 셋째는, 말하기가 미안하지만 아무래도 가장 많은 반응일 것 같다. 이 책이 대중에 무시당할 가능성이 얼마든 있지만, 그래도 나는 괜찮다. 혹시 이 책 때문에 개인적으로 어려움을 겪는다 해도, 일없다. 나는 준비되어있다. 내 하느님은 진실이시다. 이것 하나면 됐다. 나에게 다른 건 없다.

세월이 흐르면 결국 모든 갈등이 스스로 풀릴 것이다. 나는 사람들이 불가피한 싸움을 포기하고, 서로 받아들이고, 서로 사랑하고, 공동의 복지를 위하여 함께 일하는 '평화와 조화, 그리고 공동의 번영과 행복이 보장되는 새로운 세계'가 다가오고 있다는 파람한사 요가난다의 예언을 믿는다.

그때 '그리스도의 재림'이 현실로 될 것이다. 돌아온 인간 예수가 아니라, 그분이 그토록 과감하게 외치고 그 때문에 십자가에서 죽으신 바로 그 진실, 그 원리로.

제23장
잃어버린 시절

"부모가 해마다 유월절이면 예루살렘으로 올라가더니, 예수가 열두 살 되던 해에도 예년처럼 예루살렘으로 올라갔다.

일을 모두 마치고 집으로 돌아가는데 예수는 예루살렘에 남아있었고 부모는 그것을 알지 못하였다. 동행하는 무리에 섞여있으려니 하였던 것이다. 그렇게 하룻길을 가다가 문득 생각이 들어 친척과 지인들 사이에서 찾아보았지만 보이지 않는지라, 예루살렘으로 되돌아가면서 아들을 찾아 이리저리 헤매었다.

사흘 만에 성전에서 학자들과 어울려 그들의 말을 듣기도 하고 그들에게 묻기도 하는 아들을 발견하였다. 그의 말을 듣는 자들이 모두 그 지능과 대답하는 모습에 감탄을 금치 못하고 있었다.

부모가 그를 보고 놀라며 어머니는 말하기를, '애야, 어쩌자고 우리한테 이러는 거냐? 너를 찾느라고 아버지와 내가 고생이 많았다.' 하였다.

예수께서 말씀하셨다. '왜 나를 찾으셨어요? 내가 우리 아버지 집에 있어야 할 줄 모르셨나요?' 그들은 아들이 하는 말을 알아듣지 못하였다.

예수, 부모 따라 나자렛으로 돌아와 그들에게 순종하며 그들을 섬기셨다.

어머니는 이 모든 일을 마음에 간직해두었다. 예수는 몸과 함께 지혜가 날로 자랐고, 하느님과 사람들의 총애를 더욱 많이 받았다."(루가복음 2, 41-52).

이렇게 예수의 어린 시절 이야기는 끝난다. 그 뒤로 서른 살 즈음 세상에 모습을 드러내기까지 아무 얘기가 없다. 사람들은 자주 묻는다. 그 열여덟 해 동안 그분에게 무슨 일이 있었던가? 예수 그리스도 같은 중요 인물의 생애는 거듭거듭 사람들 입에 오르내리고, 모든 에피소드가 이야기되고 분석되는 게 일반적이다. 그런데 아무것도 없다? 그냥 이상한 정도가 아니다. 도대체 있을 수 없는 일 같다. 많은 사람들이 그 '잃어버린 시절'을 성경에서 삭제할 만한 이유가 있었을 거라고 생각한다. 그분의 이야기를 기록한 사람들은 감히 그 빈자리를 자신들이 지어낸 이야기로 채우려 하지 않았다. "그가 부모와 함께 시골로 내려가 나자렛에서 그들에게 순종하셨다."는 말이 사실이라 해도, 열두 살 때 이른바 '독립 선언'을 하신 것으로 미루어 그분의 '순종'이 열여덟 해 동안 지속되었다고는 보기 어렵다.

생각으로는 그가 자라서 어른이 되어 보조 목수로 아버지 밑에서 일했다고 말하는 것이 쉬울 것이다. 하지만 성경을 기록한 사람들 누구도 그렇게 쓰지 않았다.

그리스도교 전설은 그분이 목수로 일했다고 한다. 그런데 예수님은 오히려 당신 입으로 말씀하셨다. **"왜 나를 찾으셨어요? 내가 우리 아버지 집에 있어야 할 줄 모르셨나요?"** 이처럼 단호하게 말씀하시고는 그

냥 집으로 돌아가 아버지 밑에서 평범한 목수로 서른 살 때까지 일하다
가 어느 날 문득 당신의 공생애를 시작하셨다고는 보기 어려운 일이다.
열두 살 때 그분은 당신이 하느님의 일을 해야 한다고 부모에게 밝히셨
다. 그러니 그분은, 몸소 강하게 암시하셨듯이 당신의 미션을 벌써 시작
하셨다고 보는 것이 옳겠다.

　서양 사람들은 묻고 싶을 것이다. "열두 살 배기가 자기 미션을 시작
하다니, 너무 이른 나이 아닌가?" 어쩌면 그의 부모들도 같은 생각이었
을지 모른다. 하지만 예수님은 그렇게 생각하지 않으신 게 분명하다. 너
무나도 확실하게 나는 내 일을 해야 한다고, 아무도 열두 살 아이에게
서 들을 거라 예상하지 못할 말을 하고 있기 때문이다. 비슷한 상황에
서 다른 아이라면 사흘 만에 만난 부모가 반가워 기뻐 날뛰지 않겠는
가? 그런데 예수님은 누구도 예상치 못했을 반응을 보여주신다. "엄마
아빠, 어디 있었어? 나 여기 있어요, 나 여기 있다고!" 이러면서 달려들
어 부모 품에 안기지 않으셨다. 그날 그분의 태도는 사실 여러 해 뒤에
있을 장면을 미리 보여주신 것 같기도 하다.

　**"예수께서 이 말씀을 하실 때 어머니와 형제들이 무슨 말을 하려고
밖에 서있었다. 한 사람이 다가와 예수께 말씀드렸다. '선생님, 어머님
과 형제분들이 선생님께 드릴 말씀이 있어서 밖에 와 계십니다.'**

　예수께서 그에게 이르셨다. '누가 내 어머니고 누가 내 형제들이오?'

　**이어서 손으로 당신 제자들을 가리키며 말씀하셨다. '여기 내 어머니
가 있고 내 형제들이 있소. 누구든지 삶으로 하늘 아버지의 뜻을 이루어
드리는 사람이면 내 형제요 자매요 어머니인 것이오.'"**(마태오복음 12,
46-50).

　나는 유대 풍습에 익숙하지 못한 사람이다. 하지만 그동안 보고 들은

'유대인 어머니들'을 미루어 보면, 고작 열두 살 된 아들의 당돌한 '독립 선언'을 선선하게 받아들이는 모습이 좀처럼 그려지지 않는다. 어찌 들으면 그분 말씀은 마치 자기를 찾아 헤맨 부모를 나무라는 것처럼 들리기도 한다. 그날의 장면을 머리로 상상해보라. 그것도 아들과 부모가 사흘 만에 만나는 것이다. 아무리 봐도 별난 사건이었다.

나는 겨우 한 시간쯤 부모와 떨어져보았다. 뉴욕 항구로 들어가는 배에서였다. 열두 살은 아니었지만 공포로 온몸이 얼어붙는 느낌이었다. 사람들이 모여들어 나를 에워쌌다. 하지만 그들 가운데 엄마 아빠는 보이지 않았다. 아는 사람 하나 없는 낯선 거리에 홀로 떨어져 울고 있는 모습이 저절로 그려졌다. 어쩔 줄 모르고 울다가 어머니를 다시 만났을 때 얼마나 안심이 되었던지, 지금도 생생하게 기억난다.

그 경험을 여기 예수님 이야기에 견주어, 부모와의 혈연을 매정하게 끊어버리는 모습에서 특별한 사명을 띠고 세상에 환생한 스승들의 삶이 생각난다.

남인도의 스와미 샹카라는 여섯 살 때 하느님을 위해 세상을 버리겠다고 어머니에게 말했다. 어머니는 당연히 아들을 잡아두려 했으나 아들은 강물에 뛰어들었고, 전설에 의하면 악어 한 마리가 그에게 달려들었다. 아들이 어머니에게 말했다. "보세요, 어머니. 당신이 저를 붙잡든 악어가 저를 삼키든 둘 중 하나인데, 어느 쪽이든 어머니는 저를 잡을 수 없습니다." 어머니가 급히 아들의 출가를 허락했고, 본디 신성한 힘을 지니고 태어난 아이는 악어를 순순히 돌려보냈다. 그때부터 그의 미션이 시작되었고, 공교롭게도 그의 미션은 서른세 살에 마감되었다.

구루는 이 이야기를 실화라면서 들려주었다. 믿기지 않는 사람들은 비교적 근래에 있었다는 다른 이야기를 들어보시라. 라히리 마하사야의 제자 스와미 프라나바난다Swami Pranabananda는 여섯 살 때 집을 나섰다. "그의 목적은 히말라야의 바바지를 만나는 것이었네." 잠시 숨을 고르고 나서 구루가 웃으며 말을 이었다. "당시 마을에 상당한 소동이 일어났지."

파람한사 요가난다도 어린 나이에 집에서 도망쳤다. 형한테 붙잡혀 돌아오기는 했지만 속세를 떠나겠다는 마음의 씨앗은 인생 초반부터 그의 가슴 깊은 곳에서 자라고 있었다.

영적 전통의 빛으로 볼 때, 특히 영성의 불빛이 오랜 세월 꺼지지 않은 인도에서 볼 때, 열두 살 된 예수님이 "나를 보내신 우리 아버지 일을 해야 한다."고 말씀하신 것은 특별할 것 없는 얘기다. 게다가 그분과 인도의 인연은 그분이 태어나실 때 동방에서 현자들이 찾아온 것으로 처음부터 암시되었다.

분명한 사실은 그리스도의 생애를 적은 기록에서 중간에 열여덟 해가 빠졌다는 것이다. 분명 무슨 이유가 있을 것이다. 아무도 그 공백을 감히 메우려 하지 않았다. 여기서 우리는 피할 수 없는 질문 두 가지를 만나게 된다. '무엇'이 빠졌는가? 그리고 '왜' 빠졌는가?

1958년에 나는 인도에서 널리 알려진 영적 지도자 스와미 바라티 크리슈나 티르다Swami Bharati Krishna Tirtha와 흥미로운 대화를 나눈 적이 있다. 그는 전국에서 진실하고 명예로운 인물로 높이 존경받는 스승이었다. 나 또한 몇 개월 그를 만나면서 과연 그가 대중의 존경을 받을 만한 인물인 것을 실감할 수 있었다. 그가 나에게 들려준 이야기를 들은 그대로 옮겨보겠다.

"몇 년 전에 나는 우연히 세상에 복사본이 세 권밖에 없다는 고문서 하나를 입수하였다. 거기에는 초기 콘스탄티노플Constantinople 가톨릭

공의회에 관한 내용이 수록돼있었다. 공의회에서는 그때까지 성경에 남아있던 예수 그리스도의 잃어버린 열여덟 해에 관한 기록을 교회가 어떻게 할 것인지에 대한 문제가 안건으로 제기되었다. 그것은 예수가 몇 사람의 위대한 스승들과 함께 수년 동안 인도에 머물며 공부했다는 내용이었다. 안건의 내용은 하느님의 아들이신 예수께서 다른 인간들과 함께 무언가를 배웠다는 사실이 경건한 그리스도인들의 신앙을 위태롭게 하지 않겠느냐는 것이었다. 대부분 사람들의 의견은 경건한 신자들의 믿음을 보호하기 위해서 그 대목을 삭제하는 게 좋겠다는 것이었다.

바로 그때, 그들 가운데 하나가 자리에서 일어나 말했다. '나는 사제가 아닌 평신도다. 이런 자리에서 평신도가 발언한 전례가 없다는 것도 안다. 하지만 한 마디 해야겠다. 사도들께서 이 대목 때문에 신앙이 흔들리지 않았다면, 예수님을 하느님의 아들로 믿는 건 우리도 마찬가지인데 평신도라고 믿음이 덜할 이유가 있는가? 나는 이 간단한 진실이 사람들 눈앞에서 그분의 위상位相을 흔들 것이라고는 생각하지 않는다.' 하지만 그의 반론은 받아들여지지 않았고, 그래서 예수의 열여덟 해에 관한 대목은 성경에서 사라졌다."

이 이야기가 사실임을 나는 보증할 수 없다. 그래도 예수께서 인도에 수년간 머무르셨다는 주장을 뒷받침해주는 문서들이 인도에 있다는 것은 알고 있다. 카시미르Kashmir 북쪽 라다크Ladakh 지역의 레Leh에 있는 오래된 티베트Tibet 사원(히미스Himis 수도원)에 아직 보관돼있는 문서들을 소개하는 책이 출판되었다. 그 문서가 처음 발견된 1887년 이후로 그것을 보았다는 사람들의 증언이 계속 늘고 있다. 하지만 나에게 무엇보다도 확실한 증거는, 나의 구루 파람한사 요가난다가 여러 번에 걸쳐 예수님이 인도에 수년간 체류하셨다고 말했다는 사실이다.

나는 구루의 초대로 캘리포니아에서 한 달 동안 그와 사막 피정을 함께 한 적이 있다. 그때 그는 통신 교재를 위한 강의를 구술했다. 하루는 저녁 모임을 마치고 구술하다가 그가 말했다. "예수께서 베들레헴에 태어나실 때 그분을 예방했던 세 현자들이 바로 나를 서양에 보내신 바바지, 라히리 마하사야, 스와미 스리 유크테스와르 세 분 구루였다네." 난생 처음 요가니 구루니 명상이니 하는 말을 듣기 시작한 초심자로서는 너무나 소화하기 힘든 말이었다. 그때는 내가 북미 대륙을 버스로 횡단하여 그를 만난 지 겨우 한 달쯤 뒤였다. 나는 그를 만난 자리에서 제자로 받아줄 것을 간청했고, 그는 나의 청을 즉석에서 받아주었다. 나중에 알았지만 그건 전에 없던 일이었다. 그날 나는 내 인생이 완전 새로운 길로 들어섰음을 알았다. 그로부터 겨우 한 달 뒤에 이런 어리둥절한 말을 들었던 것이다.

나는 독자들이 이 책을 받아들이기까지 나에 대한 신뢰가 일정 부분 작용할 것이라고 생각한다. 그래서 몇 마디 덧붙이겠다. 그런 내 인생의 전환이 다른 사람, 특히 우리 부모에게는 너무나 돌발적인 사건으로 보였을 것이다. 당시 우리 부모는 아버지 직장이 있는 이집트에 거주하고 있었다. 하지만 나는 수년간 진실을 찾아 헤매던 끝에 『어느 요기의 자서전』을 읽게 되었고, 그 한 권의 책이 내게 북미 대륙을 횡단하게 했던 것이다. 그를 구루로 모신 뒤에 나는 누구한테서 무슨 말을 들을 때 미심쩍다 싶으면 이렇게 물었다. "우리 구루께서 그렇게 말하셨나?" 대답이 "그렇다."면 더 이상 묻지 않았다.

물론 성경에 나오는 세 현자들이 우리 시대의 세 현자들과 동일 인물이라는 말을 들으면 누구나 고개를 갸우뚱할 것이다. 그러나 나에게는 파람한사 요가난다가 그렇다고 했으면 그런 거다. 내 눈에는 다른 누구보다도 그가 '진실'을 가까이 아는 실존 인물이었다. 예수에 대하여 **"그분처럼 말하는 사람이 아직 없었습니다."**(요한복음 7, 46)라고 한 사람들의 말이 그에게도 정확하게 들어맞았다. 그의 말은 확실할 뿐 아니라 신성한 지혜의 울림이 담긴 말이었다. 나는 그와 함께 있는 자리에서 까닭 모르게 지금 내가 하느님의 현존 안에 있다는 느낌을 자주 받았다. 분명 그에게는 신성한 영기靈氣 같은 게 있었다. 혹 내가 너무 단순하고 잘 속는 기질이라서 이런 말을 한다고 생각하는 독자들도 있겠지만, 사실 그 무렵의 나는 뭘 좀 안다는 자들에게 본능적으로 저항하는 겁 없는 젊은이였다. 누가 무슨 말을 하든 자기가 하는 말을 스스로 알고 있다는 확신이 들지 않으면, 그가 누구든 들으려고 하지도 않았다.

요가난다는 또 우리에게 말했다. "예수께서 신생아인 당신을 예방했던 '현자들'과 공부하려고 멀리 인도를 찾아오셨던 것이다."

콘스탄티노플 공의회에서 고위 성직자들이 그랬듯이, 사람들은 하느님의 화신이 왜 사람들한테 배워야 하느냐며 이상하게 생각할 것이다. 그 이유를 예수님이 세례자 요한에게 말씀하셨다. **"지금은 내가 하자는 대로 합시다. 그래야 하느님의 일이 모두 이루어지게 되어 있소."**(마태오복음 3, 15). 예수님이 하느님의 진짜 아들인 것은 사실이다.(물론 그분 혼자서만 하느님의 아들이라는 것은 아니다.) 그래도 그분은 '하느님의 일이 이루어지는' 방식으로 당신의 길을 가야 했다. 하느님은 세상의 추락한 자녀들을 도우라고 당신 아들들을 세상에 보내는 일에 인색하지 않으시다. 그러나 하느님의 화신이라 해도 영아기, 유아기, 사춘기, 성장기를 두루 거쳐야 한다. 열두 살 예수님이 성전에서 말씀하실 때 사람들이 듣고 감탄하지 않을 수 없었다면, 그 부모들도 당연히 놀랐을 것이다. 그때까지 그들 눈에 예수님은 조숙하긴 하지만 그래도 아직 자라는 아이로 보였을 테니까.

완전 해방된 스승은 대중 속에서 자신의 미션을 감당해야 하기에 본인의 지혜를 억지로 사람들에게 주입시켜선 안된다. 그들을 위해 아래로 내려왔다면 행동거지가 지극히 평범해야 한다. 자신의 전지전능을 그대로 보여주는 것이 그들에게 아무 도움도 되지 않는다는 것을 잘 알기 때문이다. 나의 구루는 사람들이 자신에게 동의하지 않아도 상관없다는 태도를 가끔 우리 앞에서 보여주었다. 나는 질문이 많은 편이었고 구루는 매번 자상하게 답해주었지만, 어떤 때는 내가 무슨 직관적 통찰의 경지에 들기나 한 것처럼 짧게 한 마디 툭 던지기도 했다. 그는 우리에게 자기가 모셨던 구루에 대해서도 말해주었다. "스승은 우리가 당신 말을 무턱대고 받아들이기보다는 이해하기를 바란다는 듯, '어때? 자네는 그렇게 생각하지 않나?'하고 자주 물으셨네."

위대한 스승 예수처럼 하느님의 화신인 아바타가 나중에 사람들을 돕기 위해 잠시 미혹의 베일을 쓴 사람인 듯 평범한 인간의 몸짓을 보여주는 것은 지극히 정상이다.

내가 한번은 구루에게 물어보았다. "하느님의 화신인 아바타는 언제 어디서나 자기가 하느님과 하나라는 의식 안에서 삽니까?" 그가 답했다. "그는 자기가 자유로운 영혼이라는 의식을 결코 잃어버리지 않네." 달리 말하면, 어떤 것도 그의 의식을 묶어두지 못한다. 요가난다 자신이 얼마나 자유로운 영혼인지를 우리는 그의 자서전에서 읽을 수 있다.

어느 날 구루가 자신의 죽음을 내다보며 우리들 몇에게 말했다. "어려서 나는 뭘 좀 배우려고 성자들을 찾아갔었지. 그런데 그들이 계속 나에 대해 묻고 있다는 걸 알았네." 그들은 그를, 요가난다가 '꼬마 님

(little sir)'이라고 번역한 '초토 마하사야Chhoto Mahasaya'라고 불렀다. 그것은 '꼬마 성자(Little Saint)'로 옮길 수도 있는 말이다.

1887년에 러시아 작가 니콜라스 노토비치Nicolas Notovitch가 티베트 히미스 수도원에서 예수의 행적이 기록된 문서를 발견했다. 거기에는 예수(문서에서는 '이사Issa')가 젊은이로 그곳에 왔다가 훗날 '인도와 이스라엘 자녀들 가운데서 거룩한 교의를 가르쳤다.'는 기록이 있다. 동시에 어떻게 이사(예수)가 자기를 결혼시키려는 부모 요셉과 마리아의 압력을 피해 고향을 떠났는지도 씌어있다. 전설은 그가 낙타를 타고, 당시 동양과 서양을 이어주던 '실크로드silk road'를 따라서 여행했다고 말한다.

노토비치는 나중에 유명해진 책, 『예수 그리스도의 알려지지 않은 생애The Unknown Life of Jesus Christ』를 출판했다. 거기서 그는 이사(예수)가 얼마 동안 자가나트Jagannath 신전의 사제들과 함께 오리사 Orissa, 푸리Puri에 머물렀다고 썼다. 그의 기록에 따르면 예수는 천민들을 대하는 고위 성직자들의 관습에 동조하지 않았고, 그래서 브라흐민 Brahmin 학자나 사제들과 갈등을 빚었다. 나는 과연 예수께서 인도의 계급 제도를 심각한 문제로 삼고, 그것을 개혁하려 하셨는지 잘 모르겠다. 그러셨을 것 같지는 않다. 물론 그분은 실제로 계급 제도를 비판하셨을 것이고, 정통 브라흐민 관습에 동조하지 않으셨을 것이다. 하지만 그분은 훗날 당신의 미션을 시작하면서 '나는 이스라엘의 잃어버린 양들을' 위해서 왔다고 말씀하셨다. 그렇지만 그분이 '영원한 진실'에 굳게 서서 당신의 본성을 언제 어디서나 잃지 않으셨다는 것은 분명히 밝혀둬야겠다.

1922년, 위대한 스리 라마크리슈나의 제자 스와미 아브헤다난다 Swami Abhedananda가 직접 라다크로 가서 노토비치의 증언이 사실인지 확인해보았다. 뒤를 이어 저명한 러시아 예술가 니콜라스 로에리치 Nicolas Roerich가 카시미르에서 직접 들은, 예수가 그곳을 방문했다는 내용의 전설과 히미스 수도원 문서에 대한 기록을 남겼다.

스위스 음악가 마담 엘리사벳 G. 카스파리 Madame Elisabeth G. Caspari 도 남편과 함께 1939년 여름 히미스 수도원을 방문해 두 수도승이 보는 앞에서 같은 문서를 열람했다.

예수님이 사람을 가르치시는 흥미로운 방법 가운데 하나가 비유의 형식을 쓰는 것인데, 그것이 유대인들에게는 낯설었지만 인도에서는 널리 통하는 방법이었다.

예수님이 몸소 밝히셨듯이 이스라엘에서 미션을 완수하는 것이 그분의 운명이었다. 그래서 유대로 돌아와 요한에게 세례를 받으셨던 것이다. 하지만 그리스도의 가르침은 **"낙타 털옷을 입고 가죽 띠를 허리에 두르고 메뚜기와 야생 꿀을"** 먹으며 광야에서 자기 말을 듣는 사람들에게 **"독사의 자식들"** 이라고 소리친 요한의 가르침보다 훨씬 세계주의적(cosmopolitan)이었다.

우리는 니고데모에게 하신 예수님의 말씀, **"그렇소, 사람이 다시 태어나지 않으면 아무도 하느님 나라를 볼 수 없소."** 에서 그분이 인도에서 받은 가르침의 힌트를 엿볼 수 있지 않을까? 유대교에는 한 사람이 같은 몸으로 두 번 태어난다는 가르침이 없는 것으로 알고 있다. 하지만 인도에는 그런 전통이 있다. 인도의 브라흐민은 자기가 신의 부르심을 받았다고 확신할 경우, 예수께서 니고데모의 두 번째 질문에 답하신 것처럼, '거듭난다.'

그분은 사람이 어떻게 두 번 태어나느냐는 니고데모의 질문에 이렇게 답하셨다. **"내가 진정으로 말하오, 물과 성령으로 태어나지 않으면**

아무도 하느님 나라에 들어갈 수 없소."(요한복음 3, 5). 앞에서도 말했지만 물로 태어나는 것은 몸으로 태어나는 것이고, 성령으로 태어나는 것은 영적 의식 안으로 태어나는 것, 에고 의식의 번데기에서 신성한 의식의 나비로 태어나는 것이다. 이 두 번째 태어남을 도와주는 '산파'가 구루다.

예수님의 '탕자 비유'에도 유대를 떠나 인도로 가셨던 당신의 여행 경험이 힌트로 담겨있지 않을까? 물론 그분은 '탕자'가 아니었지만, 그 아름다운 이야기 속에 당신의 여행 경험을 담는 것은 얼마든 가능한 일이다. 어찌 보면 그분이 세 현자들한테서 배우려고 인도로 돌아온 것을 '첫 번째 귀향'이라고 할 수 있겠다. 그런 다음 당신의 미션을 완수하려고 다시 이스라엘로 돌아와 요한의 세례를 받으신 것은 '두 번째이자 마지막 귀향'이다. 물론 탕자 이야기는 한 영혼이 하느님을 떠나 미망의 땅에서 오래 방황하다가 다시 하느님께 돌아오는 과정을 보여주는 하나의 비유다. 그래도 그 이야기 속에 예수님 자신의 인도 여행이 암시될 수 있는 일이다.

남인도에는 위대한 '침묵의 성자' 사다시바Sadasiva 이야기가 전해온다. 어린 시절에 그는 부모 집에서 경전을 공부하고 명상을 수련했다. 그러던 어느 날, 집안에 이상한 분위기가 감돌았다. 결국 부모로부터 '네 신부가 집에 오는 것을 준비 중이다.'는 말을 듣는다. (당시에는 양가 부모가 자녀들의 혼인을 결정하는 것이 관습이었다.)

사다시바는 자기 방에 들어가서 깊이 생각했다. '신부가 집에 온다는 말만 듣고서도 이렇게 속이 시끄러운데 막상 그녀가 집안에 들어오면 어찌 되겠는가?' 그날 밤 그는 몰래 집을 나섰고 두 번 다시 돌아오지 않았다.

평범한 보통 사람에게는 이런 이야기가 엉뚱하게 들릴 수 있다. 하지만 하느님을 찾으려는 사람이라면 언젠가는 자신에 대한 가족들의 기대를 등져야 한다. 우리 모두 세상에 혼자 몸으로 왔고, 세상을 떠날 때도 혼자 몸으로 가야 한다. 결국 모든 영혼이 저마다 홀로 자기 길을 가야 한다.

예수님의 가족은 어찌 되었던가? **"예수께서 이 말씀을 하실 때 어머니와 형제들이 무슨 말을 하려고 밖에 서있었다."** 신약성경에는 야고보가 예수님 아우로 나온다. 가톨릭교회는 특히 예수님 모친 마리아가 순결한 몸으로 아들을 잉태하셨고 그 뒤에도 계속 순결한 몸으로 사신, 영원한 처녀로 믿는다. 동시에 그분을 하느님의 여성성을 대신하는 분으로 섬긴다. 앞에서 나는 우주 어머니(Cosmic Mother)가, 움직이지 않으며 모든 창조물 속에 현존하는 그리스도 의식에 가닿게 해주는 '옴' 진동이라고 말했다.

인도에서는 사람들이 '형제'라고 말할 때 가까운 '사촌 형제'를 가리키는 경우가 흔히 있다. 나는 동정 마리아에게 기도하는 것이 아무런 문제도 없다고 생각한다. 또한 설령 그 후에 다른 자녀들을 낳았더라도 그분이 예수님을 잉태하셨을 때는 처녀였다고 믿는다. 파람한사 요가난다는 하느님께 이렇게 기도드렸다고 했다. "당신은 여러 어머니들을 통해서 저에게 젖을 먹이셨습니다. 그리고 마지막 어머니는 당신 자신이었습니다." 요가난다의 어머니는 정상적인 과정으로 여덟 자녀를 낳았다. 미망을 낳는 것은 출산이 아니라 출산에 대한 '집착'이다. 요가난다의 뛰어난 제자였던 기아나마타Gyanamata 수녀는 결혼해서 아들 하나를 낳았다. 하지만 그녀의 장례식장에서 요가난다가 말했다. "나는 이 여인의 삶을 조사해보았다. 단 한 점의 허물도 찾을 수 없었다."

그러므로 나는 예수님에게 육신의 아우들이 있었느냐 없었느냐에 아무 문제될 것이 없다고 생각한다. 그분의 어머니 마리아가 진실로 성스럽고 순결하다는 사실에는 예수 그리스도를 믿는 사람들 모두가 동의할 것이다. 나도 그렇다.

유대교와 힌두교 사이에는 하나의 연결 고리가 있다. 이상하게 보일지 모르나, 두 종교 모두 한 분 하느님을 섬긴다는 게 그것이다. 유대교의 "들어라, 오, 이스라엘아, 야훼 우리 하느님은 한 분이시다."에는 다른 토를 달 수가 없다. 힌두교에서도 '위없이 높은 영' 브라만 외에 다른 어떤 것도 허용되지 않는다. 실은 인도의 브라만 개념이 유대의 야훼 개념보다 절대적이다. 유대교는 하느님을 자기들한테서 멀리 떨어진 분으로 모시는데, 힌두교에서는 브라만이 존재하는 모든 것이기 때문이다.

유대 그리스도교가 부당하게 비난하는 힌두교의 헤아릴 수 없는 많은 '신들(gods)'이 여기서 파생된다. 인도의 '신들'은 '말로 표현되지 않는 분'의 여러 얼굴에 지나지 않는다. 그것들이 존재하는 목적은 사람들이 '위없이 높은 영'에 눈을 떠 그분을 섬기게 하는 수단이 되는 것이다. 유대교가 정죄하는 '황금 송아지'하고는 거리가 멀다.

요가난다가 말하는 우상 숭배는 하느님 대신에 돈, 섹스, 권력, 명예, 육신의 쾌락 따위를 숭배하는 것이다. 모세가 산 위에서 하느님을 만나고 있을 때 유대인들이 만들어 섬기다가 미망에 빠진 황금 송아지가 바로 그것이었다. 황금 송아지는 유대인들이 섬겼던, 실은 오늘도 많은 사람들이 섬기는 돈, 풍요, 물질적 안정 같은 물신物神을 상징한다.

예수께서 말씀하셨다. **"아비나 어미를 나보다 더 사랑하는 자는 나와 어울릴 수 없는 사람이고 아들이나 딸을 나보다 더 사랑하는 자도 나와**

어울릴 수 없는 사람이오."(마태오복음 10, 37). 그리고 또 말씀하셨다. **"그렇소, 내가 진정으로 말하는데, 나는 양이 드나드는 문이오. 나보다 먼저 온 자들은 모두 도둑이고 강도요."**(요한복음 10, 8).

여기 말씀하신 것은 당신보다 먼저 세상에 왔던 옛날의 예언자들이 아니다. 다른 데서 그분이 이렇게 말씀하셨기 때문이다. **"내가 율법과 예언을 없애러 왔다고 생각하지 마시오. 없애러 온 게 아니라 완성하러 왔소."**(마태오복음 5, 17). 여기서도 예수님은 당신을, 비인격적 존재인 하느님 아들 또는 그리스도 의식으로 말씀하셨다고 요가난다는 말한다. 사람들의 시선을 한 분 하느님께로 향하게 하지 않고 자기한테로 돌려서 저를 보라고 하는 종교 지도자나 교사들이야말로 진짜 도둑이고 강도들이다.

대부분 사람들이 만들어 숭배하는 것은 황금도 명예도 권력도 아니다. 자신의 '에고'다. 그리스도인들은 우상 숭배를 제대로 이해하고, 인도의 많은 신상神像들을 용인할 필요가 있다. 본인들도 예배당에 십자가를 설치해 신앙 생활에 도움을 받고 있지 않은가? 오랜 세월 그리스도교가 다채로운 예술품으로 인류 문명에 큰 기여를 해온 것은 엄연한 사실이다.

힌두교는 그리스도교보다 훨씬 오래된 종교다. 한 개인이 창설한 종교가 아니라 많은 사람들이 하느님과 깊이 통교하던 높은 수준의 세대에서 비롯된 종교다. 힌두교가 한 분 하느님을 섬긴다는 사실이 어느 면에서 그리스도인들에게 위안일 수도 있겠다. 요가난다가 자주 말했듯이 "무지는 동양과 서양이 오십 대 오십이다." 사실 인도에서도 참된 성자들만이 종교의 관리자라고 할 수 있다. 세계 모든 종교에서 보이는 서로 경쟁하는 모습은 그들이 아직 '칼리 유가'에 속해있다는 반증이다.

인류가 '드와파라 유가(에너지 세대)'로 올라가려면 좀 더 있어야 할 같다. 하지만 사람들의 의식이 점차 올라가면서 '칼리 유가'는 결국 끝나게 되어있다.

진정한 스승들은 거대한 때의 순환에 영향 받지 않는다. 그들은 완전한 지혜에 거한다. 예수 그리스도에게는 다른 무엇보다 한 가지 미션이 있었다. 하느님은 한 분이시고 그 '하나(Oneness)'의 일부인 사람이, 그분 사랑 안에서, 가장 높은 깨달음을 추구해야 한다는 사실을 모든 사람, 특히 동족인 유다 백성에게 가르치는 것이었다.

제24장
나오는 말

드디어 마지막 장이다. 그동안 여러분 앞에서, 또는 여러분을 위해서가 아니라 여러분과 함께 이 글을 써온 느낌이다. 나는 계속 기도했다. "주님, 독자들 마음에 아직 남아있을지 모르는 마지막 의구심을 어떻게, 무슨 말로 씻어줄 수 있을까요?" 그러자 좋아하는 흑인 영가의 한 구절이 마음에 떠올랐다.

아무도 모르지, 내 겪은 고통을.
아무도 모르지, 예수 말고는.

내가 그리스도의 비인격성을 너무 많이 강조해서, 슬픔과 아픔과 어려움을 더불어 나눌 수 있는 그분의 인격성을 빼앗겼다고 느낄지도 모르겠다. 만일 그랬다면 정말 미안하다. 그런 결론은 인간의 필요라는 점에서뿐만 아니라 나 자신의 느낌이나 우주의 진실 자체로 봐서도 잘못된 것이다.

요가난다는 자주 이런 예를 들었다. 여기 깔때기가 있다. 한쪽으로 내려가면 좁아지다가 당신한테서 끝나고 다른 쪽으로 올라가면 넓어지면서 무한 공간에 닿는다. 이 깔때기를 배경 삼아서 우리에게 말하고, 달콤하게 웃어주고, 우리를 위로하고, 배려하고, 보살펴주는 인간 예수를 그려보자. 그의 뒤에는 그리스도 의식이 있고 그가 표현한 사랑이 있어서, 그것이 넓어지다가 무한 공간에 닿는다.

앞에서 나는 하느님이 무한대면서 무한소라고 말했다. 신성한 사랑과 예수 그리스도의 사랑이 비인격적인 것은 하느님이 우리한테서 아무것도 필요한 게 없기 때문이다. 하지만 인간의 느낌과 기쁨과 슬픔, 인간인 나와 당신이 우리 모두에게 소중한 만큼 그분에게도 소중하다. '진실' 안에서는 그분이 우리 안에 계시기 때문이다.

하느님은 모든 것을 자기 '안에서부터' 지으셨다. 그분이 우리가 되셨다는 말이다. 요가난다는 자주 말했다. "그분은 너한테서 필요한 게 없으시다. 너의 사랑 말고는." 우리도 다른 성자들이나 스승들처럼 그분 가까이 있다. 이런 뜻에서 프로테스탄트의 "우리 모두 성자들이다."라는 큰소리가 실은 맞는 말이다. 다만 하나, 우리와 예수 그리스도의 차이는 우리가 아직 미망의 땅에서 헤매는 탕자라는 사실이다. 우리의 생각과 에너지가 우리의 참 자아로부터 멀리 떨어져 헤매고 있다. 하지만, 그러는 우리 안에 예수 그리스도가 살아 계신다. 그래서 이렇게 말씀하신 것이다. **"하느님 나라는 눈으로 볼 수 있게 오는 나라가 아니오. '여기 있다.' 또는 '저기 있다.'고 말할 수도 없으니, 하느님 나라는 바로 당신들 안에 있소."**(루가복음 17, 20-21).

예수 그리스도께서 세상에 오신 것은 당신이 얼마나 큰 존재인지를 보여주기 위해서가 아니었다. 그분은 우리가, 각자의 신성한 가능성 안에서 얼마나 큰지를 보여주려고 오셨다.

여러 해 전 호주를 방문했을 때, 강연을 마친 나에게 한 사람이 다가와서 말했다. "당신 하느님 얘기 참 많이 하던데, 좋소. 난 무신론자요. 어디 내 귀가 솔깃하게 들을 만한 말 한 마디 해보시오." 나는 한참 동안 말없이 기도하고 나서 입을 열었다. "당신 안에 있는 가장 크고 높은 가능성이 바로 하느님이라고 생각해보시오." 그 역시 한동안 침묵하더니 이를 드러내고 웃으며 말했다. "좋아요. 그렇다면 한 번 해볼 만하겠군."

이미 알겠지만 하느님은 우리를, 우리의 지극히 작은 생각과 느낌까지도 보살펴주신다. 동시에 우리 자신을 비非인격으로 보라고, 우리의 생각과 느낌을 무한을 향해 열린 창문으로 보라고, 우리가 지금 위로 무한 공간에 닿아있는 깔때기라는 사실을 보라고 초대하신다. 무한 공간은 우리한테서 아무것도 필요한 게 없다. 그런 뜻에서 비인격적이다. 하지만 그 인력이 우리를 작은 에고에서 끌어내 더는 작은 컵에 담아둘 수 없는 영원하고 신성한 사랑과 하나 되게 할 것이다.

성 바울로는 고린토교회에 보낸 편지에 이렇게 썼다. **"내가 어렸을 적에는 말하는 것이 어린아이 같고 생각하는 것이 어린아이 같고 판단하는 것이 어린아이 같았지만 이제 어른이 되어서는 어렸을 때의 일을 모두 버렸습니다."**(고린토전서 13, 11). 그는 계속해서 우리가 장차 하느님을 대면하게 될 것이라고 했다. **"그 때에는 얼굴과 얼굴을 마주볼 것이오."**

하느님은 우리를 아신다. 그리고 우리를 사랑하신다. 우리 스스로 아는 우리, 우리 안에 있는 우리뿐 아니라, '진실' 안에 있는 우리, 저마다 신성한 가능성 안에 있는 우리도 그분은 아시고 사랑하신다.

나는 공산주의 박해를 피해 도망친 유럽의 가톨릭 수녀 이야기를 읽었다. 아름답고 극적인 이야기였다. 지금도 기억에 남아있는 것은 그녀가 예수님의 작은 초상화를 속주머니에 담아두고, 어려운 일이 있을 때마다 그것을 꺼내어 손으로 어루만지는 장면이다. 달콤한 어루만짐, 그리고 영혼의 감동! 하느님을 사랑하는 이들에게 하느님은 소중한 애장품, 언제든지 손으로 만져볼 수 있고, 무엇보다도 가슴으로 품을 수 있는 애장품이다.

하지만 하느님을 평범한 무언가로 만들지 않으려면, 그분의 비인격성을 언제 어디서나 염두에 두어야 한다. 나는 영적 여정을 시작할 무렵, 소리 없이 하느님께 기도드렸다. "당신이 저를 사랑하시는 만큼 저도 당신을 사랑하게 해주십시오." 하루는 구루가 나를 물끄러미 바라보다가 말했다. "그 작은 컵으로 어떻게 저 큰 바다를 담겠다는 건가?" 나는 그 말을 곧장 알아들었다. 바다를 우리 몸에 담으려 할 게 아니다. 우리 의식을 넓혀 신성한 사랑의 바다에 닿도록 해야 한다. 예수께서 말씀하셨다. **"누구든지 제 목숨을 지키려 하는 자는 잃을 것이고 나 때문에 자기 목숨을 잃는 사람은 얻을 것이다."**(마태오복음 10, 39).

그런데 많은 사람들이 하느님 안에서 자기 에고를 해체시킬 준비가 되어있지 않다. 바로 그 약점을 지금 예수께서 말씀하시는 것이다. 제도권 종교들과 달리 진정한 영성이 놀라운 것은 누구에게도 가르침을 강요하지 않는다는 사실이다. 당신이 지금 어디에 있든, 의식 수준이 어떠하든 바로 거기서 하느님은 당신을 만나주실 것이다. 진심으로 그분을 부르기만 한다면!

나는 주인공이 자기 인생을 하느님께 내드렸지만 결국 절망만 안고 사라지는 소설을 읽어보았다. 우리는 지금 실험의 시대를 살고 있다. 왜 자기 자신을 실험해보지 않는가? 하느님이 과연 당신의 말을 들으시는지, 당신에게 응답하시는지 직접 알아보라. 구루는 자주 말했다. 하느님은 우리보다 우리에게 더 가깝고, 우리보다 우리를 더 사랑하신다고. 지금 당장 이렇게 해보라.

하느님을 이인칭으로, '그분' 아닌 '당신'으로 부르면서 찬송가나 기도서에 있는 형식적인 기도문을 외는 것 대신, 가슴의 언어로 말씀드려보라. 당신의 모든 생각, 모든 느낌을 있는 그대로 말씀드리는 것이다. 예수님께, 마리아나 성인들에게 말씀드리라. "한 친구가 저에게 깊은 상처를 주었습니다. 주님, 제가 어떻게 하면 좋겠습니까?" 또는 "예수님, 제가 오늘은 비번非番입니다. 어떻게든 오늘 하루 당신과 더불어 즐기게 해주십시오." 이렇게 그분을 당신 친구로, 아버지나 어머니, 아니면 연인으로 생각하고 말씀드려보라.

사람들이 저지르는 가장 큰 잘못 중 하나는 하느님이 자기한테 어떤 형상으로 응답하시면 그 형상이 바로 하느님이라고 생각하는 것이다. 아니다. 존재하는 모든 것이 하느님이다! 필요에 따라 그분은 당신에게 성스러운 악어로 오실 수 있다. (과연 달려드는 악어를 하느님으로 볼 사람이 있을지 모르겠다만.) 진지하게 말하는데, 누가 당신에게 깊은 영감을 주었다면 하느님이 그 사람 모습으로 당신을 만나주신 거라고 상상해보라.

나의 대모代母는 언제나 다정하고 모성이 깊은 분이었다. 나는 우선 그분의 모습으로 성모 마리아를 떠올렸고, 그렇게 시작하는 것은 아주 좋은 방법이었다. 점차 나는 인간의 형상을 넘어 성모를 보게 되었고, 이후로는 실재하든 상상이든 모든 형상 너머 어디에서나 성모를 느낄 수 있게 되었다.

어떤 형상을 선택하든 부디 편협한 광신자는 되지 말라. 인도에서는 거의 모든 사람이 무슨 일을 겪든 그 일을 비슈누Vishnu, 시바Shiva, 칼리 Kali, 두르가Durga, 크리슈나Krishna, 라마Lama 또는 이름 없는 절대자 하느님을 섬기는 방편으로 삼는다. 모든 현자들이 이구동성으로 말하지만, 산꼭대기는 동서남북 어디서든 오를 수 있다. 중요한 것은 마침내 하나뿐인 정상에 다다르는 것이다.

그냥 하느님께 말씀드리라. 그분께, 또는 그분 앞에서가 아니라 그분과 함께 나누는 것이다. 길을 걸으면서 말하라. "당신 에너지가 지금 제 발을 옮기십니다." 멀리서 개 짖는 소리가 들리면 여쭤보라. "저 개 짖는 소리로 지금 저에게 무엇을 말씀하시려는 건가요?" 물질로만 사는 사람이라면 물론 이렇게 답할 것이다. "개 짖는 거야 나름 무슨 까닭이 있겠지. 대체 그걸 왜 알겠다는 건가?" 하지만 하느님은 안 계신 곳이 없는 분이다. 그분은 당신이 머리 아닌 가슴으로 들을 준비만 되어있으면, 어떤 무엇을 통해서도 말씀하실 수 있다.

당신이 만나는 모든 사람 안에 하느님이 계신다. 거리를 걸어갈 때 지나가는 사람이 보이면 하느님이 저런 모습으로 지나가신다고 생각해보라. 아주 좋은 수련법이다. 그러면서 속으로 말하는 거다. "저 사람도 내가 원하는 행복을 원한다." 그 사람은 자기가 새 직장을 얻으면, 월급이 오르면, 아내나 남편이 생기면, 자녀를 낳으면, 또는 뭐가 어떻게 되면 행복할 거라고 생각할지 모른다. 하지만 그들을 좀 더 깊이 들여다보며 스스로에게 말해주라. "저 영혼들이 진짜로 원하는 것은 진정한 하느님의 지복이다. 저들이 추구하는 모든 행복이 그것의 모조품일 뿐이다. 비록 지금은 잘못된 길을 헤매고 있지만 하느님의 지복을 간절히 바란다는 점에서 모두 내 형제자매들이다." 당신의 가슴으로 그들에 대해 하느님께 말씀드리라. 이렇게 수련을 하다보면, 살아있는 모든 것이

한데 어울려 아름다운 선율로 하느님을 찬양하는 장엄한 심포니가 당신 가슴에서 울릴 것이다.

이런 수련을 한다고 사람들에게 말하지는 말라. 그런 말을 하면 에너지가 밖으로 새어나가 당신 속에 있는 샘을 마르게 할 것이다. 아니면 가슴이 닫힌 사람들에게 비웃음 당할 것이다.

그들은 아마 이렇게 말할 것이다. "그러니까 하느님이 당신 말을 들어주신다는 게 정확하게 무슨 뜻이오? 그분이 당신에게 기적을 보여주셨다고? 당신 진짜로 예수가 그런 기적을 일으켰다고 믿는 거요? 집어치워요. 기적 같은 건 없소."

나는 진정한 하느님의 사람하고 살아보았다. 사람들이 불가능하다고 생각하는 많은 일들이 일어나는 것을 실제로 보았다. 하지만 그것을 공개적으로 말해서는 안된다는 교훈을 어느 모임에서 배웠다. 그때 나는 유대교 바르 미츠바Bar Mitzvah(남자 성인식)에서 요가 자세를 시범으로 보여 달라는 요청을 받았다. 모임을 마치고 어느 유대인 정신과의사가 나를 구석으로 데려가더니 내게 정말 그렇게 믿느냐고 따지듯이 물었다. 나는 성의껏 대답하고 나서 내 말에 쐐기를 박는답시고 내가 목격한 기적 이야기를 들려주었다. 하지만 괜한 짓이었다. 내가 눈치 챈 그의 속생각은 이런 것이었다. '흠, 이 정신병자를 어쩌면 다음 주 수요일 아침에 만날 것 같구먼.'

며칠 뒤에 요가난다와 손님들에게 점심을 대접할 기회가 있었다. 식사를 마치고 다른 손님들이 돌아간 뒤 요가난다와 잠시 의자에 앉아 이런저런 이야기를 나누는데, 그가 잠시 침묵한 끝에 말했다. "어쨌거나 스스로 무신론자나 유물론자라고 말하는 사람들한테는 기적 이야기 같은 것 하지 말게나." 내가 깜짝 놀라 소리쳤다. "알고 계셨어요?" 그가 나를 깊이 들여다보면서 말을 이었다. "나는 자네의 아주 작은 생각까지도 알고 있다네." 그는 나와 단 둘이 있는 자리에서 이 말이 진짜라는 것을 가끔 보여주었다.

그렇다면 이른바 '기적'이란 어떻게 일어나는 것인가? (여기서 내가 '이른바' 기적이라고 말한 것은 실제로 기적이란 없기 때문이다. 모든 일이 분명한 원리로 일어나는 것인데, 다만 아직 우리가 그 원리를 몰라서 '기적'이라고 말하는 것뿐이다. 시간을 한 오백 년쯤 거슬러 올라가 사람들에게 어젯밤 지구 저쪽에서 일어난 일을 텔레비전으로 보았다고 말하면 그들은 당신이 '미쳤다'고 말할 것이다.)

나는 앞서 존재하는 모든 사물이 에너지의 진동이라는 사실을 과학이 증명해냈다고 말했다. 요가난다의 "의지의 힘이 큰 만큼 강한 에너지가 흐른다."는 말은 에너지가 어떻게 자기를 사물이나 사건으로 나타내는지를 설명한다. 어떤 사물이 생기거나 사건이 일어났다면, 그것은 신성한 우주 의식이 밖으로 저를 투영한 것이다.

'위없이 높은 영' 하느님이 천지창조의 뜻을 세우고 맨 먼저 하신 일은 창조물을 겉으로 나타내겠다는 아이디어를 낸 것이었다. 그 아이디어를, 비유하자면 건축가의 '청사진'이라 하겠다. 그것이 좋다고 보신 하느님은 당신의 신성한 에너지를 활용해 그 아이디어를, 이미 모양을 갖춘 다른 존재들을 통해 겉으로 투사하셨다.

대부분 사람들이 '하늘나라'라고 생각하는 천계天界(astral world)는 에너지로 이루어진 우주다. 스와미 스리 유크테스와르는 그것이 물질 우주보다 훨씬 크다고 했다. 마침내 하느님은 천계 에너지를 진동시켜, 이번에도 더 높은 존재들을 통하여, 물질 우주를 만드셨다.

하느님이 **"우리 형상으로 우리 닮은 사람을 만들자."**(창세기 1, 26)고 말씀하신 것은 높은 존재들(high beings)을 통해서 인간을 창조하셨다는 뜻이라는 게 요가난다의 설명이다.

신성한 뜻이 물질보다 더 빽빽한 무엇이 될 가능성이 있는가? 내가 알기로는 그럴 수 없다. 신성한 자유를 불활성 물질보다 더 낮은 차원에 감출 수는 없기 때문이다. 지옥이 실제로 있을까 염려할 것도 없다. 어떤 의미에서 우리는 이미 지옥에 살고 있다. 물론 천계에도 지옥이 없다는 말은 아니다.

죽음으로 육肉의 두꺼운 장벽이 무너질 때, 인간의 감정과 느낌은 몸이라는 좁은 속박에서 풀려나 경계가 훨씬 흐릿한 본질 속으로 들어간다. 그 느낌들이 어두울 경우 땅에서 알던 것보다 훨씬 심한 고통으로 이어진다. 다행히도 지옥에서의 경험은 항구적이지 않다. 모든 영혼의 중심이 탐욕, 분노, 질투, 욕정 따위 더러운 정서들로 아무리 뒤덮여도, 신성한 싹이 배어있기 때문이다. 하느님은 잠시라도 누구를 정죄하지 않으신다. 사람들 스스로 만든 생각과 감정들로 자기 자신을 정죄하는 것이다.

기적 이야기로 돌아가자. 누구든 자기 안에 미묘한 에너지가 있다는 것을 알면, 많은 사람들이 기적이라 알고 있는 방향으로 그 에너지를 돌릴 수 있다. 사실 그것은 자연법의 작용일 뿐, 기적이라 할 만한 것은 전혀 없다. 그렇지만 자기 안에서 에너지를 높이 끌어올릴 줄 아는 사람은 아무 노력 없이도 보통 사람에겐 불가능한 일을 할 수 있다.

신체의 '물 요소(water element)'를 지배하는 엉치등뼈의 '스와디스단swadisthan'에서 '쿤달리니'와 함께 에너지를 위로 끌어올릴 때, 그 센터를 '열어 놓은' 요기는 물 위를 걸을 수 있다. 그리스도교 선교사와 한 배를 탔던 사두 하리다스가 그렇게 물 위를 걸었던 것이다.

에너지가 심장 또는 등뼈의 '공기 요소(air element)'를 통제하는 '아나하트Anahat 차크라'에서 위로 올라가면, 자신의 그런 모습을 사람들 앞에 보이기 원치 않았음에도 기도 중에 몸이 공중으로 떠올랐던 아빌라의 테레사 성인처럼, 몸이 공중으로 부양浮揚할 수도 있다.

자기 내면으로부터 신성한 재가를 받지 못한 사람이 이런 능력을 펼치려 해서는 안된다고, 모든 요가의 가르침이 경고한다. 큰 뜻을 품은 요기가 영적 교만에 빠지는 것을 막기 위한 충고다. 위대한 스승 스리 라마크리슈나는 제자들에게 영적 교만에 빠지지 말라고 주의를 주었다. "일반적인 교만은 오히려 버리기 쉽다. 상대적 세계에서는 어떤 마음도 오래 지속될 수 없기 때문이다. 교만에는 몰락이 따르거나, 내적 갈등이나 불행을 초래하게 마련이다. 세속적 교만의 근거는 허망하기가 물거품 같다. 하지만 영적 교만은 실재하는 것에 바탕을 둔 것이므로 거기에서 빠져나오려면 높은 수준의 영적 지도자를 만나야 한다."

그러니 하느님이 당신에게 주신 것을 전부 그분께 돌려드리라. 움켜잡으려 하지 말라. 무엇을 움켜잡는 것은 자기 에고의 소유로 삼으려는 짓이기 때문이다.

나의 구루는 예수님의 이 두 말씀을 자주 인용했다. **"누구든지 내 이름을 위하여 집이나 형제나 자매나 부모나 자식이나 토지를 버린 사람은 백배로 상을 받고 영원한 생명을 얻을 것이오."**(마태오복음 19, 29). **"그렇소, 내가 분명히 말해두겠소. 나와 내 복음을 위하여 집이나 형제나 자매나 어머니나 아버지나 자녀나 토지를 버렸는데, 현세에서 박해도 받겠지만, 집이나 형제나 자매나 어머니나 자녀나 토지를 백배로 받고 나아가 내세에서 영원한 생명을 얻지 못할 사람은 아무도 없을 것이오."**(마르코복음 10, 29-30).

여기서 마르코는 '박해'라는 말을 쓴다. 이 말에 요가난다는 이렇게 덧붙인다. "자기 목숨을 하느님께 온전히 바친 사람은 사탄을 불쾌하게 하지 않을 수 없다." 사람이 하느님께 받는 풍요는 부분적으로 이 세상에서 필요한 풍요다. 하느님께 매달리는 사람은 언제 어디서나 결코 버림받지 않기 때문이다.

하느님의 시험은 매우 힘든 것일 수도 있다. 그래도 나는 경험에서 나온 말로 분명히 해두겠다. 하느님은 당신에게 속한 것을 결코 내지지 않으신다. 여기 '당신에게 속한 것'이란 자기 목숨을 주저 없이 하느님께 바친 사람들이다. 『바가바드기타』도 말한다. "오, 아르주나여. 이를 분명히 알아두어라. 나의 경건한 자들은 결코 버림받지 아니하느니라." 풍요에 대한 그리스도의 약속은 하늘에서 받는 보상으로 제한되지 않는다. 땅에서 필요한 것들도 흘러넘친다.

예수님은 앞의 말씀 뒤에 이 한 마디를 덧붙이셨다. **"하지만, 첫째였다가 꼴찌로 되고 꼴찌였다가 첫째로 되는 사람이 많을 것이오."** 영성 수련의 길에 들어선 지 제법 오래된 사람들이 초심자들에게 얼마나 자주 이런 말을 하는가? "자네보다 훨씬 오래 전부터 이 길을 걸어온 내가 좀 더 잘 알 거라고 생각하지 않나?" 요가난다는 자주 위의 예수님 말씀을 인용하여, 중요한 것은 얼마나 오래 영성의 길을 걸었느냐가 아니라 얼마나 그 중심이 간절하냐에 있음을 제자들에게 되새겨주었다. "하느님 앞에서 아무것도 움켜잡지 말라. 너에게 있는 모든 것을, 너 자신을 그분께 드리라."

풍요로움을 약속하신 하느님에 대해 물질주의자들은 반문할 것이다. "그래? 어떻게? 저 도시 골목의 굶주린 사람들은 어쩔 거야? 그들의 고통은? 패역하고 더러운 집단 학살은 어떻게 하고?"

파람한사 요가난다는 그의 책, 『오마르 카얌의 루바이야트』에서 이렇게 말한다. "인생이 그토록 난해한가? 물론 그럴 것이다. 무대에서 벌어지는 장면의 목적과 취지가 그리 쉽게 이해된다면 구태여 극작가의 솜씨를 말할 것이 없지 않은가? 신성한 극작가는 마침내 한 방향으로 흐르는 이야기 줄거리를, 끝없이 이어지는 단편들과 복잡하게 얽히는 사건들 속에 감춰둔다. 서로 얽히는 암시들과 벌어지는 사건들에 대한, 근사하지만 실은 거짓된 해명들 뒤에 연극의 놀라운 대단원을 묻어둔다. 누구도 예측할 수 없는 극작가의 솜씨로 연출되는 드라마다. 그 진정한 목적은 무수히 벌어지는 온갖 희극과 비극들 뒤에 숨어있다."

　"이야기의 전체 의미는 끝에 가서 밝혀진다. 한 영혼이 자기 깨달음과 영원한 자유를 얻으면, 두 날개 펄럭이며 뜨겁게 박수를 칠 것이다."

　"언제고 하느님은 우리 모두를 위해, 하나도 빠뜨리지 않고, 환각의 막幕을 걷어 올리고 성스러운 당신 드라마의 마지막 장면을 연출하실 것이다. 그때 비로소 그분이 처음부터 정해두신 영광스러운 대단원이 우리 모두에게 계시될 것이다."

　그 참된 경전에 대한 요가난다의 해설은 정말 훌륭한 것이었다. 오마르 카얌의 시편은 겉으로 보면 그냥 하나의 사랑 노래다. 하지만 그 속에는 불후의 경전이 담겨있다.

　그렇다. 하느님은 당신을 사랑하는 자들을 시험하신다. 욥을 보라. 위안을 구하지 말고, 척추를 바로 세워 용감하게 마주보라. 동시에 또 다른 진실을 항상 마음에 간직하라. 예수께서는 '협조자'를 보내겠다고 약속하셨다. '협조자'에 대한 요가난다의 설명은 뒤로 미루고, 여기서는 먼저 한 가지 중요한 진실을 말해야겠다. 하느님을 찾은 사람들은 절대로 낙심하여 "이 무슨 사기극인가!"라고 부르짖지 않는다. 그분을 알게 된 모든 사람이 기쁨의 큰 바다에 사로잡힌다.

앞 장 끝부분에서 언급한 기아나마타Gyanamata 수녀는 침상에서 자신의 임종을 바라보며 환희에 넘쳐 소리쳤다. "아, 기쁘다. 어쩜 이렇게 좋다니!"

이것은 마침내 모든 영혼이 겪게 될 일이다. 모세는 약속된 땅에 들어가는 것을 허락받지 못했다. 하지만 그 금족령은 '인간' 모세에게만 내려진 것이었다. 완전한 깨달음을 얻은 영혼도 약속된 땅, 하느님 나라에 들어가려면 먼저 자기 몸(에고)을 뒤에 남겨두어야 한다. 몸(에고)의 족쇄에서 풀려난, 무한히 자비로우신 하느님께 자기를 완전 항복시켜 순수한 사랑으로 바뀐 영혼만이 그 안으로 들어갈 수 있다. 자기 에고로 살던 사람들은 아무리 신분이 고상했더라도 '선택된 백성'으로서 정해진 운명을 모두 채울 때까지 몇 번이고 죽음을 통과하며 환생에 환생을 거듭해야 한다.

사람들은 장막 너머를 보지 않는다. 누가 죽으면 친구와 연인이 '불쌍한 영혼'이라며 슬피 운다. 그들은 지금 자기 눈앞에서 무슨 일이 벌어지고 있는지를 모른다. 죽음, 그거 아무것도 아니다! 한바탕 연극이 끝나고 일상으로 돌아가는 것이다.

인생은 이 땅에서 '한 가지 일에 모든 것을 던지는' 사람들이 상상하는 공포 드라마가 아니다. 물질주의자들은 자신들의 지적 의혹과 도전에 물질적인 답변을 요구할 것이다. 하지만 나는 그렇게 살지 않는다. 나는 지금 나 자신의 경험을 바탕으로 이 말을 하고 있다. 하느님은 우리가 원하는 것을 언제나 주시는 분이 아니다. 하지만 진정으로 그분을 위해 산다면 생각한 것보다 훨씬 좋은 것을 받는다는 사실을 알게 될 것이다. 말하자면 시스템이 제대로 작동한다는 얘기다. 과연 그런지, 직접 실험해보면 어떻겠는가?

현대인은 실험의 가치를 믿는다. 좋다. 그런데 어째서 그 가치를 자신의 경험으로 입증하려 하지 않는가? 나는 당신에게 요구한다. 요가난다도 당신에게 요구한다. 지금은 물질주의자들이 거미줄 쳐진 구석에 있는 제자리로 웅얼거리며 돌아가기 딱 좋은 때다.

진정한 그리스도교인 영성의 길은 끝없는 만족을 안겨준다. 그러나 사람들은, 대학 시절 나를 애처로운 눈으로 보며 "너 구원받았니?" 하고 묻던 친구처럼, 고해 성사 속에서 자라나 끊임없이 자기를 책망하는 수사와 수녀들, '온유한' 신부와 목사들을 떠올린다. 하지만 그런 사람들은 자신과 생각이 다른 사람들을 엄하게 심판하는 데서 '영감'을 얻는 것 같다.

예수님이 팔복진단에 말씀하신 '온유함'이란 말에 대하여 생각해보자. **"온유한 사람한테 복이 있으니 땅이 그들 몫으로 돌아가겠기 때문이오."**(마태오복음 5, 5). 그들에게 약속된 복을 보면, 예수께서 말씀하신 온유함이란 여러 그리스도인들이 겸손을 가장해 보이는 비굴함이 아니라는 것을 알 수 있다. 원하는 보화를 찾으려 땅을 마구 헤집는 대신 그것과 더불어 조화를 이루며 사는 사람들만 땅을 유산으로 받는다. 복 있는 사람들은 땅과 더불어 조화를 이루는 사람들이다. 이게 바로 예수님이 뜻하신 것이었다.

참된 종교는 영으로 사는 길을 가르친다. 하지만 그렇게 살기 위해 반드시 종교인이어야 하는 것은 아니다. 제도 종교의 형식과 의전儀典들이 사람들 안에 있는 생명을 찾게 도와준다면 말할 것 없이 소중하다. 그럼에도 모든 경전의 가장 높은 가르침이 지닌 참되고 유일한 목표는 영혼의 성숙이다.

예수님은 '협조자'를 보내겠다고 약속하셨다. 무슨 뜻인가? '협조자'가 오신 것은 오순절이었다. 그 대목을 읽어보자.

"오순절이 되어 사람들이 모두 한 곳에 모였을 때 갑자기 위에서 세찬 바람이 부는 것 같은 소리가 들리더니 그들이 앉아있는 집안을 가득 채웠다. 그리고 불의 혀처럼 보이는 것이 나타나 갈라지며 각 사람 위에 내렸다. 저들이 모두 성령으로 충만하여 성령이 주시는 능력을 받아 여러 다른 방언으로 말하기 시작하였다."(사도행전 2, 1-4).

'세찬 바람'은 거룩하신 성령, '우주 옴AUM'의 출현이다. 그 우주 진동이 내는 소리는 우리에게 지극한 위안을 준다. 말하자면 자기 존재라는 현금弦琴에서 울리는 소리다. 땅이 내는 소리는 아무리 아름다워도 언젠가는 지루해지고, 너무 오래 들으면 질린다. 하지만 '옴' 소리는 한번 들으면 영원히 들어도 지루하지 않겠다는 확신이 든다. 다른 누가 아닌 자기 존재의 진동이기 때문이다. 나는 이 책을 쓰는 동안 내 안에서, 또는 주변에서 마치 내 글에 동감하고 칭찬한다는 듯 울리는 그 소리를 여러 번 들었다.

'불의 혀'는 매우 밀교적인 의미를 지닌다. 이 방면에 관심 있는 독자에게 파람한사 요가난다의 책 『그리스도의 재림』을 권한다. 편집이 난삽하고 문장도 어려워 읽기가 쉽지는 않겠지만 정독하면 수고한 보람을 충분히 느낄 것이다.

방언은 성령과의 통교에서 오는 결과다. 모든 언어가 '옴'의 표현이다. 혹시 외국에서 낯선 말에 불편하면 그 말을 알아들으려 애쓰지 말고, '내면에서 울리는 소리'에 자신을 조율시켜보라. 그 모든 복잡함이 사라지고 놀랄 만큼 간단하게 소통되는 것을 경험할 것이다. 내 경우에는 의식적으로 '옴'과 소통하려 하는 대신, 그들이 하는 말의 내면에 나를 조율해보니 놀랄 만큼 쉽게 소통할 수 있었다. 내가 방문한 오지奧地 원주민들은 종종 나를 자신들과 같은 종족인 줄 알았다. 한번은 캘커타 Calcutta 거리에서 운전기사와 함께 어느 가게에 들렀는데, 곁에 있던 사람이 내 하얀 피부색을 보고 놀라며 기사에게 물었다. "혹시 저분 벵골 사람인가?" 아니다. 나는 벵골어를 잘하지 못한다. 하지만 적어도 내 몸에서 벵골의 진동이 울린 건 사실이었을 것이다.

나는 자칭 '오순절 교파(Pentecostalism)'라는 사람들의 방언을 들어 본 적 있다. 내 귀에는 무슨 말인지 저도 모르면서 그냥 와글거리는 소리로 들렸다. 요가난다는 '신성하지 못한 감정들의 귀신'을 경계하라고 했다. 예수님이 보내신 '협조자(성령)'와 소통하는 것은 깊은 명상 속에서 고요히 '옴' 소리를 듣는 것이다. 그 소리는 영혼에 지극한 위안을 안겨준다. 요가난다에게 크리야 요가를 배운 첫 번째 미국인 제자 닥터 루이스가 들려준 이야기다.

"언젠가 보트로 바다를 항해하는데 갑자기 거센 돌풍이 불어왔다. 사나운 파도가 보트를 덮쳐 우리 모두 이렇게 죽는구나 싶었다. 그때 스승의 말이 생각났다. 나는 빛을 응시했고, 우리가 안전하리라는 것을 알았다. (내면의 빛은 우주 진동의 기본적인 발현이다.)

집에 돌아와서 현관문을 여는데 전화벨이 울렸다. 전화선 저쪽에 있는 사람은 스승이었다. 그분이 '루이스 박사, 온몸이 흠뻑 젖었군. 안 그래요?'하고 말했다."

예수께서 말씀하셨다. **"나는 포도나무, 그대들은 가지들이오. 누구든지 그가 내 안에 있고 내가 그 안에 있으면 많은 열매를 맺으리니 나를 떠나서는 아무것도 할 수 없기 때문이오."** (요한복음 15, 5-7). 예수님이 보내신 '협조자(성령)', 그리고 포도나무와 가지들의 이미지는 '영원한 진실'을 분별하는 데 유용할 것이다. 성령님, '옴AUM', 그리스도 의식은 우리 모두가 그 가지들인 포도나무다. '우주적 진실'과 자신이 하나라는 사실을 언제나 생각하며 행동하는 사람은, 하느님과 예수님이 항상 자기 안에 계시니 다른 무엇을 찾아 어디든 기웃거릴 필요가 없음을 알 것이다.

무엇보다도 성령과의 통교는 신성한 하느님 사랑의 흐름 속으로 들어가서 그와 함께 흐르는 것을 의미한다. 그러니 하느님을 사랑하라. 진정한 그리스도인으로서 예수님을 사랑하되, 당신을 위로 끌어올리기 위해 아래로 내려오신 친구로 그분을 사랑하라. 그분의 심오한 메시지에 당신을 더 깊이 조율할수록 인생에 중요한 것은 오직 하나, 하늘에 계신 아버지와 당신의 신성한 친구를 사랑하는 일이라는 것을 실감하게 될 것이다.

그리스도께서 스와미 크리야난다를 시켜 영어로 쓰신 책을 한글로 옮긴 지난 석 달 남짓, 충분히 행복했다. 그리고 고마웠다.

그동안 예수 한 분 스승으로 모시고 살아보겠다며 깜냥에 이리 헤매고 저리 비틀거린 것이 마냥 허송세월은 아니었구나, 속으로 확인하며 이제 더 갈 데가 없구나, 한 순간도 떠난 적 없어 돌아올 수 없는 여기까지 참 먼 길을 걸어왔구나, 싶어서 고마웠고 그래서 행복했다.

"나는 스스로 물어본다. 세상은 내가 쓴 이 책을 어떻게 받아줄 것인가? 여기 담긴 평범한 상식들을 열린 마음으로 받아줄 것인가? 아니면 교리에 어긋났다는 비난을 받고 흥분한 사람들로부터 핍박이라도 당할 것인가? 그도 아니면 위의 둘이 적당히 섞인 반응?

첫째는 내가 진심으로 바라는 반응이다. 둘째는, 내 신상에 일어나는 일이야 상관없지만, 인류를 위해서 참으로 안타까운 반응이다. 셋째는, 말하기가 미안하지만, 아무래도 가장 많은 반응일 것 같다."

"이 책이 대중에 무시당해도, 얼마든지 그럴 가능성이 있지만, 나는 괜찮다. 혹시 이 책 때문에 개인적으로 어려움을 겪는다 해도, 일없다. 나는 준비돼있다. 내 하느님은 진실이시다. 이것 하나면 됐다. 나에게 다른 건 없다."

"세월이 흐르면 결국 모든 갈등이 스스로 풀리고 말 것이다. 나는 사람들이 불가피한 싸움을 포기하고, 서로 받아들이고, 서로 사랑하고, 공동의 복지를 위하여 함께 일하는 '평화와 조화, 그리고 공동의 번영과 행복이 보장되는 새로운 세계'가 다가오고 있다는 파람한사 요가난다의 예언을 믿는다."

"그때 '그리스도의 재림'이 현실로 될 것이다. 돌아온 인간 예수가 아니라 그분이 그토록 과감하게 외치고 그 때문에 십자가에서 죽으신 바로 그 진실, 그 원리로."

저자의 이 말을 고스란히 역자의 말로 '덮어쓰기'하며 오직 한 분, 우리 모두의 어머니 아버지께 큰절 올린다. 옴. (2020, 9, 15)

"예수. 위대한 영적 스승인가? 하느님의 독생자인가? 그리스도교 정통
파 지도자들은 아마도 읽지 못하게 할 이 책을 읽는다면, 그리스도께서
당신을 통하여 전보다 훨씬 더 밝게 빛나실 것이다."

크리스티안 소렌슨 Christian Sorenson
영성생활을 위한 시사이드 센터 목사

"그리스도의 가르침에 대한 심오하고 차원 높은 조망眺望. 20세기 가장
존경받은 영적 스승 중 한 분의 작업에 근거한 『그리스도의 계시』는 어
떻게 고대 인도 요가의 통찰이 그리스도교에 대한 신선한 이해에 빛을
비출 수 있는지, 그 방법과 과정을 보여준다."

리처드 스몰리 Richard Smoley
『내적 그리스도교; 밀교 전승 안내서Inner Christianity; A Guide to the Esoteric Tradition』저자

"영적 통찰의 보물. 스와미 크리야난다는 신학적이고 논리적인 무미건 조함을 벗고 오랜 세월 닫혀있던 지혜의 비밀스러운 문을 활짝 열어 놓는다. 매 장章 다차원적인 영의 세계로 독자들을 안내하여, 추상적인 개념들을 상식적이고 분명한 현실로 살려낸다. 그리스도인이냐 비非그 리스도인이냐에 상관없이 과학자, 심리학자, 예술가 등 많은 독자들의 눈을 새롭게 열어줄 것이다."

도나텔라 카라미아 Donatella Caramia
로마대학교 신경정신학과 교수

"스와미 크리야난다는 특정 종교의 도그마와 한계를 벗어난 요가난다 의 우주 보편적 영성을 독자들에게 소개한다. 그리스도의 심오한 계시 에 대한 교회의 오해들로 마음이 고단하고 냉담해진 사람들에게 아직 도 살아있는 그리스도의 희망과 영감을 안겨준다."

케네스 펠레티어 Kenneth Pelletier
교수. 『새로운 의학; 완전한 가정 건강 안내서New Medicine; Complete Family Health Guide』저자

"이 책의 아름다움은 평범한 사람들에게 스스로 진실을 탐색하고, 여전 히 살아있어 실제로 만질 수 있는 거룩한 교사 예수를 알아보도록 용기 를 주고 그 길을 안내한다는 데 있다. 예수를 진실로 알기 원하는 전 세 계 독자들에게 때맞추어 배송된 하늘의 선물이다."

파울라 T. 웹 Paula T. Webb
미국 신앙 교류를 위한 협의회 목사

"그리스도에 대한 스와미 크리야난다의 명상은 그리스도교 묵상 전통

과 인도 요가 전통이 서로 만나는 '가슴 속 동굴'을 가리킨다. 독자들이 그 깊고 고요한 동굴에서 '하느님을 옹글게 모신' 그리스도와 만나게 되기를 희망한다."

토머스 마터스 Thomas Matus
신부. 『요가와 예수 기도*Yoga and Jesus Prayer Tradition*』 저자

"크리야난다의 『그리스도의 계시』는 지혜의 걸작傑作이다. 모든 것을 포용하는 그리스도 의식이 책갈피마다 메아리치고 있다. 여기 있는 것은 교리가 아니라 진리다. 사람의 머리로 알 수 없는 하느님의 평화다."

로저 몽고메리 Roger Montgomery
『성스러운 치유의 빛*The Sacred Light of Healing*』 저자

"예수 그리스도를 그의 메시지와 함께 다시 볼 수 있을 때마다 우리는 그 기회를 잡아야 한다. 인류 역사를 바꿔 놓은 그의 가르침은 옛날에 그랬듯이 지금도 그래야 한다. 파람한사 요가난다는 영원한 그리스도의 영원한 진리를 붙잡은 사람이다."

캐시안느 루이스 Kathianne Lewis
목사. 『자유로 가는 40일*40 Days to Freedom*』 저자

"진실로 영감을 안겨주는 저작이다. 하느님과의 내밀한 통교로 깨달음을 얻은 저자를 통해 예수의 가르침에 담긴 심오한 의미가 밝혀진다. 저자는 그리스도교 울타리 밖에서 그리스도교의 본래 진실을 말한다. 예수의 신성神性을 확인하면서 동시에 우리 또한 하느님 의식의 투영投

影이라는 것을 스스로 깨치도록 안내한다."

로버트 헨더슨 Robert H. Henderson
영성교회 목사

"단순하고 실제적인 상식의 언어로 예수 그리스도의 심오한 가르침을 파고든다. 제도 교회 울타리 밖에서, 교회 도그마의 제약 없이, 곧장 그리스도의 가르침으로 들어갈 수 있는 누군가가 있어야 했다. 그리스도인이든 아니든 모든 독자들이 이 점에서 크리야난다과 그의 구루 요가난다에게 많은 빚을 지고 말았다."

어빈 라슬로 Ervin Raszlo
철학 및 인문과학 박사. 노벨평화상 후보자.『과학과 코스모스의 재 황홀*Science and reenchantment of Cosmos*』저자

"누구든 진지하게 진실을 추구하는 사람이면 이 책에서 많은 도움을 받을 것이다. 인류의 깨달음을 위한 하늘의 은총이기를 기대하고 확신한다. 추천하는 글 한 마디를 쓰면서 스스로 위로 끌어올려지는 느낌이다."

스와미 샹카라난다 Swami Shankarananda
인도 교사